本书为天津社会科学院重点课题
"民国时期天津文庙研究"（19YZD－03）结项成果

民國

時期天津文廟研究

杨莉 著

社会科学文献出版社
SOCIAL SCIENCES ACADEMIC PRESS (CHINA)

序

美国政治学家亨廷顿在其《文明的冲突和世界秩序的重建》一书中提出了著名的"文明冲突论",稍后,他又在《谁是美国人?美国国民性面临的挑战》中强调了美国的基督教文化认同。上述著作的独特视角被"9·11"事件放大,基督教文明与伊斯兰教文明的冲突预言不幸被言中,而其关于中国为"儒教文明"的判断定性也在大洋此岸引起了震动和思考。在"中华民族伟大复兴"和"文化自信"渐成主流意识形态的当下,从文化和文明的角度对儒教与中国社会、历史乃至政治的关系进行梳理和研究就变得尤为重要。

如果说秦始皇与法家李斯携手确立了中国历史的政治结构,那么汉武帝则与儒生董仲舒携手确立了中国历史的文化结构。从"罢黜百家,独尊儒术"方略下的一系列制度安排,到"东汉功臣多近儒",再到昔日的秦人、周人和楚人被统一称呼为汉人的时候,儒教文明应该说就初步成型了。后来佛教道教虽对儒教造成了冲击,但宋孝宗"以佛修心,以道养身,以儒治世"的《三教论》,基本框定了各教在中国社会中的功能和地位,"治世"的儒教文化权重显然远非"养身"的道教与"修心"的佛教可堪比拟。宗祠、书院和文庙正是儒教与社会互动,实现或承担其功能的平台或组织系统。

关于文庙的研究已有很多积累,但以文献学、历史学为主,甚至建筑学等方面的成果也超过宗教学。十年前,我从台湾黄进兴教授处获赠《优入圣域:权力、信仰与正当性》及《圣贤与圣徒》。因为二书暗含儒家思想乃宗教之系统的预设,当时聊的时间虽短,却十分投机愉快,有他乡遇故知的感觉。黄教授从国家宗教(state religion)和公共宗教（public religion）的角度，谈论了儒教的一些特质，将孔庙研究推进到宗教学的论域或层次。我一直希望能带学生做些个案研究，将儒教的定位判断加以验证、深化或证伪。杨莉曾说她想做文庙的神圣空间（sacred space）问题，后来却由于各种因缘际会走到了宗教社会学的进路。现在，毕业多年之后她把这样一部书稿发给我，要我写序，应该也算是一种补偿吧？

匆匆浏览而过，对民国初期天津文庙三次修缮的章节印象深刻，不妨就此发些议论。这是她的观察和分析：

天津文庙在民国早期大修背后的意义实际上是士绅阶层借助文庙这一文化象征，在其逐渐丧失文化权威的社会中重新构筑一个文化空间，并依此获得新的文化权利。然而，这种情况到民国后期在政府主导修缮时发生了变化。在政府将文庙的象征意义纳入自身的意识形态体系后，逐渐消解了其原本道统的象征意义。因此，即便士绅再度参与文庙的修缮过程，也难以达到民国初期时的效果。所以，民国时期天津文庙的修缮不仅是士绅文化权力的体现，同时还可以看出在文庙修缮过程中社会和政府在承续传统文化符号过程中的博弈。

十分有趣！

我们知道，全国 2000 余座文庙，除曲阜、衢州一北一南两座家庙之外，主要都是庙学合一的"学庙"或"庙学"。学庙或庙学就是以办学为宗旨，学习儒家经典的学校与祭祀孔子的庙宇结合在一起的特殊官方机构。从圣贤崇拜的角度看，"庙"无疑意味着宗教，但从"大成""至圣""文宣王"的封号颁自朝廷而言，"庙"同时又意味着国家权力的出场，意味着"国"对"教"的掌控。公元前 195 年汉高祖亲临曲阜孔庙祭孔后，这一家庙就此开始过渡成为国庙。而"学"，就其以儒家经典为内容来说其实就是作为"布衣"的孔子及其思想，但又因其设于"庙堂"而有着官学的地位或身份。

民间性质的书院也是祠学合一。"学"几乎一样；"祠"与"庙"的区别在于，祠作为一种祭祀方式，"品物少，多文辞"，其祭祀对象一般为儒门圣人或地方乡贤。简单说，二者在结构上高度重合，只是规模层次存在官方民间之区别，民间的"祠"不能跟官方"凡神不为庙""室有东西厢曰庙"的"庙"相提并论。

这种民间书院在宋尤其明时期高度发展，代表着社会组织的活力与活跃。到明张居正严禁私学，再到清雍正十一年（1733）下旨各州府官办书院，书院又开始在政府的组织序列里重新生长，庙学合一也渐渐成为书院的标准配置。成功失败？是喜是悲？至少长沙的岳麓书院就是在这样的背景下发展起来，为近代中国培养出曾国藩、左宗棠、魏源以及蔡锷等这样一批创造历史的文臣武将士大夫。

我认为，文庙和书院的庙学合一仿佛一个隐喻，象征着国家和社会的结合、政统与道统的联系。所以，虽然从具体的过程看，政与教、庙与学存在摩擦，政府官员与地方士绅"尔爱其羊，我爱其礼"，围绕文化象征或文化权力的博弈争夺无有尽时令人生厌，但各种怨憎会的后面，最终仍是斗争后的妥协、矛盾中的平衡。而庙学合一的维持，与"霸王道杂之"的"汉家制度"遥遥相契。儒教文明云乎者，其此之谓也欤？

指出这一点，首先，是希望提醒读者从这样一个大的背景和关系结构中去理解作者向我们揭示的那段历史事实。其次，则是希望给作者鼓鼓劲儿。杨莉观察深刻，但调子有点偏暗。文化权力争夺或博弈是事实的一个方面，但并非全部。即使均衡点有所偏移，也应历史地去看，其意义价值仍然值得肯定。论者注意到，天津卫学建立之前，民间"少淳朴，官不读书，皆武流"。但到明正统年间，已是"循循雅饬，进止有序"了。这种教化之功微小却不可小觑，积石成山积水成渊，迟早会有兴风雨而生蛟龙的一天。民国时期政府疲弱，社会急剧动荡，且存续时间有限，各种转型未能完成。那些官员，那些士绅，却是如此投入认真，某种程度上可称其为令人尊敬的文化情怀党！

身为儒生，虽然我个人发心在私人书院建设，但却不得不承认，儒学真正的复兴，首先还是要寄望于文庙的激活，寄望于庙学合一的制度及其所隐喻的道统与政统的良性结合、国家与社会的积极互动。目前文庙文物化、博物馆化的主要原因在于民间士绅这一源头活水没有被引入，之所以没有被引入的原因则在于国家和社会间互动不够良好。书中严修及其崇化学会的"新庙学"经验具有启发性，以"与祭酒扫社"这样的义工组织身份低调进入，或许可以就此拉开互信的帷幕。

《阙里志》有云："孔子之教，非帝王之政不能及远；帝王之政，非孔子之教不能善俗。"政以施化，教以善俗，政教相维，天下以治，文明以兴。儒、释、道的整合已成过往，基督教、伊斯兰教的对话正在路上，中华民族的伟大复兴需要文化的支撑，文化的支撑需要文庙的激活——有志者，事竟成。

是为序。

目　录

绪 论

一 研究旨趣

自唐太宗贞观四年（630）诏"州县皆立孔子庙，四时祭祀"起，"庙学合一"的制度初步确立，并规定天下文庙都要祭祀孔子。这一定例经过历代的巩固和发展，时至清代无论是"庙学"，还是作为国家礼制重要组成部分的祀孔典礼都已臻于成熟和完备。文庙不仅是"道统"的象征，而且是儒家文化的神圣空间和教育场所。帝制时期，文庙既是国家权力的象征，也是士人文化认同的所在。然而，科举制的革废使得"庙学合一"的制度无所凭依。自民国建元之后，文庙更是一度失去了存在的价值和意义。陈独秀振臂一呼，"应毁全国已有之孔庙而罢其祀"，导致有些地方的文庙或被毁或被用作他途。即便如此，文庙对于士绅阶层仍具有独特的文化象征意义。故而，在民国时期出现了全国各地有的地方拆，有的地方建的现象。这种兴废不仅针对文庙，亦指民间对孔子的祭祀。在政策方面，北洋政府、国民政府对孔子祭祀和文庙利用的态度也在不断变化，这就导致了文庙的修缮和祭祀孔子产生了官方和民间两条进路。

本书聚焦文庙和孔子祭祀在民国时期的真实情况，或言之，文庙在民国到底有何种作用，有何价值。之所以选取天津文庙作为研究对象，原因有三。一是天津开埠较晚，明正统年间才有了现在的庙学。简单来说，天津文庙历史较短、变动小、事件少，有助于理清民国时期天津文庙的情况。二是天津文庙在整个民国时期的祀孔活动并未中断，这点在北方文庙中比较突出，故而值得研究和关注。三是天津地处京畿，在民国时期是北方的重要城市，各色人等杂居。以 1923 年天津文庙修葺为例，参与者有严修、华世奎、林墨青等乡绅，曹锐、蔡成勋、杨以德等民国官员，还有杜克臣、魏信臣等买办商人，银行、商号亦有参与捐款，这种情况更有助于了解天津士绅的文化认同。作为全国文庙之一例，天津文庙的修缮和祭祀具有典型性和代表性。

二 前人研究

（一）关于天津文庙的研究

学界关于天津文庙的研究较少，目前所见著作有《风雨飘摇中的坚守——民国时期乡贤与天津文庙》。[①] 学术论文在中国知网的检索结果仅有 10 篇，大致分为两类：一是文庙建筑方面的研究，二是文庙祭祀、文庙与当地儒学之间的关系研究。

天津文庙，作为祭祀孔子以及官学场所，是儒教的神圣空间。其间，经过不断修建，天津文庙的规模、功能也逐渐趋于完备，成为天津地方儒学文化教育的象征。王兆祥的《天津文庙与天津儒学》[②] 认为，天津卫学建立之前，民间"少淳朴，官不读书，皆武流"。但到了明正统年间，已是"循循雅饬，进止有序"，这正是儒学教化的结果，其中清代"偃武修文"的提出和"商籍"生员的不断增加，体现了天津城市在从军事卫所到商业都市的转化过程中，其教育的变化和特点。该文时间跨度较大，由于篇幅所限并没有充分展开，且该文将文庙的定位局限为儒学的教育场所，因此没有在文章中论述文庙的祭祀。陈彤的《天津文庙祭孔乐舞刍议》[③] 一文依据天津文庙馆藏的乐舞器具，探讨了天津文庙祭孔乐舞的始年、影响和历史价值等问题，为研究天津文庙的祭孔乐舞提供了一手资料。同时，该作者所著《风雨飘摇中的坚守——民国时期乡贤与天津文庙》一书，主要讲述了天

---

① 邵红：《风雨飘摇中的坚守——民国时期乡贤与天津文庙》，学苑出版社，2017。
② 王兆祥：《天津文庙与天津儒学》，《天津成人高等学校联合学报》2000 年第 4 期。
③ 陈彤：《天津文庙祭孔乐舞刍议》，《天津音乐学院学报（天籁）》2012 年第 1 期。

津士绅在民国时期为文庙所做出的努力和贡献。该书收集和整理了很多一手材料，尤其是天津文庙馆藏的资料，为后来的研究提供了重要依据，按作者的话来说，"本书将搜集到的资料——记录，为有志研究民国年间天津文庙历史及天津文化史的研究者提供一些原始史料"，遗憾的是该书所辑的大部分文献都没有标明出处，因此该书并不是严格意义上的学术研究著作。

（二）清末民国时期关于文庙的定位和功能研究

章太炎曾讲："是则孔子者，学校诸生所尊礼，犹匠师之奉鲁班，缝人之奉轩辕，胥吏之奉萧何，各尊其师，思慕反本。"[①] 虽然，这句话有将儒家圣域降格的意味，在此传达了一个重要信息：尊孔与"庙学"有不可分割的关系。中国传统的"庙学"在唐代完成了制度建设。庙学制实际上是将作为教化空间的"学"和作为祭祀空间的"庙"相结合。这个祭祀就是指庙学制走向制度化之时所规定的"凡州县皆置孔宣父庙，以颜回祀焉。仲春上丁，州县官行释奠之礼，仲秋上丁亦如此"。[②] 国家祭祀一般分为大祀、中祀、小祀。在帝制时期，孔子祭祀一直是国家礼制体系的重要组成部分。历代国家祭祀礼制划分略有不同，以清前期为例，大祀有圜丘、方泽、祈穀、太庙、社稷；中祀有天神、地祇、太岁、朝日、夕月、历代帝王、先师、先农；先贤等为群祀。祀孔在清末之前大多是中祀，但是在清光绪三十二年（1906）升为大祀。随着科举制的革废，庙学制也随之解体，"所谓'庙学'制的解体，指学校制度虽不一定完全罢废庙、祠，但校园中的孔庙或祠宇，已不再成为校园建筑的主轴"。[③] 按道理来说，"庙学"制真正被瓦解的应该是"庙"的部分，但有意思的是科举制废除之后，文庙的孔子祭祀升为大祀。换言之，清末全国1500多座文庙因庙学制的瓦解而失去了自身存在的价值和制度保障，所以为了延

---

① 转引自贾泉林《"订孔"的延续——从章太炎到陈独秀》，《中国石油大学学报》（社会科学版）2016年第1期。
② 《大唐六典》卷四"祠部郎中员外郎"。
③ 高明士：《东亚教育圈形成史论》，上海古籍出版社，2003，第113页。

续文庙祀孔的礼制，清末才将文庙祀孔升格为大祀。

故此，李俊领的《清末文庙祀典升格与人心失控》一文指出，"1906年，在清廷借孔子收拾人心的情势下，京师文庙祀典从中祀升为大祀"，"本欲借文庙祀典升格收拾人心，未料反而招致更多的政治冷遇与文化质疑，以至于文庙祀典所载的'道统'名存实亡。显然，'礼治'之道承担不起清末新政之思想监护人的角色。在此情况下，清廷的政治正当性与公信力受到了前所未有的挑战"。他的分析是"儒学的制度化伴随着科举制的废除而解体后，文庙祀典升格并不能在制度与信仰上提升孔子与儒学的地位，而且文庙祀典承载的'礼治'之道难以排拒民主思想广泛传播的世界潮流"。① 这个分析不无道理，但是这里有一点值得注意，为什么在科举制和"庙学制"双双解体的情况下，清廷认为依旧可以利用文庙祀孔收拾人心？如果说，这里清廷想收拾的是读书人的心，事实确是"在西方外来文化（利器、宗教、学术思想等）的挑战、激发和冲击下，孔子的形象不仅在农民革命运动的领袖与传统的官僚士大夫之间发生了深刻的裂变，即在统治阶层内部和官僚士大夫之间亦开始发生严重的分裂"。② 那么，又如何通过孔子或者文庙来收拾读书人的心呢？

在思考该问题之前，先要理清文庙所处的境况，黄进兴曾在其著《皇帝、儒生与孔庙》中多次提到文庙对于士人阶层来说具有神圣性，但对于普通百姓而言却是疏离而陌生的。帝制时期，普通人不能随意进出文庙，更不能进去烧香祈福。所以，文庙对于普通百姓来说，既神圣疏离，又陌生"无用"。但是文庙却和读书人息息相关，虽然不能随便进出祈福，但确实为其身份转变的场所。例如，考上举人、进士，便要在文庙举行"释谒礼"，完成身份的转化。③

① 李俊领：《清末文庙祀典升格与人心失控》，《史学月刊》2012年第5期。
② 林存光：《历史上的孔子形象：政治与文化语境下的孔子和儒学》，齐鲁书社，2004，第348页。
③ 参见黄进兴《皇帝、儒生与孔庙》，生活·读书·新知三联书店，2014，第167~198页。

这里值得注意的是，文庙之所以处境尴尬从大的背景来说，是帝制的消亡，使文庙所承载的孔子之道不再独尊，也随着民国的建立失去了政治权力的保障，"孔子之教，非帝王之政不能及远；帝王之政，非孔子之教不能善俗。教不能及远，无损于道；政不能善俗，必危其国"。[①] 从小的方面来说，通常认为是科举制的废除导致了庙学制的瓦解。现在学界普遍认为，庙学制的瓦解主要是因为战争，使我国与西方文化接触，特别是为我国带来了一种新的觉悟，最终觉醒"兴学育才"的需要。[②] 在这一点上，高明士的研究更具有启发性。他认为，除太平天国的洪仁玕和民初的蔡元培外，其余的改革说，不外提倡经世致用之学，或主张学习西法。这些主张，并不等于反对"庙学"的学校设计。[③] 因此，就需回答庙学制的核心是什么，或者说文庙的处境与庙学制的必然联系何在？关于庙学制，前人已经多有研究，不再赘述。概言之无外乎两点：首先，庙学讲授的是儒学经典；其次，是以孔子祭祀为礼仪核心。或者说，改革的本质不是教学的内容，而是祭祀孔子以及孔子所代表的旧文化和旧传统。因此，文庙在清末民国这段时期的尴尬定位不是庙学制中"学"的部分（庙学制格局中，"学"的部分主要是在明伦堂，在清末民初之时，各地已经将其改为新式学校或其他民众教育场所），而是"庙"（个别地方并没有将"庙学"分离）的部分。当时由于建立新式学堂，兴西式教育，社会多方舆论认为应该改革文庙，如"各处文庙，祀典虽革，仍可改设学堂，犹是弦歌之地。至于春秋释菜，虽不必由地方官举行，然当地绅民，苟欲仍前致祭，亦不必禁"。[④]

因此在清末，虽然祀孔典礼的规格和礼制已经大不如前，原本祀礼依然不是普通民众可以参与的，但是却可以在祀孔之时聚集在文庙附近，形成庙会。庚子之变后，文庙的社会地位已悄然衰落。清末新

---

① 孔贞丛：《阙里志》卷 10。
② 杨亮功：《中西教育思想之演进与交流》，台湾商务印书馆股份有限公司，1978，第 36 页。
③ 高明士：《中国教育制度史论》，联经出版事业公司，1999，第 118 页。
④ 《崇西教以救亡论》（下），《申报》1902 年 3 月 18 日。

政所进行的经济、政治体制等的改革，激发了社会的多元化意识，而广开新式学堂，为人们提供了另外一条容身之路，传统文庙逐渐偏离了社会教化中心的作用，管理日渐疏忽，为各种社会势力所侵入。①而赵娓妮和里赞在《清代四川（州）县对文庙的官方祭祀——兼及清末民初文庙的废祀》一文中认为，废祀孔子引发了基层社会秩序的变化。这个基层秩序，实际上指的是庙学制下的教学体系和文庙庙产的经济体系。②简言之，庙学制下的教学体系和文庙庙产经济实际上只是社会秩序变化的一种体现，不是建构社会秩序的根本。

文庙的盛衰与帝制有着密切关系，上述诸多研究可见文庙在清末确呈衰势。但事实上，在民国建元之后，文庙并未一直颓败下去，直至退出人们的社会生活。民国时期，文庙几经兴衰，这是本书讨论文庙定位和价值的另一个重要视角。

张国鹏在《政权与信仰变革下的民国文庙——以上海文庙为考察中心（1911~1934）》③中，以上海文庙为例，以辛亥革命前后、北京政府时期、北伐及南京政府时期为时间节点讨论，考察了上海文庙在这个过程中的兴衰，以及文庙的文化和政治价值是如何被利用和书写的。例如，袁世凯将复辟与文庙在帝制时期的象征意义结合，强调尊孔和重视文庙祭祀。然而，随着他复辟失败，其后的北洋政府不得不与袁世凯划清界限，在尊孔的高度上亦有所回落，不再强制读经，总统亦不必亲临文庙祀典，北洋政府不再像袁氏那样致力于将传统价值与共和理念相融通，但却并未放弃利用儒家的道德价值来整合社会，稳定人心。尽管随后历经了新文化精英的挑战，整个北洋政府时期，从官方到民间层面，文庙祀典未绝，仅是对祭祀礼仪略做变革以符合现代潮流。时至1934年新生活运动开始，文庙再获尊荣。为了有别于帝制时代，政

① 张国鹏：《社会文化史视野下晚清时期的文庙——以〈申报〉为基本史料》，《烟台大学学报》（哲学社会科学版）2017年第1期。
② 赵娓妮、里赞：《清代四川（州）县对文庙的官方祭祀——兼及清末民初文庙的废祀》，《四川大学学报》（哲学社会科学版）2018年第5期。
③ 张国鹏：《政权与信仰变革下的民国文庙——以上海文庙为考察中心（1911~1934）》，南开大学硕士学位论文，2016。

府不再延续古老的春秋丁祭，改于孔子圣诞日在文庙举行纪念活动，这为文庙纪念活动的纪念赋予了更多可能的内容。① 作者对时间点的划分十分敏锐，但并没有将与文庙有关的诸因素整合在一起讨论，回应文庙可被利用的价值到底是文化层面的，还是政治层面的。

随着帝制覆灭，士人阶层也开始瓦解，文庙祭祀制度失去了原本的制度保障，只得从原本的制度中分离出来。文庙的兴衰虽然与庙貌关系密切，但究其根底还是与祭祀有关，很难想象，庙貌庄严却没有祀孔仪式的文庙有其真实价值。因此，关于文庙的研究必然要以祀孔为重要视角。

（三）民国时期的孔子祭祀研究

关于清末民初的祀孔，虽然有研究认为清末祭孔基本延续了清朝祀孔的仪式状态，认为"从整体上说，民初祭孔仪式与前清相比并无多少变化，秩序井然、庄重盛大仍是祭孔的主流气氛"，即便从大方面着眼认为是如此，实际上也不是没有变化，其中最大的变化是礼仪形式，即从跪拜礼改为鞠躬礼。② 清末民初，"传统的政教体系被撕裂。帝制终结、庙学制瓦解、儒学权威不再，祭孔的政治、思想、制度基础都轰然崩塌，但祭孔这项中国祭祀传统中意指最丰富的文化遗产，依然继续漂移在近现代历史舞台上，一方面被继续推向权力的神坛，另一方面又向民间延伸。祭孔因其作为象征仪式易于扮演的灵活性使其具有被独立抽取呈现于不同的政治—文化情境中的可能性。"③具体而言，首先，是政府对祭孔态度的反复，这表明对于文庙和祭孔这一价值符号该如何利用，历任政府可能并不清晰。其次，民间对文庙和祭孔态度的变化，由于以前普通百姓难以参与文庙祭孔，因此，清末民国的变革在很大程度上体现在民众对文庙态度的转变和参与的程度上。

---

① 张国鹏：《政权与信仰变革下的民国文庙——以上海文庙为考察中心（1911~1934）》，南开大学硕士学位论文，2016。
② 庞毅：《晚晴民初长沙官方祭祀初探（1840~1927）》，湖南师范大学硕士论文，2013。
③ 陈悦、汪青梅：《近现代祭孔的困境及其衍变轨迹》，《湖南大学学报》（社会科学版），2017 年第 4 期。

在政治和文化符号的利用研究上，陈悦在《在政治与文化之间迂回——近现代祭孔的衍化途径》一文中，认为祀孔仪式是在政治与文化之间迂回，而此处"政治"大致指的是晚清政府、北洋政府、国民政府对于祭孔的定位与利用。这里的"文化"是指学校对祭孔的延续。"书院荒，科举废，孔庙祭礼不兴，官与学合力维系的祭孔开始分途发展。"① 学校祀孔废止不久，国家祀孔典礼却重新兴起。

就祀孔仪式本身而言，清末民国时期，祭孔在新的历史语境里经历了分途衍化，在实践形态上大致发展为三个路向：一是现代政治场域中的官祭；二是由儒士、地方乡绅主持的民祭；三是学校从学祭到孔子诞辰纪念暨教师节活动的开展。② 《先师孔子诞辰纪念办法》意图从仪式层面上推进孙中山的孔子化、三民主义的儒学化，将"党国"的"国父"符号、意识形态与古老的祀孔传统捆绑在一起，梦想着充分利用"经学时代"孔子符号上的神圣光环。不过，这与北洋政府时期祀孔典礼的"三献""太牢"之礼在仪式表征上已完全不同。③ 1931年"九·一八事变"后，中国面临国难，国民党和国民政府统治受到巨大挑战和威胁，因而不得不恢复传统以作为统治策略。但凡民族或国家危难之时，传统即充当重要资源，为现实政治提供滋养，此时的传统实际上为现实诉求需要而被重新阐释，故称为"传统的发明"，这些"'被发明'的传统是文化工程师们深思熟虑和固定的创作，这些工程师们伪造象征物、仪式、神话和历史，以适合工业和民主动员的需要以及被政治化的现代大众的需要。换句话说，'被发明的传统'是统治阶级别有用心的社会控制工具"。④ 国民党和国民政府利用传统文化进行的一系列发明，不仅恢复了自民国建立以来即废除的国家黄帝祭祀，也恢复了其统治之初即废止的国家祀孔，将之制作成颇具现

---

① 陈悦：《在政治与文化之间迂回——近现代祭孔的衍化途径》，《孔子研究》2017 年第 3 期。
② 陈悦：《在政治与文化之间迂回——近现代祭孔的衍化途径》，《孔子研究》2017 年第 3 期。
③ 李俊领：《抗战时期国民党与南京国民政府对孔子的祭祀典礼》，《社会科学评论》2008 年第 4 期。
④ 〔英〕安东尼·史密斯：《民族主义：理论、意识形态、历史》，叶江译，上海人民出版社，2011，第 88 页。

代意义的孔子诞辰纪念日，与传统祀孔行为存有明显差别。① 徐国磊在《1934 年南京国民政府纪念孔子诞辰活动的历史考察》一文中也对1934 年孔子诞辰纪念的来龙去脉和活动过程进行了详细论述，指出了孔子诞辰纪念仪式不同于以往的重大变化。②

中华民国成立之后，政府采用公历作为主要的计时体系，孔子诞辰纪念日也被纳入其中。特别是南京国民政府成立之后，将孔子诞辰纪念日与"国历"推行结合起来，重新规定了孔子诞辰纪念日的仪程，注重阐释孔子学说与三民主义的密切联系，彰显了孔子诞辰纪念日与国民政府统治正当性建构的密切关联。在抗战时期，国民政府将孔子诞辰纪念日与教师节合二为一，力图扩展传统思想资源的影响，进而强调文化认同对于民族存亡的重要意义。在中华民国节庆体系的建构中，由于孔子诞辰纪念日具有强烈的政治功能与文化意义，因而其蜕变也呈现出与其他纪念日不同的特点。③

（四）文庙与士绅的文化认同

清末民国时期，士绅一直肩负着保护文庙、维持祭祀孔子的职责。美国学者柯必德的《天堂与现代性之间：建设苏州（1895～1937）》一书关注了上层精英阶层在文庙祭典与府学施教活动中的作用和努力。④ 例如，民国初期，著名的广州府学事件就是士绅重要作用的体现。广州市政公所在 1919 年想要拆毁广州府学的文庙部分建筑用以修筑马路的议案引发当地士绅的极大不满，广东通过联合京、沪两地的广东籍士绅制造舆论，并和广东地方政府对抗，意图保护文庙。士绅背后的价值是"尊崇圣道"，而对抗的话语语境正是新文化运动导致

① 郭辉：《传统的发明：抗战时期孔子诞辰纪念日研究》，《学术研究》2014 年第 7 期。

② 徐国磊：《1934 年南京国民政府纪念孔子诞辰活动的历史考察》，四川大学硕士学位论文，2007。

③ 朱文哲：《符号、仪式与认同：民国时期的孔子诞辰纪念》，《天府新论》2015 年第 4 期。

④ 〔美〕柯必德：《天堂与现代性之间：建设苏州（1895～1937）》，何方昱译，上海辞书出版社，2014。

的孔子降格。① 在涉及祭孔文化时，底层乡绅有着更强势的"取"与"舍"的文化特权，不仅能够按照政权的需要把持着乡土民间祭祀，还能依照地方需要实现祭孔活动的变更，有着突出的文化权力。士绅阶层是通过教育或科举制度而产生的特殊阶层。徐茂明在《科举之废与江南士绅之蜕变》一文中指出："科举制的废除导致传统士绅蜕变为新型的知识群体，这一群体不仅在知识结构上迥异于传统的士绅阶层，而且其生存空间和价值尺度也与传统士绅有着根本性的差异。"② 他们能够对民众的祭孔活动起到引导作用，还能有效地控制乡野风俗教化、伦理、祭祀、宗族等一切社会职能与权力；同时，乡绅为了提高声誉，扩大势力和影响，他们主动承担乡野中的公共事业，尤其是孔庙祀堂的建立维护工作。所以，由官方举行的祭孔活动"只有乡绅身份者才能参加文庙的官方典礼"，可以说康乾盛世的稳定局面离不开地方乡绅的"默默付出"，他们以"取"的姿态，坚持中央政府的祭孔律令，平衡乡里民众的圣贤信仰与价值观念，以祭孔活动加强传统儒家社会的凝聚力。祭孔活动是儒家文化的重要内容，也是维护中国社会稳定的重要礼仪之一。但这种稳定的文化活动却在清末民初的现代性诉求过程中遭受了前所未有的冲击，这既包括传统士大夫在变革时局中对祭孔活动采取的"存"与"弃"的选择，完成重构儒家认同的努力。其中也包括西方基督教对传统祭孔礼仪所采取的"进"与"退"的不同策略，实现以耶稣取代孔子的文化侵染目的，还包括地方乡绅在民间信仰破裂后对祭孔活动的"取"与"舍"的态度与行为，做到伦理实势权力对上层实权权力的变通实施。③

三 本书所用文献说明

天津文庙的资料较为分散、零星，因此收集起来具有一定难度。

---

① 唐仕春：《"尊崇圣道"与"修明市政"之争——以 1919 年广府学宫事件为中心》，中国社会科学院近代史研究所《青年学术论坛》，2000 年卷。

② 徐茂明：《科举之废与江南士绅之蜕变》，《社会研究》2004 年第 11 期。

③ 李国：《清末民初祭孔活动考略》，《内江师范学院学报》2018 年第 7 期。

前人研究较少，使得很多资料还处于待整理和公布的阶段。近代史料在种类和数量远远超过以往，个人能力有限，甚至存在确知某些资料保存在哪里但无法获取的情况，因此难免出现疏漏。当然，本书尽可能收集关于天津文庙的资料，以及较之以往较少使用的未刊资料，作为研究基础。现将本书所用的资料撮要概述如下。

1. 未刊和已刊的天津档案馆保存的关于民国时期天津文庙和天津祀孔的主要档案，其中也包括一些祀孔仪式的秩序和孔子祀典的位置图谱。

2. 天津社会科学院保存的未刊的、民国时期关于天津文庙、崇化学会学员札记等资料。

3. 日记、年谱、笔记、碑传，作为和地方志等文献的重要对比资料。由于天津文庙的资料散落，这些资料会成为本书重要的信息来源，例如华世奎的《思闇诗集》，一般被当作书法和诗集，但是其中自注的内容成为本节重要的补充资料。

4. 民国时期的报刊。此类资料，尤其是《大公报》《益世报》《申报》等系本书重要资料。报刊材料需要前后对照通看，因为报纸"有闻必录"，所以要对一个主题进行长期的关注，同时将档案和报纸等内容进行对比参照，这样才比较稳妥。

5. 有一点要说明，天津文庙博物馆保存着一些关于天津文庙尤其是崇化学会的资料，但一直无缘得见，但邵红的著作①对这部分资料进行了录入和引用，但由于该书鲜有注释，所以除去笔者自己收集的会刊、档案资料，及崇化学会的资料，其余文献可视为天津文庙博物馆的馆藏，故直接引用。

6. 本书使用的档案、报刊，在不影响阅读的情况下，尽量使用原文。

四　本书研究对象界定

本书的主要研究对象是天津文庙，但是天津文庙的情况较为特殊，

---

① 邵红：《风雨飘摇中的坚守——民国时期乡贤与天津文庙》，学苑出版社，2017。

需要在此说明。天津文庙一般是指现在天津市城区的天津府县两学文庙（蓟州还保存一座文庙）。从明代天津建卫到民国建市以来，行政区划多有变化，因此天津市的文庙确实还有多座。但是除了明正统年间建的府学文庙外，其余各县都直接称呼，比如静海县文庙、盐山县文庙。由于天津府学文庙和清初建的县学文庙隔壁而建，因此两座文庙一直被合并管理，比如在清朝，修缮府文庙时必然会同时修缮县文庙。由于祭祀孔子的时间一致，导致天津祀孔一般只在府文庙举行一次。民国天津市县分治，由于县文庙在市的治区之内，因此天津县的祀孔在礼堂举行。基于上述特殊情况，本书的研究对象以府县两庙为主，但由于县文庙较少单独进行修缮和祭孔活动，故没有区分，只是在县文庙初建之时将其列出。除非特殊说明，本书的研究对象，一般都指天津府文庙。

第一章 文庙概览

第一节 文庙和祭孔的历史沿革

一 文庙历史沿革

文庙，通常还被称为孔庙、夫子庙、孔子庙、圣堂、圣域、圣祠和圣庙等。文庙原本由祭祀孔子的家庙发展而来，后又形成了多种名称。从前文的文献综述可见，文庙的称呼并不统一，且孔庙、文庙、夫子庙的使用有约定俗成的惯例。故此，本书在特指孔子家庙的语境下，依然使用孔庙的称谓，但是如果文献是使用圣祠、圣堂和圣域之类，会做解释说明，以便全文可以统一。本书研究的是"州县皆立孔子庙，四时祭祀"建立后，具有官方祭祀场所性质的文庙；虽然家庙的建立早于庙学合一形制的文庙，但是家庙性质的文庙也进入了国家祭祀体系，是国家祭祀孔子的场所之一。

《礼记·王制》："天子七庙，三昭三穆，与太祖之庙而七。诸侯五庙，二昭二穆，与太祖之庙而五。大夫三庙，一昭一穆，与太祖之庙而三。士一庙，庶人祭于寝。"孔子生前曾为鲁国司寇，但是身份却为庶人，南宋高宗绍兴四年（1134）的《东家杂记》中有载"鲁哀公十七年，立庙于旧宅，守陵庙百户"。但是这些记载并没有确凿的历史依据，较为可信的是《史记·孔子世家》中记载的"孔子葬鲁城北泗上，弟子皆服三年。三年心丧毕，相诀而去，则哭，各复尽哀；或复留。唯子赣庐于冢上，凡六年，然后去。弟子及鲁人往从冢而家者百有余室，因命曰孔里。鲁世世相传以岁时奉祠孔子冢，而诸儒亦讲礼乡饮大射于孔子冢。孔子冢大一顷。故所居堂弟子内，后世因庙藏孔子衣冠琴车书，至于汉二百余年不绝。高皇帝过鲁，以太牢祠焉。诸侯卿相至，常先谒然后从政"。后世有学者认为子思卒于周威烈王二十四年（前402），孔子故居改为孔子庙的时间应该在子思去世之后不久。此外，《水经注》中还提到文庙最初的情况是"台南四里许则文庙，即夫子之故宅也。宅大一顷，所居之堂，后世以为庙"，"庙屋三间，夫子在西间东向，颜母在中间南向。夫人隔东一间东向。夫子床前有石砚一枚，作甚朴，云平生时物也"，① 这种记载比较接近孔子家庙最初的形态。

汉代开启了帝王祭祀孔子的先河，汉高祖十二年（前195），"十一月，行自淮南还。过鲁，以大牢祠孔子"。② 太牢是祭祀中最高的级别，即用猪、牛、羊各一来祭祀孔子。汉光武帝刘秀在征讨董宪，"冬十月，还，幸鲁，使大司空祠孔子"。东汉明帝永平二年（59）三月，"上始帅群臣躬养三老、五更于辟雍。行大射之礼。郡、县、道行乡饮酒于学校，皆祀圣师周公、孔子，牲以犬。于是七郊礼乐三雍之义备矣"。③ 永平十五年（72），"三月，征琅邪王京会良成，征东平王苍会阳都，又征广陵侯及其三弟会鲁。祠东海恭王陵。还，幸孔子宅，祠仲尼及七十二弟子。亲御讲堂，命皇太子、诸王说经"。④ 汉章帝元和二年（85）春，帝东巡狩，还过鲁，幸阙里，以太牢祠孔子及七十二弟子，作六代之乐，大会孔氏男子二十以上者六十三人，命儒者讲《论语》。僖因自陈谢。帝曰："今日之会，宁于卿宗有光荣乎？"对曰："臣闻明王圣主，莫不尊师贵道。今陛下亲屈万乘，辱临敝里，此乃崇礼先师，增辉圣德。至于光荣，非所敢承。"帝大

① 《水经注·卷二十五·泗水、沂水、洙水》。
② 《汉书·卷一下·高帝纪第一下》。
③ 《后汉书·志第四·礼仪上》。
④ 《后汉书·卷二·显宗孝明帝纪第二》。

笑曰："非圣者子孙，焉有斯言乎！"① 汉安帝延光三年（124），"三月甲午，陈王崇薨。戊戌，祀孔子及七十二弟子于阙里，自鲁相、令、丞、尉及孔氏亲属、妇女、诸生悉会，赐褒成侯以下帛各有差"。② 在东汉，全国已经遍设学校，"是以四海之内，学校如林，庠序盈门，献酬交错，俎豆莘莘，下舞上歌，蹈德咏仁。登降饮宴之礼既毕，因相与嗟叹玄德，说言弘说，咸含和而吐气，颂曰'盛哉乎斯世'！"③ 后世儒者也多建言统治者祭祀孔子，如"皇天动威，雷风著灾。今仲尼之庙不出阙里，孔氏子孙不免编户，以圣人而歆匹夫之祀，非皇天之意也。今陛下诚能据仲尼之素功，以封其子孙，则国家必获其福"。④ 西汉时，实行"罢黜百家，独尊儒术"政治策略，由上述综述可见，政府对于曲阜阙里的孔家和文庙甚为重视，同时阙里也承担着国家推行儒术和教化的象征作用。但是到了汉末，战火频起，"遭天下大乱，百祀堕坏。旧居之庙毁而不修，褒成之后绝而莫继，阙里不闻讲诵之声，四时不睹烝尝之位"，⑤ 可见，此时的阙里文庙无祭祀、无诵经，世袭也因此中断。

　　魏晋南北朝时期，虽然中国尚未统一，但是政权相对稳定，虽然儒学和文庙的地位有所下降，儒学仍是治国重器。例如魏国，汉献帝建安八年（203）秋七月，令曰："丧乱已来，十有五年，后生者不见仁义礼让之风，吾甚伤之。其令郡国各修文学，县满五百户置校官，选其乡之俊造而教学之，庶几先王之道不废，而有以益于天下。"⑥ 魏文帝黄初二年（221），"令鲁郡修茸旧庙，置百石吏卒以守卫之，又于其外广为屋宇以居学者"，⑦ 东晋，孝武帝太元九年（384）尚书谢石认为"立人之道，曰仁与义。翼善辅性，唯礼与学。虽理出自然，

---

① 《后汉书·卷七十九上·儒林列传》。
② 《后汉书·卷五·孝安帝纪》。
③ 《后汉书·卷四十下·班彪列传第三十下》。
④ 《汉书·卷六十七·杨胡朱梅云传第三十七》。
⑤ 《五礼通考》卷一百二十一。
⑥ 《三国志·卷一·魏书一·武帝纪》。
⑦ 《五礼通考》卷一百二十一。

必须诱导。故洙、泗阐弘道之风,《诗》、《书》垂轨教之典,敦《诗》悦《礼》,王化以斯而隆。……今皇威遐震,戎车方静,将洒玄风于四区,导斯民于至德。岂可不弘敷礼乐,使焕乎可观。请兴复国学,以训胄子;班下州郡,普修乡校","其年,选公卿二千石子弟为生,增造庙屋一百五十五间"。① 这里的庙屋就是指在乡校设立的祭祀孔子的庙宇。北齐政府规定"后齐制,新立学,必释典礼先圣先师。……郡学则于坊内立孔、颜庙,博士已下,亦每月朝云"。② 刘宋对文庙仍然重视,刘宋文帝元嘉十九年(442),正月乙巳,诏曰:"夫所因者本,圣哲之远教;本立化成,教学之为贵。故诏以三德,崇以四术,用能纳诸义方,致之轨度。盛王圣世,咸必由之。永初受命,宪章弘远,将陶钧庶品,混一殊风,有诏典司,大启庠序,而频构屯夷,未及修建。永瞻前猷,思敷鸿烈。今方隅乂宁,戎夏慕响,广训胄子,实维时务。便可式遵成规,阐扬景业";十二月丙申,诏曰:"胄子始集,学业方兴。自微言泯绝,逝将千祀,感事思人,意有慨然。奉圣之胤,可速议继袭。于先庙地,特为营造,依旧给祠置令,四时飨祀。阙里往经寇乱,黉校残毁,并下鲁郡修复学舍,采召生徒。"③ 应该就是在京畿建造文庙以祀孔子。刘宋孝武帝孝建元年(454),诏曰:"仲尼体天降德,维周兴汉,经纬三极,冠冕百王。爰自前代,咸加褒述。典司失人,用阙宗祀。先朝远存遗范,有诏缮立,世故妨道,事未克就。国难频深,忠勇奋厉,实凭圣义,大教所敦。永惟兼怀,无忘待旦。可开建庙制,同诸侯之礼。详择爽垲,厚给祭秩。"④ 南齐国祚只有 23 年,但仍着力于儒学,高帝建元"四年春正月壬戌,诏曰:夫胶庠之典,彝伦攸先,所以招振才端,启发性绪,弘字黎氓,纳之轨义,是故五礼之迹可传,六乐之容不泯。朕自膺历受图,志阐经训,且有司群僚,奏议咸集,盖以戎车时警,文教未宣,思乐泮宫,

① 《宋书·志第四·礼一》。
② 《隋书·志第四·礼仪四》。
③ 《宋书·卷五·文帝本纪》。
④ 《宋书·卷六·孝武帝本纪》。

永言多慨。今关燧无虞，时和岁稔，远迩同风，华夷慕义。便可式遵前准，修建教学，精选儒官，广延国胄"。① 南齐武帝永明三年（485），"果行育德，咸必由兹。在昔开运，光宅华夏，方弘典谟，克隆教思，命彼有司，崇建庠塾。甫就经始，仍离屯故，仰瞻徽猷，岁月弥远。今遐迩一体，车轨同文，宜高选学官，广延胄子"。永明四年（486），"三月辛亥，国子讲《孝经》，车驾幸学，赐国子祭酒、博士、助教绢各有差"；永明七年（489）二月，己丑，诏曰："宣尼诞敷文德，峻极自天，发辉七代，陶钧万品，英风独举，素王谁匹。功隐于当年，道深于日月，感麟厌世，缅邈千祀，川竭谷虚，丘夷渊塞，非但洙泗湮沦，至乃飨尝乏主。前王敬仰，崇修寝庙，岁月亟流，鞠为茂草。今学敩兴立，实禀洪规，抚事怀人，弥增钦属。可改筑宗祊，务在爽垲。量给牺秩，礼同诸侯。奉圣之爵，以时绍继。"② 北齐文宣帝天保元年（550），诏"封崇圣侯邑一百户，以奉孔子之祀，并下鲁郡以时修治庙宇，务尽褒崇之至。诏分遣使人致祭于五岳四渎，其尧祠舜庙，下及孔父、老君等载于祀典者，咸秩罔遗"，又诏"八月，诏郡国修立黉序，广延髦俊，敦述儒风。其国子学生亦仰依旧铨补，服膺师说，研习《礼经》"。③ 唐太宗贞观四年（630）诏"州县皆立孔子庙，四时祭祀"。将文庙推广到各地。宋真宗景德二年（1005）下诏："庙中起讲堂，聚学徒，选儒雅可为人师者以教焉"④；景德四年（1007），对于文庙释奠礼进行规定和补注，宋真宗天禧二年（1018）大修曲阜孔庙。

辽金元三代虽然为少数民族政权，这一时期虽然文庙有不同程度的荒废，但统治者仍对其有相当的重视。明朝是文庙兴盛和完备的阶段。清光绪年间，文庙升格为大祀。可见，历代帝王对孔子和文庙都有不同程度的重视。

---

① 《南齐书·卷二·高帝本纪下》。

② 《南齐书·卷三·武帝本纪》。

③ 《北齐书·卷四·帝纪第四》。

④ 《重建袁州府记》，《江西通志》卷134。

二 历代孔子祭祀释奠礼沿革

后世，祭祀孔子多用释奠之礼。"释奠者，设荐馈酌奠而已，无迎尸以下之事"，疏云："以其释奠直奠置于物，无食饮酬酢之事。释奠所以无尸者，以其主于行礼，非报功也。"① 最开始，释奠礼可祭祀先师先圣还有先老。《礼记·王制》："释奠于学。"郑玄注曰："释菜奠币，礼先师也。"《礼记·文王世子》云："凡释奠，必有合也，有国故则否。凡大合乐，必遂养老。又曰：释奠于先圣、先师、先老，终之，遂发咏焉，登歌《清庙》，下管《象》，舞《大武》而已。"除了释奠，还有释菜。《礼记·月令》云："（仲春之月）上丁，命乐正习舞，释菜；天子乃帅三公、九卿、诸侯、大夫，亲往视之。仲丁，又命乐正入学习乐。"可见，释奠和释菜是有区别的。《礼记·文王世子》云："始立学者，既兴器，用币，然后释菜。不舞，不授器。乃退，俟于东序，一献，无介语，可也"，疏云："释菜礼轻也。释奠则舞，舞则授器。"

这时，释奠礼主要是在学校举行的祭礼，不专用于孔子，但是由于释奠礼是用于祭先圣先师的，为日后文庙祭祀孔子奠定了基础。一般而言，皇帝祭孔子或者遣官员代替祭祀，都用太牢，而各州县一般也是采用少牢。自唐代开始，为文庙的孔子祭祀制定了完备的礼仪等级和仪程。《大唐开元礼》首先对于文庙祀孔的祭器有严格的规定，"春秋释奠于孔宣父，九十五坐，先圣、先师各笾十、豆十、簠二、簋二、登三、铏三、俎三。若从祀诸坐各笾二、豆二、簠一、簋一、俎一"。州县庙学祭祀孔子时礼器的数量递减，"释奠于先师每坐各笾八、豆八、簠二、簋二、俎三"。同时还规定了礼器中陈列的祭品：十笾里盛有石盐、槁鱼、枣、栗、榛、菱、芡、鹿脯、白饼、黑饼，豆十则盛有韭菹、醓醢、菁菹、鹿醢、芹菹、兔醢、笋菹、鱼醢、脾析菹、豚胉。州县祭祀所用的笾八比起笾十所盛少了白饼、黑饼。豆

---

① 《文献通考·卷四十三·学校考四》。

八则少了脾析菹、豚胎。① 除此之外，先圣、先师各享一太牢。

据《宋史·礼志一》，宋代的祭祀典礼亦有大祀、中祀、小祀之分。昊天上帝、五方帝与感主帝、皇地祇、神州地祇、太庙等列大祀；释奠文宣王武成王，先蚕，列大中祀；其余为小祀。因此"诏太常礼院定州县释奠器数：先圣、先师每坐酒尊二、笾豆八、簠二、簋二、俎三、罍一、洗一、篚一，尊皆加勺、幂，各置于坫，巾共二，烛二，爵共四，坫。有从祀之处，诸坐各笾二、豆二、簠一、簋一、俎一、烛一、爵一"。② 实际上两宋较为复杂，北宋虽然偶有太牢致祭的情况出现（真宗追封孔子为玄圣文宣王，曾遣官以太牢致祭），但是在整个国家祭祀格局中，释奠属于中祀，祭用少。南渡后，高宗将释奠升为大祀，礼如社稷，牲用太牢。宁宗执政，重新改释奠为中祀，用牲之礼也就重新变为少牢。金朝在礼乐建设上虽然坦言祖法唐制，但大都剿袭宋制，其所定释奠品物，也以羊、豕两牲为准。③

在元代祀孔也是中祀，采用太牢，在祭器方面则是"笾十，豆十，簠二，簋二，登三，铏三，俎三，有毛血豆，正配位同。笾豆皆二，簠一，簋一，俎一，从祀皆同"。④ 明代的释奠礼也有变动，明宪宗成化十二年（1477）至嘉靖九年（1530），将笾豆十之数，改为十二，并持续了 50 多年。据《明史》记载，"至圣先师。洪武元年定，笾豆各六，簠簋各二，登一，铏二，牺尊、象尊、山罍各一。四配位，笾豆各四，簠簋各一，登一。十哲，两庑，笾豆二。四年更定，正位，笾豆各十，酒尊三，爵三，余如旧。四配，每位酒尊一，余同正位。十哲，东西各爵一，每坛笾豆各四，簠簋各一，铏一，酒盏一。两庑，东西各十三坛，东西各爵一，每坛笾豆各四，簠簋各一，酒盏四。十五年更定，正位，酒尊一，爵三，登一，铏二，笾豆各八，簠簋各二。

---

① 《新唐书·志第二·礼乐二》。
② 《宋史·志第五十八·吉礼八》。
③ 董喜宁：《孔庙祭祀研究》，湖南大学博士学位论文，2011。
④ 《元史·志第二十七·祭祀五》。

四配位，共酒尊一，各爵三，登一，铏二，笾豆各六，簠簋各一。十哲，共酒尊一，东西各爵五，铏一，笾豆各四，簠簋各一。东西庑，每四位爵四，笾豆各二，簠簋各一。景泰六年增两庑笾豆各二，簠簋各一。成化十二年，增正位笾豆为十二。嘉靖九年，仍减为十"。①

因此，《太常续考》里记载，"登实以太羹，铏实以和羹，簠二实以黍稷，簋二实以稻粱，笾十二实以铏盐、藁鱼、栗、榛、菱、芡、鹿脯、白饼、黑饼、糗饵、粉糍，设于案左，豆十二实以韭菹、醓醢、菁菹、鹿醢、芹菹、兔醢、笋菹、鱼醢、脾析菹、豚胉、酏食、糁食，设于案右"。②"圣人尊天与尊亲同。今笾豆十二，牲用犊，全用祀天仪，亦非正礼。其谥号、章服悉宜改正。"璁缘帝意，言："孔子宜称先圣先师，不称王。祀宇宜称庙，不称殿。祀宜用木主，其塑像宜毁。笾豆用十，乐用六佾。"③

清初制定国家礼制基本秉承历代的规制，先师为中祀。"先师正位视圜丘（即爵三，登一，簠、簋二，笾、豆十，筐、俎、尊各一，配从同）。惟用铏二。四配视正位，惟用笾、豆八，无登。十二哲位，各爵三，铏一，簠、簋一，笾、豆四，筐、俎、尊共用二。两庑二位同案，位一爵，凡献爵六，共筐二，尊、俎俱各六，簠、簋各一，笾、豆各四。视学、释奠同。"乾隆三十三年，颁内府周鼎、尊、卣、罍、壶、簠、簋、觚、爵各一，陈列大成殿，用备礼器。崇圣祠正位五案，案设爵三，笾、豆八，铏、簠、簋各二，筐、俎、尊各一。配位五案，设爵三，笾、豆四，铏、筐、簠、簋各一，共俎二，尊二。两庑三案，案各与配位同，惟共筐为二。光绪三十二年，增先师正位笾、豆为十二，崇圣祠笾、豆为十，阙里、直省文庙暨崇圣祠祭器视太学。

祭品，凡笾、豆之实各十二，笾用形盐、藁鱼、枣、栗、榛、菱、芡、鹿脯、白饼、黑饼、糗饵、粉糍，豆用韭菹、醓醢、菁菹、鹿醢、芹菹、兔醢、笋菹、鱼醢、脾析、豚胉、酏食、糁食。用十者，笾减糗饵、粉糍，豆减酏食、糁食。用八者，笾减白、黑饼，豆减脾析、豚拍。用四者，笾止实形盐、枣、栗、鹿脯，豆止实菁菹、鹿醢、芹菹、兔醢。笾六者，用鹿脯、枣、榛、葡萄、桃仁、莲实。豆二者，止用鹿醢、兔醢。登一，太羹。铏二，和羹。簠二，稻、粱。簋二，黍、稷。①

释奠礼的议程核心是"三献礼"。"后齐将讲于天子，先定经于孔父庙……讲讫，以一太牢释奠孔父，配以颜回，列轩悬乐，六佾舞。行三献礼毕，皇帝服通天冠，绛纱袍，升阼，即坐。"②

唐代释奠礼州（县）学释奠仪步骤：（1）释奠准备，州县释奠程序一致。州学刺史为初献，上佐为亚献，博士为终献（刺史、上佐有故，并以次差摄。博士有故，次取参军事以上摄）；县学县令为初献，丞为亚献，主簿及尉通为终献（若县令以下有故，并以次差摄。县官不足，以州官判佐以下及比县官充）。斋戒，设位，就位：诸享官各服祭服，助教儒服，学生青矜服。（2）馈享过程：迎神，初献，饮福受胙，亚献、终献，彻豆、赐胙；瘗币、燔祝版。③

唐代之后，历代释奠礼的仪程仪注大体都是按照《大唐开元礼》的规定，只是历代略有区别，如宋代的州县释奠礼和唐代州县的主要区别在于：（1）唐礼中先圣、先师、七十弟子及二十二贤皆受三献。祭酒、司业、博士酌献先圣先师，七十弟子及二十二贤则由斋郎助奠。宋礼中正位、配位也受三献，但哲、庑只受一献。此一献不随行于正位、配位三献过程中，而是另辟一道相对独立的分献仪。州县分献行于终将行之时。（2）唐礼初献毕即饮福受胙，亚献毕、终献毕各饮福不受胙。宋礼则是三献皆毕，初献方复升饮福受胙，无亚献、终献饮福仪。（3）唐礼中，州县释奠不用乐。宋礼中，州县释奠亦用乐。

---

① 《清史稿·志第五十七·礼一》。
② 《隋书·志第四·礼仪四》。
③ 参见《大唐开元礼》。

（4）唐礼礼毕，埋币于瘗坎，燔祝版于斋坊。宋礼，币与祝版皆埋于瘗坎。①

元代对比之前的礼仪，在仪注上的变化有：（1）唐宋颁定礼文中无上香仪，元礼则在奠币、酌献前各先三上香，此为新增礼注。（2）唐礼，迎神后，先奠币于各神位，再进馔于各神位，然后行三献礼。宋礼，礼馔预先陈设，迎神后，奠币于各神位，接着行三献礼。元礼参用唐礼仪文而与宋礼有异，分别上香、奠币、进俎、酌献。（3）元释奠过程中的再拜礼，加入了鞠躬礼式，即：鞠躬，拜，兴，拜，兴，平身。②

明代是释奠礼和州县文庙礼制较为完备的朝代，其规定：凡府州县学，笾豆以八，器物牲牢，皆杀于国学。三献礼同，十哲两庑一献。其祭，各以正官行之，有布政司则以布政司官，分献则以本学儒职及老成儒士充之。每岁春、秋仲月上丁日行事。初，国学主祭遣祭酒，后遣翰林院官，然祭酒初到官，必遣一祭。（洪武）十七年，敕每月朔望，祭酒以下行释菜礼，郡县长以下诣学行香。③

与前相比，明初又制定了遣官仪和规定了启圣祠三献仪轨。降香遣官仪：前祀一日清晨，皇帝皮弁服，升奉天殿。捧香者以香授献官。献官捧由中陛降中道出，至午门外，置龙亭内。仪仗鼓吹，导引至祭所。若定祭之日，降香如常仪，中严以待。献官祭毕复命，解严还宫。④

明代与前代比，其他释奠礼仪注上的变化有：（1）献官就位后，先瘗毛血、启牲匣盖，然后迎神。（2）迎神、饮福受胙、送神皆行四拜礼，其式为：鞠躬，拜，兴，拜，兴，拜，兴，拜，兴，平身。（3）将奠帛并入初献，不再单独成礼。上香仪也被取消。（4）以往释奠仪中，正位、配位前皆读祝。明释奠仪中，唯孔子神位前读祝，配

---

① 参见董喜宁《孔庙祭祀研究》，湖南大学博士学位论文，2011。
② 参见董喜宁《孔庙祭祀研究》，湖南大学博士学位论文，2011。
③ 《明史·志第二十六·礼四》。
④ 《明史·志第二十三·礼一》。

位不再读祝。（5）以往分献官行一献礼，明礼中分献官首次行三献礼。①

　　清朝顺治初年规定："每岁春秋仲月上丁日，府、州、县各行释奠礼，以地方正印官主祭，陈设礼仪，均与国子监丁祭同。"康熙二十五年（1686）议准"遇圣庙祭祀，照例文东武西，陪祀行礼。康熙四十九年（1710）谕，直省府州县，春秋致祭先师，凡同城大小武官，均照文官入庙行礼"；"直属惟司道府州县官，于丁日行礼，其督抚学政，则先期一日于阶下行九叩礼，谓之祭丙。典制所无，嗣后各省会督抚学政，于上丁日率司道府州县各官，齐集致祭"。② 同治二年（1863）"颁发文庙从祀位次于各直省学宫"："直省府州县建名宦、乡贤二祠于学宫内，每岁春秋释奠于先师。同日以少牢祀名宦先贤，皆由地方官主祭行礼。"③ 至光绪朝，各省府州县建先师文庙，每岁以春秋仲月上丁日祭祀的主祭、与祭制度如下："诣四配十二哲，两庑先贤、先儒及崇圣祠，一如京师先师庙之制，省城以巡抚为正献，有总督省份，总督正献。两序以布政使、按察使及道员，两庑以知、同知为分献。崇圣祠以学政为正献，府、州、县无道员分驻者，知府、知州、知县为正献，两序以左贰及所属，两庑以廪生分献。崇圣祠教谕正献，两序训导分献，两庑廪生分献。"④ 光绪四年（1878）谕令："先师圣诞，致斋一日，不理刑名，禁止屠宰。"⑤ 光绪三十二年冬十二月，升为大祀。"于是文庙改覆黄瓦，乐用《八佾》，增《武舞》，释奠躬诣，有事遣亲王代，分献四配用大学士，十二哲两庑用尚书。祀日入大成左门，升阶入殿左门，行三跪九拜礼。上香，奠帛、爵俱跪。三献俱亲行。出亦如之。遣代则四配用尚书，余用侍郎，出入自右门，不饮福、受胙。崇圣祠本改亲王承祭，若代释奠，则以大学士

---

①　参见董喜宁《孔庙祭祀研究》，湖南大学博士学位论文，2011。
②　（光绪）《钦定大清会典事例》卷438《礼部·中祀》。
③　（光绪）《钦定大清会典事例》卷438《礼部·中祀》。
④　（光绪）《钦定大清会典》卷29。
⑤　（光绪）《钦定大清会典事例》卷438《礼部·中祀》。

为之。分献配位用侍郎，西庑用内阁学士。余如故。三十四年，定文庙九楹三阶五陛制。"[①]

《大清通礼》载："月朔释菜，望日上香。教授、教谕、训导等官分班行礼，与太学同右朔望释菜上香仪。"[②] 实际上，朔望行香之礼出现的比较晚，直到明洪武十七年（1384），朱元璋定制"每月朔望，祭酒以下行释菜礼，郡县长以下诣学行香"[③] 才开始实行。

清代释奠仪基本承袭明代仪规，稍有变化：（1）明释奠仪中，上香仪被取消。清释奠仪中，上香仪重新单独成礼（雍正十一年开始实行），行于迎神之后，初献之前。（2）迎神、饮福受胙、送神皆行三跪九叩头礼。（3）清代释奠仪中，献官不再携笏行事。（4）礼毕，祝版、香、帛、馔皆送燎所，而非瘗埋。[④]

第二节　民国时期全国文庙概况

一　清末民初文庙的处境及功能变革

（一）清末民国文庙处境尴尬的原因

文庙的尊荣来自"庙以崇先圣，学以明人伦"，然而诸多原因导致文庙的地位发生改变。首先，科举制的废除和新式教育的兴起，使得庙学制迅速瓦解，文庙因此只剩下祭祀这一功能。于是，为了凸显道统的象征，也为了挽回当时儒家思想的主导地位，开始宣扬立"忠君""尊孔""尚公""尚武""尚实"五项新宗旨，于1906年，将祀孔典礼升为大祀，以期达到重振教化人心的作用。然而，实际情况是，地方政府和社会各界对文庙祀孔的肃静态度已大不如前，即便是将其升为大祀，实际上的执行也多有应付之嫌。光绪三十四年（1908），十一月十五日，慈禧太后下旨称："孔子至圣，德配天地，万世师表，

---

① 《清史稿·志五十九·礼三》。
② 《钦定大清通礼》卷十一《文渊阁四库全书》。
③ 《明史·志第二十六·礼四》。
④ 参见董喜宁《孔庙祭祀研究》，湖南大学博士学位论文，2011。

允宜升为大祀，以昭隆重。一切应行典礼，该衙门议奏。"① 由于祀孔开为大祀，文庙要改覆瓦，因此，清末民初出现了一次集中的文庙修葺，但实际情况颇为应付。

例如，因为升祀，国子监也要重新修葺以符合礼制。在国子监文庙改制一事上，因财政困难，不得不多次拖延，以至于最后不得不奏请"或一仍旧制，或略有变通，或分年办理，于慎重典礼之中，仍寓因时制宜之意"。② 对于将正殿七楹需升为九楹这一变化，本有宫室定制严规，却只是将夹室内板壁撤去，"使夹室两楹，与正殿七楹，通合为一，共成九楹"来应付了事，而殿前阶陛需由"一成三陛改升三成五陛"则以祭时铺设棕者外地势较狭有碍乐悬佾舞的理由，更是奏请"似可毋庸更改"。③ 另外，清末对文庙祭祀的重视远不如清早期，而各地政府岁修文庙也越来越少，致使多地文庙年久失修。从清中后期开始，文庙的修缮已经较少由地方政府财政拨款资助了，一般都是官员捐俸倡修，或是由地方士绅认捐修建。而朝廷的表彰，既助长了捐修的风气，也表现出各级政府对于文庙官修的无力。实际上，也并非所有士绅和地方官员都有热情和能力修缮文庙，或者说修缮文庙在很多地方已经多年未有了。如贵州都匀县文庙多年失修，"礼器乐舞竟无一存，牺牲尤不备"④；利津县文庙，"民国以来，东西庑先贤、先儒牌位，经驻军抛失；礼器、乐器两库，俎豆、钟磬全无"。⑤ 不仅如此，有些地方的文庙无人看管，已经沦为藏污纳垢之处，如1911年"湖北石首县文庙为童子兰、邓文卿所占踞，日夕挟娼宴乐，污秽不堪"。⑥

---

① 朱寿朋编、张静庐等校点《光绪朝东华录》，光绪三十二年十一月戊申，中华书局，1958，总第5607页。
② 《清朝续文献通考》卷九十八。
③ 《清朝续文献通考》卷九十八。
④ 民国《都匀县志稿》卷十一，民国十四年铅印本。
⑤ 民国《利津县续志》，成文出版社有限公司，1968，第122页。
⑥ 《圣庙殆犹娼寮》，《申报》1911年4月22日。

（二）清末民初文庙功能的改变

首先，文庙作为新式教育的场所。将新式小学设在明伦堂，算是"庙学"的一种延续。例如，霸县自"清季至今，俱为教育机关借用，今自戟门以南为民众教育馆及民众学校，东西两庑为乡村师范学校，大成殿以后统为附属小学校"。① 1904 年广东南海县议会决定"大成殿为敬礼堂，以尊经阁下为教室，以尊经阁上为图书仪器室，以名宦祠为饭堂，以忠孝祠为自习室，以乡贤祠为办事堂，以左边余地为操场"。② 除作为学校，还有其他教育机构占用文庙。比如，劝学所，"劝学所之设，始于直隶学务处"，时间是光绪三十一年（1905），"时严修任学务处督办，提倡小学教育，设劝学所，为厅州县行政机关"。③ 然而，在很多地方并没有劝学所的办公地点，所以借用文庙办公。文庙被改为学校或劝学所在民国初期比较常见，如华亭县，即在民国初期将文庙改为劝学所。④ 宝鸡县文庙于"民国元年就儒学废署改建，大门一座，二门一座，讲堂三座，教员室正间，校舍三十五间，场所一所"。⑤ "庙学"原本就是学校，但民国建元以来，对于文庙被占用为学校之事，并非没有异议。"民国成立以来，县立女子高小将大成殿北一段占去，圣殿以南所有房屋曾作教育局女子师范宿舍、区公所等等，直将庄严肃穆不可侵犯之圣地，视同等闲，绝圣弃智，莫此为甚，国土沧桑，良有以也。"⑥

其次，文庙作为民众新的公共活动空间。如杭州文庙丁祭之时，会有"职事诸生，向晚络续齐集，学中备有晚膳供应。至夜半，各给以点食一匣，诸君说饼提糕，亦借以咏今夕也。是夕明伦堂外，凡肩担而唤卖熟食者，无不各据一席。其一切庚家粽子、萧氏混沌，以及饆饠粗粝之属，随意宣唤，闻声即至。且间以小小酒罏，足供夜饮，

① 民国《霸县新志》，成文出版社有限公司，1968，第 104 页。
② 《文庙改学》，《萃新报》1904 年第 1 期。
③ 《清史稿·志八十二·选举二》。
④ 民国《华亭县志》，成文出版社有限公司，1976，第 218 页。
⑤ 民国《宝鸡县志》，成文出版社有限公司，1969，第 143 页。
⑥ 民国《磁县县志》，成文出版社有限公司，1968，第 84 页。

诚不减北关之一小夜市也"。① 不仅围绕文庙出现了小庙会，而且同时也成为文娱场所，"厦门向以敬神为名，拦街搭台演戏，行者苦之，不免怨声载道，然亦无法禁止，只得绕道以行，……兹经文武各官会议出示严禁，凡有敬神可赴文庙演唱，永不准再在当街搭台，以碍行路，由是居民无不颂官宪之德政"。② 中华民国建立之后，一些人希望凸显文庙的文化空间功能，例如，天津文庙于1912年春祭孔子"礼成之后即演讲圣迹，四处讲演所附设小学举办运动会，并接续奏演十番古乐、各种杂剧新戏、国技武术等等，种类繁多任人随便入览概不售票"。

综上所述，首先，文庙在清末民初之时，多被用作劝学所或学校，似是原本庙学功能的延续，实则只是一种权宜之法。具体来说，劝学所本是后来教育局的前身，劝学所与教育局具有相似的功能和性质，但将劝学所置于文庙之中，以旧式教育的象征来代表新式教育，恐难以深入人心，形成新的文化认同。无论是劝学所还是学校，只是借用当时空置的文庙作为办学/办公地点，而无法将文庙的道统和儒家思想的象征与当时新式学校的教育功能接续。因此，文庙多被用于校舍，其功能多体现为公共教育空间。其次，光绪末年的升祀孔子其原意本是重视道统，重振士林。然而，当时社会正处于转型之际，尊孔祀孔已经无法起到重振人心的作用。可现实是，当初庙学培养的生员因科举制的革废无法进入仕途，却成为民国初期的士绅，他们一方面寻求文庙的转型，重新担负文化象征和激励人心的作用。另一方面，又希望文庙仍是"圣域"，享有帝制时期的尊荣，是他们文化身份的象征。这种矛盾的心态也进一步造成了文庙在当时社会的尴尬处境，如清末多起因侮辱文庙而兴的诉讼之事，"有章邱地方自治职员魏星斗者，以部章尊孔遂欲私立孔庙一座，附设于他项神庙之中，以便崇拜。于日昨来省呈请岱北观察准予立案等情当，被观察使批斥，略谓里塾设

---

① 《纪杭省文庙秋祭》，《申报》1878年9月20日。

② 《鹭江杂录》，《申报》1895年4月19日。

位拜经尚属应为之事，至以至圣位号附祀他项庙宇下侪城社之神，亵渎先师莫此为甚。文庙秩祀清严，官有职守，岂宜任人私立"。① 再如，"皖垣文庙前有肩舆一乘，经过舆夫省步并不循例绕道，径直行走，已过下马牌。该处众人斥其违禁，舆夫扬声答以行走一次，众不悦，扭住舆夫……舆中人下轿，询知其事，严斥舆夫，步行而过"。② 可正是如此，使得在当时提倡新式教育，提倡西学的大背景下，原本就象征着帝制和传统儒家思想的文庙，显得更为迂腐和不合时宜，当时对于文庙祀孔的嘲笑之声不绝于耳。

（三）民国中后期文庙的保存与占用情况

1919 年，北洋政府内务部通告："本年十月二十日即夏历八月二十七日为孔子诞辰节。所有文武各机关，各团体均应放假庆祝，悬旗结彩，并准备派人员前往孔子庙自由行礼。"同年二月，北洋政府总统徐世昌举行秋丁祀孔礼。③ 借由这次尊孔的机会，各地士绅又开始修建文庙，如"河间县文庙因年久失修，坍塌过半，现该县绅士以文庙为崇奉先圣之所，庙貌倾圮，不足以资观感，因筹款兴修，鸠工庀材业已一律工竣"。④ 1929 年，中央政府颁布了《孔庙财产保管办法》，其中规定"孔庙财产之保管依左列之规定；（甲）省有者、由大学区或教育厅保管之；（乙）旧府厅州所有者、由大学区或教育厅保管之，但其财产应办理旧府厅州范围内之教育文化事业；（丙）县有者由各县教育局保管之，其未设教育局者，由县政府职掌教育行政者保管之"；"孔庙房屋应由各该保管孔庙之教育行政机关，以时加修缮，其原有之大成殿，仍应供孔子遗像，于孔子诞辰开会纪念"。⑤ 这就使得 1929 年以后，文庙多作为公共文化场所。连年征战，亦有军队屡占文庙之事。1934 年，国民政府曾做过一次全国文庙情况调查，如

---

① 《自治员呈请私立孔庙》，《大公报》1913 年 9 月 28 日。
② 《皖垣琐录》，《申报》1882 年 3 月 29 日。
③ 韩达编《评孔纪年》，山东教育出版社，1985，第 87 页。
④ 《重修文庙》，《大公报》1919 年 12 月 7 日。
⑤ 《孔庙财产保管办法》，《教育部公报》1929 年第 1 卷第 7 期。

表 1-1 所示。

表 1-1　民国时期孔庙实况调查

省市	已报府县孔庙数	残毁数	使用状况			
			教育机关	地方公所	军事机关	其他
安徽	39	4	27	7		3
湖北	35	5	14	5	10	5
湖南	78	5	43	8	6	20
山东	108		89	32		7
河南	88		45	14	13	7
河北	119		96	21	6	7
陕西	42		14	3	5	20
浙江	60		38	14	3	7
福建	63		24	5	10	25
广东	46	2	32	4	5	7
广西	69		42	6	7	15
云南	57	1	39	6	3	11
甘肃	47		14	3	4	26
宁夏	6		3	2		
察哈尔	10		6	1		
绥远	4		3	1		
南京	2		2			
上海	1		1			
合计	874	17	532	132	72	165

资料来源：转引自中国第二历史档案馆编《中华民国史料档案资料汇编第五辑第二编·文化》(二)，江苏古籍出版社，1994，第550页。附原表说明：(1) 孔庙数系各省已报县市区内孔庙总数，其中少数县城除县庙外，尚有府庙，故孔庙总数超过已报县市数；(2) 使用状况之教育机关，系指教育局、学校、民众教育馆、运动场等，地方公所系指县公所、区公所、党部等，军警机关系指公安局、驻地保安队、壮丁训练所等；(3) 如一庙有二机关使用者，分别两栏，故使用状况栏内总数容有超过孔庙总数。

从表 1-1 数据来看，民国中后期统计的 18 个省市的文庙，基本都被占用，其中被用作教育机构的大概占总数的 61%。民国中后期文庙的主要用途之一即是祛征为教育机构，如"禹州文庙，1926 年年军阀李镇亚在此开兵工厂，1933 年春改作民众教育馆"。其中一个有意思的现象值得关注，从调查返回的资料来看，有些县市的教育局表示本地文庙准备用作"民众教育馆"或是博物馆、图书馆，如"陆良县文庙现未设机关，拟俟修理完整设博物馆于期内"，再如"陆良县文庙，本年（1935）五月会议拟附办县立民众教习馆于庙内，现沿未着手"。① 但是文庙保管组织却不希望如此，而是期望能保持其肃穆，并维持祭祀，如大关县文庙，"自建后由本县同善局雇人看守，由地方官绅共同保管"，② 故无人占用。除此之外，就是被政府部门和被军队占用。而各省市文庙的残毁数量并不多，其中原因应是与民国时期几次文庙大修的热潮有关，后文将对此进一步分析。

由于表 1-1 比较简略，可以结合某些地方的统计表进一步分析民国中后期文庙的情况，表 1-2 即以云南省为例进行说明。

表 1-2　民国中后期云南省部分文庙保存利用情况统计

县市	修缮时间	占用情况	填表时间	备注
昆明市	1920 年，1930 年	民众教育馆	1934 年	
安宁县		安宁医院	1946 年	
呈贡县	1914 年		1942 年	
晋宁县	1922 年修大成殿，1927 年修崇圣祠串角，1941 年修大成殿串角	县立中学后方医院	1943 年	大成殿未占
玉溪县		小学教室	1934 年	
易门县		无占用	1943 年	设管理员
富民县		县立中学	1946 年	

① 陈静波：《民国时期云南文庙调查资料选辑》，《云南档案》2015 年第 11 期。
② 陈静波：《民国时期云南文庙调查资料选辑》，《云南档案》2015 年第 11 期。

续表

县市	修缮时间	占用情况	填表时间	备注
禄劝县		县立民众教育馆	1942 年	
武定县		县立中学	1936 年	
昆阳县		县立民众教育馆 初等学校二校	1934 年	
广通县	1939 年	县政府教育科保管		无占用
罗次县	1934 年	常备中队驻扎保管		有祭孔
彝良县	角奎民国九年移址重建	奎香文庙现为小学校 角奎现为民众教育馆	1934 年	原有两座 文庙
绥江县		第一区化所办公处	1936 年	有祭祀
大关县	1916 年，1927 年	同善局雇人看守	1942 年	邑绅保管
永善县		县立简师和小学球场	1936 年	
鲁甸县		建设局	1934 年	
盐津县	1917 年改建为文庙	农场职员和士兵宿舍	1942 年	原文昌宫
曲靖县		县立中学	1936 年	
寻甸县		县立师范讲习所，乡村师范	1935 年	
宣威县		县立中学	1934 年	
嵩明县		县级初级中学校	1934 年	
陆良县	1928 年	无占用	1935 年	
马龙县	1915 年，1926 年	无占用	1934 年	
罗平县	1933 年	县立简易师范学校	1934 年	
沾益县		军队占用	1936 年	
弥勒县		乡村师范学校，选举事务所	1935 年	
华宁县		民众教育馆，建设局	1934 年	
江川县		县立简易师范学校	1946 年	
澄江县	1932 年	民众教育馆	1943 年	
路南县		云南大学附属中学	1942 年	
泸西县		民众教育馆	1934 年	
师宗县	1924 年	省立小学	1942 年	
文山县		军队占用	1946 年	

续表

县市	修缮时间	占用情况	填表时间	备注
马关县	1919 年建筑	民众教育馆	1946 年	
广南县		初中校舍，图书馆	1934 年	
富州	1928 年重修	县立初级小学校	1934 年	
石屏县	1932 年重修	教育会，县立小学	1934 年	由先师殿改作孔庙
开远县	1932 年重修	民众教育馆，教育科	1942 年	
新平县	1915 年，1936 年，1942 年重修	教育局（科）	1942 年	
墨江县	1923 年重修	民众教育馆	1942 年	大成殿未被占用
弥渡县	1926 年	无占用	1934 年	
盐丰县	1925 年	教育机关	1934 年	1934 年重修魁星阁
大姚县	1934 年	学校	1942 年	
缅宁县	1930 年	中学	1942 年	
剑川县	1934 年	无占用	1934 年	保存完整
凤仪县	1927 年	县公所	1934 年	
维西县	1938 年	供人游览	1942 年	民国初年由三圣宫改建

资料来源：本表根据陈静波《民国时期云南文庙调查资料选辑》，《云南档案》2015 年第 11 期及第 12 期制成。

再如，同一时期，陕西省陕南地区的文庙情况如表 1-3 所示。将云南和陕西两省情况结合起来分析，文庙被征为教育场所具有普遍性。

表 1-3 民国中后期陕南文庙占用情况统计

区县	1934 年是否占用	1943 年占用情况	奉祀人员
镇安县	县立第二初级小学	省仓库田赋经征处	有奉祀官
宁陕县	否		
雒南县	县立西大街小学		

续表

区县	1934 年是否占用	1943 年占用情况	奉祀人员
紫阳县	否	县立紫中学校	
汉阴县	否	县立初级中学	
平利县	否		
安康县	现为军队驻扎	中央赈济委员会安康儿童教养所、总理纪念室	
白河县	县立第一小学	白河水安镇中心学校	
商县	否		春秋二祭，由地方人士公祭，并立有至圣会，于每年孔子诞日设祭纪念
商南县	民众教育馆		有奉祀官
石泉县	保安队		有奉祀官
留坝县	否		曾设有奉祀官
襄城县	保卫总团		
洋县	军队占用	陕西省立西安第一中学	每年八月二十七日，县长率地方人士同往祭祀
佛坪县			
宁强县		军政部第十八陆军医院	
山阳县		县立初级中学	
略阳县		无占用	
西乡县		县立民众教育馆	
洵阳县		赋粮征收处	

资料来源：本表根据龚鹏《民国时期陕南孔庙的变迁研究》，《池州学院学报》2016 年第 1 期制成。

结合表 1-2 和表 1-3 的统计，民国中后期文庙多被用于教育场所，这是 1929 年《孔庙财产保管办法》出台后导致的必然结果。有些文庙甚至是被不同的学校和教育机构多次占用。例如，云南省寻甸县民国 11 年（1922）就在庙内创办了县立师范讲习所，民国 18 年（1929）按保管办法规定改为乡村师范，全部房舍均为该校所占用。据已公布的档案中所见，云南的 37 座文庙中，明确说明有祭祀的只有两座文庙，除了有两座文庙提及有士绅组织管理之外，其余即便无人占用，也乏人管理。相较云南的情况，陕西的情况稍好些，统计的 18 座文庙中，有 4 座有奉祀官，有 13 座在 1912~1934 年这段时间内曾祭孔或者举办过孔子圣诞纪念会。虽然民国早期政权更迭，但是地方行政官长对于一地文庙的兴衰还是具有重要作用的。例如，1920 年，"陕西省教育厅长郭希仁，号召尊孔，命学校师生于孔子生日在孔庙行跪拜礼。女子师范学校教务主任王授金，拒不执行，郭希仁大为不满，竟以命令干涉，逼令行礼"。① 可见，一地之政策对于文庙的兴衰影响甚巨，进而也影响到地方文庙的保存和利用情况。综上，同一时期各地除了受国家政府政策的影响，更主要是受地方政府的政策影响，这样从一个角度解释了各地文庙情况相差较大的原因。

二 民国时期文庙的修建热潮

光绪年间的升祀，应该是文庙建置升格的重要契机，无论是在庙貌的改制扩建上，还是在祭器、乐器的添置上，无疑都要依礼制进行。然而，当时政府连国子监都无力修复，何况因赔款摊派而异常拮据的地方政府。这就造成了清末文庙建置升格原本应是政府行为，结果在很多地方变成了官员倡修捐俸，或是由地方士绅捐修、助修的集资行为。不仅如此，即便是由地方官捐俸倡修，其俸禄也极为有限，实际上仍离不开一地绅商的捐资。纵览当时的情况，文庙的修缮多由当地士绅商贾出资，但是其修建功绩仍是算在地方官员身上。这使得修缮保护文庙，成为当时可以获得皇帝赞扬的一种便捷方式。自光绪年间开始，倡修文庙、保护文庙道统遂成为一种官场风气，如"城步县文庙年久失修殿庑墙垣渐次倾圮，屡筹修葺而所修工程浩大筹款艰难，光绪十六年（1890），补用知府龚盛际捐巨资，独立兴工"。② 如前所述，民国时期文庙一直处于较为尴尬的境地，一直无法找到合适的定位，却因为地方官的个人文化认同，或是当地士绅的倡修等，并未停止修缮和重建。

① 韩达编《评孔纪年》，第 204 页。
② 《光绪二十二年八月二十二日京报全录》，《申报》1896 年 10 月 8 日。

　　据 1934 年的统计调查（表 1-1），民国时期有文庙 874 座。根据地方志、当时的报刊资料，以及后来学者的调研，发现了两个有趣的现象。一是民国文庙的修缮实际上存在时间上的聚集现象。即在一个较短的时间段，全国各地有多座文庙重修或者是大修（一般只有大修才会记录于地方志或登载报纸），换言之，文庙的修缮和时间存在对应关系。二是文庙的新建。正如前面反复提及的原因，文庙是帝制时期庙学制的重要组成部分，象征着儒家道统，但是随着科举制的革除和新式教育的兴起，使得文庙越来越处于尴尬的地位。不仅如此，在文庙举行的祀孔典礼也备受争议，多次兴废，那么作为孔子祭祀场所的文庙就应该不会再新植树。但是从各地方志中可以发现，除去重修或者移址重建的文庙，还有多座文庙是在帝制覆灭之后的民国时期兴建的。①

　　首先，文庙被占用和改变用途的时间段主要集中于民国初期，即 1914～1917 年，同时其用途的转变也伴随着文庙的重修，即虽然修缮文庙有助于当地文化的观瞻，而实际上将其修缮一新以便用作他途。例如，"武阳县文庙，民国二年（1913），由知县程宝均等重修大成殿、东西两庑、戟门等建筑"；"长葛县文庙民国三年，邑人补修文庙各处损坏者，并修理名宦祠、乡贤祠，忠义祠、节孝祠神位"。②

　　其次，再一个重修文庙较为集中的时间段是 1922～1924 年。这段时期不仅天津文庙进行了在民国时期最具影响力的一次修缮，还有多座文庙也在该时间段修葺或者重修，例如"太康文庙，民国六年（1917）、民国二十三年（1924）两次维修"。③在这个时间段不仅有庙貌的修缮，还有文庙祭器、乐器的添置，例如"宝山县文庙洒扫会会长印书畦，副会长王钟麟等函，请知事冯成设法兴修以崇祀典"。④究其原因，可能是因为北洋政府在 1919 年通告，将夏历八月二十七日定为孔子诞辰节，并准备派人前往孔子庙自由行礼。实际上，该通告并

---

① 比如营口文庙、哈尔滨文庙、呼兰文庙等。
② 《长葛县志》，民国 20 年铅印本。
③ 陈静波：《民国时期云南文庙调查资料选辑》，《云南档案》2015 年第 11 期。
④ 《宝山再续志》，民国 12 年铅印本。

不能说是尊孔的信号，反而在某种程度上是对于长久以来，民国如何祀孔，是否祀孔还能延用清制的一个定论。然而，1920 年以后北洋政府对于孔子的态度并不像 1919 年通告那样只体现其纪念之意，例如，北洋政府大总统徐世昌在北京成立"四存学会"，以"昌明周公孔子之学"为宗旨。该会出版的《四存月刊》发刊词中说："二十世纪以来，西儒著述遍布五洲，羔雁正迎，登坛讲演，东方大陆既输入欧美文明矣，独我周公、孔子之正传，士大夫钳口结舌，噤无一言，莫能尽力表章，揭诸日月，先圣之憾不亦吾党之羞乎。"① 不仅如此，徐世昌还按袁世凯所定的《崇圣典例》，明令孔德成袭封"衍圣公"，当时孔德成出生尚不满两个月。② 而且前文也提及，该时期中国仍处在军阀割据状态，地方官员对于孔子的态度对于文庙的兴衰也至关重要，例如，阎锡山在该省"育才馆"学员毕业会上讲话，训教他们要终生"尊孔"，"学孔子之道德，学识，经验而办事"，这样就"可保治安"。③ 再如，社会党党魁江亢虎在上海"孔教会"演讲时说，孔教为中国"文化之所发轫，数千年来全国精神所贯注，故保存孔道实为卫国急务"。④ 除此之外，还有某些省政府下令保护文庙，"吴县公署昨奉省令，略谓准财政内务两部咨称，准北京孔教会函开，据闻各属文庙，有人希图变卖分肥，请加意保护，并通咨各省。嗣后对于文庙，不得作为自产，任意变卖等语。查文庙为士民观瞻所系，不得与普通官产同一招变，应准加意保存"。⑤

最后，1934～1937 年前后亦是一个文庙集中修建的时间段。事实上，1934 年的调查产生了两个效果，一是原本已经成为当地文教机关或是学校的文庙，借助这次调查获得了重修机会。据 1934 年云南文庙的调查档案可见，多地保管文庙的教局或者其他组织表明原本打算修

---

① 《四存月刊发刊词》《四存月刊》1921 年第 1 期。
② 《政府公报》1919 年 12 月。
③ 《时报》1920 年 7 月 27 日。
④ 《时报》1920 年 7 月 26 日。
⑤ 《苏州》，《申报》1922 年 9 月 3 日。

缮后将文庙用作民众教育馆或是其他文教机构。① 二是原本由当地士绅管理的文庙，对于这次调查持疑惑态度，并不知道政府此举何意，但是基于自身利益考量，希望借助这次调查将文庙庙产划归清楚，如天津文庙、云南省大关文庙和罗次文庙。1934 年 10 月南京国民政府内政部对全国孔庙实地状况进行调查，以便计划对其进行管理，国民政府也对一些地方政府修缮孔庙的举动给予支持。1935 年 3 月 12 日，蒋介石发布保护孔庙令，内称"孔子之道，昭垂两千余年，为我国民族一切文化之中心，凡忠孝仁爱礼义廉耻之各种固有道德，莫不秉其渊源，受其化育。后世建庙崇祀，理宜永矢勿替"，并规定所有各省市之孔庙，一律严禁军队驻扎，如有损毁尤应设法修葺，以"砥砺醇风，立国化民"。②

而且，这次集中修缮文庙和南京政府尊孔的态度有直接关系。同年，南京国民党政府第四届中央执行委员会，第一二八次常务会议通过孔子诞辰纪念办法，该办法决定："一、纪念日期：八月二十七日。二、纪念日名称：先师孔子诞辰纪念。"从此孔子生日成为"国定纪念日"。③ 这次各地集中修葺文庙实际上是对国民南京政府提出的尊孔运动的回应。这一时期，文庙划归各地的教育局所有，因此有些地方政府为了响应这一号召纷纷出资修建文庙。据《西华县续志》记载："民国二十四年八月重修文庙……县长潘龙光与仕绅公议组织重修文庙……拍卖文庙内枯柏十九株为修葺基金。二十五年十月工竣。"也正因如此，将孔子诞辰改为纪念会，使得这一时期的文庙性质发生了转变，文庙从象征道统的神圣空间转变为纪念空间。但事实上，1934 年的纪念孔子确实在一定程度上起到了促进文庙修缮、恢复的客观作用。

最后，在 20 世纪 20 年代中后期，出现了新建文庙的现象。如前所述，文庙在当时社会已处于较为尴尬的境地，已经没有新建的必要，如

---

① 参见陈静波《民国时期云南文庙调查资料选辑》，《云南档案》2015 年第 11 期及第 12 期。

② 《中央日报》1935 年 3 月 12 日。

③ 《中央日报》1934 年 7 月 12 日。

是作为教育机构或是学校，完全可以单独修建，无须新建文庙。但事实上，确实有多座文庙新建于民国时期，如呼兰文庙、哈尔滨文庙等。

例如《哈尔滨文庙碑记》所载：

> 哈尔滨据松花江上游，东省铁路横贯其间，欧亚商旅麇集而鹁居，列肆连度，言庞俗杂。自政权收回后，百务丰新，当事者以学校浮兴，不可废崇祀先圣之典。于是鸿工兴事，凡历时将三载，庙成。余惟君子之敷教也，必端其本，夫亦植其矜仁孝而已矣。孔子之教，以孝弟为为仁之本，其所恒言，则曰：吾志在《春秋》，行在《孝经》。盖以《孝经》教天下之顺，即以《春秋》遏天下之逆。而其三世之说，尤以世界大同之治为极归。使人人以仁孝宅心，则蒸之为善俗，既恢之为郡治，亲亲长长，而天下可平。孝之极诣，所由通神明而光四海也。挽近学子，年少气盛，其持论唯新奇是鹜，而抑知民德即离，势必至于家邦陵替。本实先拔，而求其枝叶之无伤，胡可得也。今欧美诸邦，类皆厌兵戎而趋文化，其究哲学者，且旁搜中国经籍，以尼山之学为能止至善，而共深其企向，盖世界大同之机兆，而孔教之气昌矣。中华为至圣祖国，哈埠又为华裔〔夷〕错处之区，使无杰构，以度奉明粳，其何以动学子钦崇，而回易友邦之观听，夫古之人抚车服礼器，扰不胜其慨慕流连。而况趋跄将事，摄以威仪，其有不感观兴起者乎？记有之曰："祭者教之本。"此文庙之建所为不可缓也。庙基在南岗文庙街东南，计地九十亩，经始于十五年十月，至十八年十一月，则大成殿暨配殿两庑皆藏事。其用款，由官商合筹为圆七十三万有奇。董其役者前行政长官张焕相及今长官张景惠也。
>
> 中华民国十有八年岁次己巳十一月庚戌朔十日己未张学良记。①

---

① 《哈尔滨文庙碑记》，转引自孟祥义、王建平《哈尔滨文庙碑刻述略》，《北方文物》1999 年第 3 期。

从《哈尔滨文庙碑记》可以清楚地看出，一是学校的复兴不可废除崇祀先圣之典。可见修建者认为祭祀孔子可以保护原有的传统文化，避免外来文化的侵袭。因此，孔子所代表的道统在民国时期不但没有失去地位，而且还被抬到了更高的位置，达到了为保护自身文化提供政权合法性，抵御外来文化的高度。二是增加对儒家思想和文化的认同，也就是相对西学而言，增加对中国文化的认同。可见，文庙是一种文化象征，时人希望通过文庙推行以孔子为代表的传统儒家文化，通过祭祀孔子的仪式来达到修身修心的作用，并通过祭祀的神圣性建构对旧有文化的认同。三是突出教化的目的。显然在这里修建者认为教育和教化的内涵是不同的。教育是知识和技能的传授，和传统中移风易俗的教化有本质区别，这可能也是天津文庙组织者原本是新式教育的主要倡导者，其后来又开始着力建构文庙神圣空间的原因。另外，抛开《哈尔滨文庙碑记》的个案，当时新建文庙的多是少数民族地区，虽然目前统计资料还尚显不足，但是可以推测这些文庙的新建实则与当时中央政府意欲强化民族地区对中央政府的文化认同和政治认同有一定关系。

第三节　民国祭祀孔子情况概述

一　民国时期祀孔政策和礼制

（一）民国时期祭孔政策的衍变

中华民国宣告成立，孙中山在南京就任临时大总统。同年（1912）南京临时政府教育部成立，蔡元培为第一任教育总长。1月19日教育部公布《中华民国教育部普通教育暂行办法通令》，规定"小学读经科一律废止"，"清学部颁行在之教科书一律禁用"。[①] 当时社会上对于是否祀孔多有询问，因此，1912年2月29日临时政府内务部、教育部两部通电各省举行丁祭，略谓："查民国通礼，现在尚未颁行。

---

① 《中华民国教育部普通教育暂行办法通令》，《教育杂志》1912年第3卷第10期。

在未颁行之前，文庙应暂照旧致祭，惟除去跪拜之礼，改行三鞠躬，祭服则用便服。其余前清祀典所载，凡涉于迷信者，应行废止。"① 然而，对于蔡元培之前所提废除读经和纪念孔子活动，在社会上出现了诸多质疑和反对之声，使得教育部召开临时教育会议，对学校可拜孔子这一提案，经代表再三讨论，认为"孔子非宗教家。尊之有其道，教育与宗教不能混合为一；且信教自由，为宪法公例，不宜固定一尊"。但考虑到若此案明白宣布，恐怕引起社会上无谓之风潮，仍把"孔子诞日"列入学校自定仪式一条内。② 袁世凯成为临时大总统之后，开始提倡恢复传统的道德和礼制，但对祀孔礼制北洋政府并没有马上规定礼制，且态度多有暧昧。但当时社会上的尊孔人士一直希望政府能制定祀孔的礼制仪注。多方询问之下，1912 年教育部通电各省都督，"近来各处关于祀孔一事，纷纷致电本部，各持一说，窃以崇祀孔子问题，及祀孔如何订定，事关民国前途至巨，非候将来正式国会议决后，不能草率从事"。该通电做出两项规定（1）"孔子诞日举行纪念会，以表诚敬"；（2）"孔子诞日应以阴历就阳历核算，本月阴历八月二十七日，即阳历 10 月 17 日，自民国元年为始，即永以 10 月 17 日为举行纪念会之日"。③ 随着社会上尊孔思潮的兴起，又值袁世凯需要假道统和正统来复辟，于是开始发布尊孔令。

1913 年 6 月 22 日，袁世凯发布《尊孔祀孔令》："前经国务院通电各省，征集多数国民祀孔意见……各省一律议复到京，即查照民国体制，根据古义，将祀孔典礼，折衷至当，详细规定，以表尊崇，……本大总统维持人道，夙夜兢兢，每遇古今治乱之源，政学会通之故，反复研求，务得真理，以为国家强弱，存亡所系。惟此礼仪廉耻之防，欲遏横流，在循正规，总期宗仰时圣，道不虚行，以正人

① 《内务教育两部为丁祭事会同通合各省电文》，《临时政府公报》1912 年第 32 期。
② 《中国近代教育史资料》（上），韩达编《评孔纪年》，第 4 页。
③ 《孔教会杂志》第一卷第一号，韩达编《评孔纪年》，第 9 页。

心，以立民极。"① 1914 年 2 月 7 日，袁世凯发布《规复祭孔令》，其中主张"金以为崇祀孔子，乃因袭历代之旧典。议以夏时春秋两丁为祭孔之日，仍从大祭。其礼节服制祭品，当与祭天一律。京师文庙应由大总统主祭，各地方文庙应由长官主祭"，"其他开学首日，孔子生日，仍听从习惯，自由致祭，不得特为规定等语，孔子性道文章，本生民所未有，馨香俎豆，更历古而常新。民国肇兴，理宜率旧，应准如议施行"。② 在政府确定尊孔宗旨之后，终于在 1914 年由政事堂礼制馆颁布了迟来的《祀孔典礼》一卷，由总统袁世凯命令公布施行。1914 年 9 月 25 日袁世凯发布《大总统发布亲临祀孔典礼令》，略谓："中国数千年来，立国根本在于道德，凡国家政治、家庭伦纪、社会风俗，无一非先圣学说，发皇流衍。……尊崇至圣，出于亿兆景仰之诚，绝非提倡宗教可比。前经政治会议议决，祀孔典礼业已公布施行。九月二十八日为旧历秋仲上丁，本大总统谨率百官，举行祀孔典礼。各地方孔庙由各该长官主祭，用以表示人民神知国家以道德为重，群相兴感，潜移默化，治进大同。本大总统有厚望焉。"③ 1919 年 10 月北洋政府内务部通告"本年十月二十日即夏历八月二十七日为孔子圣诞节。所有文武各机关各团体，均应放假庆祝，悬旗结采，并准备派人员前往孔子庙自由行礼"。④ 概言之，北洋政府时期，提倡传统道德，同时主张尊孔，并颁布了多项关于尊孔祀孔的通令。

　　1928 年南京国民政府成立，同年 2 月 18 日，大学院发布第 169 号训令，明令废止祀孔典礼："查我国旧制，每届春秋上丁，例有祀孔之举。孔子生于周代，布衣讲学，其人格学问，自当为后世所推崇。惟因尊王忠君一点，历代专制帝王，资为师表，祀以太牢，用以牢笼

---

① 《大总统发布尊崇孔圣令》，中国第二历史档案馆编《中华民国史档案资料汇编·第 3 辑·文化》，江苏古籍出版社，1991，第 1~2 页。

② 《大总统发布规复祭孔令》，中国第二历史档案馆编《中华民国史档案资料汇编·第 3 辑·文化》，第 6 页。

③ 《大总统发布规复祭孔令》，中国第二历史档案馆编《中华民国史档案资料汇编·第 3 辑·文化》，第 11 页。

④ 《政府公报》1919 年 1329 号。

士子，实与现代思想自由原则，及本党主义，大相悖谬。若不亟行废止，何足以昭示国民。为此令仰该厅长、校长、局长，转饬所属，著将春秋祀孔旧典，一律废止，勿违。"[1] 但该训令在当时就遭到了多方质疑。此时，尊孔仍然有相当的社会基础，而且从北洋政府到南京政府，很多人仍认为尊孔祀孔有助于民心稳定。不仅国内反对之声四起，海外华侨也发电来询问此事，并讲明尊孔的价值。爪哇泗水文庙董事李双辉曾致电大学院，略谓："讵本年二月大学院实下废止祀孔通令，致起内外人民大惑，而时隔一月，中央政治会议又依据先总统孙公遗训，奖进旧道德，夫所谓旧道德者，备载于书五经之中，非孔子之言行，即孔子所删订，亦足征中央政治委员对于废止祀孔不尽谓然也。同人远侨异域，鲜通经制，但幼习时书，素娴礼教，而知我宗国数千年来，道统流传，迄未紊佚者，皆孔子表章六经范围后世之效也。兹对大学院废止祀孔之令，固不敢违言，亦不忍不言，谨将南洋侨士所共欲言者，为我大学院长缕晰言之……"[2] 面对这样的质疑，以及地方祀孔的持续举行，国民南京政府对祀孔之事做了进一步规定，经内政部会同大学院呈准，改孔子诞日为纪念日，仅演述事迹，不事仪式。1929 年发布的《孔庙财产保管办法》中规定"孔庙房屋应由各该保管孔庙之教育行政机关以时修缮，其原有之大成殿，仍应供奉孔子遗像，于孔子诞辰开纪念会"。[3] 1934 在年 6 月，国民党中央执行委员会第一、二、三次常会准蒋介石、戴传贤、汪兆铭、叶楚伧四委员提出的"以八月二十七日为先师孔子诞辰纪念日，是否有当，请公决"一案，经决议"通过，定为国定纪念日，交国民政府明令公布，并交宣传委员会拟定纪念办法"。[4]

（二）民国时期祭孔典礼的仪轨

1914 年，袁世凯政府制定了祭孔礼仪。这份祀孔仪轨的制定使得

---

① 《大学院公报》1928 年第 3 期及第 4 期。
② 《孔庙财产保管办法》，《教育部公报》1929 年第 1 卷第 7 期。
③ 《孔庙财产保管办法》，《教育部公报》1929 年第 1 卷第 7 期。
④ 《国民党中央执行委员会转请国民政府明令公布祀孔办法函》，中国第二历史档案馆编《中华民国史档案资料汇编·第 5 辑·第二辑·文化》，第 530 页。

自民国建元以来一直悬而未决的祀孔礼制问题有了明确的答案。1914年祀孔的仪程基本是按照传统的释奠礼制定的，其三献礼仪程择要摘录如下：

> 典仪赞，闭户。闭户讫，赞迎神，司乐举麾，赞举迎神乐，奏《昭和之章》。（辞略）引赞四拜。大总统四拜，传赞赞，众官皆拜，众官在位者，皆四拜，司乐偃麾，工戛敔乐止。
>
> 右迎神：典仪赞奠帛爵行初献礼，司帛爵奉帛篚，揭尊幂勺挹酒，实爵以进。司乐赞举初献乐，奏《雍和之章》。（辞略）大总统进殿左门诣奠帛爵案前正立，赞献帛，司帛进篚。大总统受篚，拱举司帛，奠于案正中，赞献爵，司爵进爵。大总统受爵，拱举司爵，奠于垫中，退，赞复位。导大总统仍由殿左门出，复拜位立。左右司帛爵各奉篚实爵进至四配、十二哲位前，立两庑，司帛爵各奉篚实爵诣先贤。赞诣读祝位导大总统进殿诣读祝位，正立，乐暂止，典礼赞读祝，司祝奉祝立大总统左读祝辞（辞略），读毕，大总统拱举司祝奉祝版安于篚，退，乐复作，赞引赞，复位，导大总统复拜位立，赞四拜。大总统四拜，传赞赞众官皆四拜，乐止，武功之舞退文舞执羽龠进。
>
> 右初献读祝：典仪赞行亚献礼，司爵执爵以进，司乐赞，举亚献，乐奏《熙和之章》（辞略），四配十二哲两庑随分献如初。复位，乐止。
>
> 右亚献：典仪赞行终献礼，司爵执爵以进，司乐赞举终献，乐奏《渊和之章》（辞略）。复位，乐止，文德之舞退。
>
> 右终献：典仪进至殿东，西向立，赞赐福胙，退，引赞赞，诣饮福受胙位，……赞引赞，复位，导大总统复拜位，立，赞引赞四拜。大总统四拜，传赞赞众官皆拜，众官皆四拜。典仪赞彻馔，司乐赞举彻馔，乐奏《昌和之章》（辞略）。乐作，司爵进，撤笾豆各一少移故处，乐止。右受福胙，撤馔。典仪赞，送神，乐奏《德和之章》（辞略），大总统四拜，传赞赞众官皆拜，众官

皆四拜，乐止。

右送神：典仪赞奉祝帛，送燎司，祝奉祝，司帛奉篚，司爵奉酒馔，以次由中道出，恭送燎炉，大总统转立拜位旁，竢视向帛，过仍复位。①

1934 年 7 月 5 日，南京国民政府第四届中央执行委员会 128 次常务会议通过了《先师孔子诞辰纪念办法》，其规定内容如下：

先师孔子诞辰纪念办法

一、纪念日期：八月二十七日。

二、纪念日名称：先师孔子诞辰纪念。

三、孔子事略。

四、纪念仪式：是日休假一天，全国各界一律悬旗志庆，各党政军警机关，各学校，各团体分别集会纪念，并各地高级行政机关召开各界纪念大会。

纪念秩序如下：

（一）全体肃立；（二）奏乐；（三）唱党歌；（四）向党国旗，总理遗像及孔子遗像三鞠躬礼；（五）主席恭读总理遗嘱；（六）主席报告纪念孔子之意义；（七）演讲；（八）唱孔子纪念歌；（九）奏乐；（十）礼成。②

1943 年，国民党与南京国民政府拟定了新的祀孔典礼。是年，戴季陶、陈立夫、顾毓琇等人在重庆北碚召开议定国家礼制的会议。这次大规模的"制礼作乐"将先师孔子祭祀列入最高级别的国家祭祀，其典礼仪式如下：

---

① 参见《祀孔典礼》，《内务公报》1914 年第 15 期。

② 《内政公报》1934 年第七卷第 34 期。

一、平明行礼。与祭及陪祭者先集，国民政府主席备仪从，至庙门外先诣休息处盥洗。

二、祭礼开始，乐作，主祭者诣行礼位，陪祭者以下各就位，奏迎神之曲，行三鞠躬礼。

三、初献赞引导主祭者诣香案前，陪祭者各诣分献处，献帛，献爵，读祝文，行一鞠躬礼。

四、亚献：如初献礼，不献帛，不读祝。

五、终献：如亚献礼。

六、主祭者及陪祭者均复位，奏迎神之曲，行三鞠躬礼，礼成。国民政府主席亲祭孔子时，五院院长，考试院副院长，教育部部长，至圣先师奉祀官，中央大学校长，陪祭分献，简任以上大学校长与祭。各地方政府，均以最高长官主祭，僚属及各校校长陪祭，地方团体代表与祭，设纠仪四人，国民政府主席亲祭时，以监察委员为之，地方致祭，推团体代表为之。①

概言之，整个民国时期的祀孔政策和祀孔仪程一直在两个大方向上徘徊。一种是延续传统的释奠礼，这种延续也不是完全的继承，而是一种在新的社会制度下的仪式选择思路。祀孔原本是国家仪式的组成部分，因此，在帝制终结后，即便想完全复古，也难以真正承袭，正如前文所述，祀孔礼制的记载本来就包括皇帝祭、太子祭，以及地方官员祭祀等的区别。在仪式上也有释奠、释菜、朔望行香，甚至是谒庙的区别。因此，当社会制度发生变化之后，无论是被动还是主动，礼制都会发生变化。当时往什么方向变化是可以选择的，方向的选择实则是价值选择的结果。因此，这里说的释奠礼实际上背后的仪式选择是认同传统的释奠礼和传统的儒家思想，但为了符合当时的社会制度和文化思潮也会有所调适和改动。就以释奠礼中的跪拜礼而言，在

---

① 《北泉议礼录》，转引自李俊领《抗战时期国民党与南京国民政府对孔子的祭祀典礼》，《社会科学评论》2008年第4期。

民国时期的定礼中就有多次变更，比如 1912 年取消跪拜礼，以鞠躬礼代替之。到 1919 年又颁布"上丁春祭，主祭官、陪祭官各员，仍沿用鞠躬礼，现届秋祭期近，省署已准内务部咨知，自本届秋祭起，祀孔大典改用跪拜礼以昭诚敬"。① 之后国民政府礼制馆制定的《北泉议礼录》，仪程上又使用释奠礼的基本形式，但是依然用鞠躬礼。

另一种是新式礼仪的建构，比如从 1934 年《先师孔子诞辰纪念办法》的秩序规定看，整个仪式都是重新建构的，完全排除了原本释奠礼的元素。民国时期，这种新式礼仪也有变动，比如唱歌、默念的环节。与前一种方向一致，新式礼仪制定的背后也是其脱离传统、建构新的国家文化的选择。

析言之，前一种情况是传统文化认同的维持，后一种是对新文化认同的建构，利用同一种仪式进行两种文化的博弈，必然会多有踟蹰。然而，建构新文化认同离不开原有文化符号的使用，否则直接订立新的国家纪念日即可，不必借用祀孔仪式。前一种情况的整体路向是调适、应对，以期坚持自身；而后一种情况则是新式礼仪在某一阶段以新旧交替的形式出现，比如，释奠礼结合纪念会的演讲，或是丁祭加文娱活动等。这些扞格放到地方文庙，表现最突出的大概就是祀孔仪式的兴废，以及仪程的变迁。正如下文所述，有些地方还会出现官祭、民祭，于不同时间在文庙进行不同仪程的祀孔仪式。

二　民国时期各地祀孔情况概述

清朝覆灭之后，国家祀典也随之停止。失去了政治权利的约束，祀孔也开始变得五花八门。就仪程而言，甚至是一次祭孔中应说明多种方式，例如"北京南半截胡同，孔社本部因二十七日为至圣先师诞辰，于二十五、六、七分作三日开会……第一日（二十六）上午十一钟，开会至下午五钟闭会。各界男女来宾、各学堂社员，由徐社长琪主会，会同社员引导来宾，分班逐次进谒圣像，每次必焚香，奏乐。

---

① 《南京·关于祀孔典礼之通电》，《申报》1919 年 9 月 29 日。

至下午三钟时，始开讲演会，首由徐社长登坛报告开会缘起，毕。次有政德会代表赵宗钧及来宾魏止邦、王寰清、月舟和尚、赵席珍诸君，接踵登坛演讲伦理道德以阐明孔子教义……"① 就服制而言，也是五花八门，例如1917年春丁，教育总长范源廉代表大总统诣文庙大成殿，恭行释菜礼，"是日，范氏及陪祭人员皆服大礼服，行鞠躬礼。至九时半，为孔教会会员等举行丁祭礼，主祭者为梁鼎芬先生，服前清二品朝服翎顶辉煌，陪祭者二人系孔教会员服明衣冠章甫，又俨然春秋时代之儒者。是日，同一祀典竟现出三种服制，不今不古殊令人爽目"②。

纵观民国时期各地文庙祭祀孔子的情况，按时间阶段划分，可分为以下五种情况。

第一种情况是民国建立之初，就停止了祭祀孔子的典礼，而这些文庙通常都被改作其他机关。

第二种情况是1912～1928年举行祭孔典礼，但是在1928年"废除祀孔"之时停止祭祀孔子。此类情况也有两种具体现象，其一是官方祭祀停止，但是民间一直持续祭祀孔子并有官方参与，诸如士绅、孔教会、文庙洒扫会，甚至是学校组织的祀孔活动。例如，在这一时期持续进行官祭的杭州文庙，"春丁祀孔、所有祭礼物品，由温知事承办、四配十哲两庑演祭，先期由县函订苏绅徐芬、宋鋆铭、顾英焯等，其余奉帛奉爵各职员，由各高初小学校教员担任。十五日清晨四时，群集孔庙正中大殿，由苏常道尹、王可耕为主祭官、高等审检两厅长、水陆警厅长、吴县知事等为陪祭官，其他各殿及两庑后殿崇圣祠等，则由道署各科主任分祭"③。实际上，在1921年前后，很多地方才废祀孔子。比如，陕南的镇安县文庙，官祭一直到1921年才停止。其二是官祭孔子已经停止，但是民间自发积极举行祀孔仪式，其间几乎没有官方参与。如1912年，"南市贫民半日学校于阴历八月二

① 《孔子诞日纪念会志盛》，《大公报》1913年9月27日。
② 《祭孔之新花样》，《大公报》1917年2月26日。
③ 《筹备祀孔典礼》，《申报》1921年3月16日。

十七日（即孔圣诞）举行□孔纪念会，先于上午该校教员学生齐集礼堂行敬□礼（三鞠躬），并由教员演说孔学之道，于午后二时开会，各学校教员学生及男女来宾到者三百余人，先由主任教员袁颂丰君报告，次由梁干臣、戈朋云、梅竹庐、俞元爵、葛云龙、袁颂丰诸君相继演说尊孔之道及孔学之教，其后由该校学生奏唱《尊孔歌》等，遂分发各种印刷品及纪念旗，散会已五时矣"。[①]三年之后，该校又举行了仪程相似的祭孔仪式，"南市大南门外，中道桥南贫民学校系穆杼斋君等所创办。前日为春丁祀孔之期，午后在校开尊孔会。该校代表顾翕周君及学生，又知新、明新两校生徒、僧界印培和尚，均齐集校内。二时开会，先由主任教员袁颂丰君报告，次行礼，请俞君元爵为司仪员，继由戈朋云、梁天柱、葛云韶、葛敬业诸君演说孔学正宗，其间由该校全体生徒唱《尊孔歌》，至五时散会"。[②]

第三种情况是在 1928 年"废祀孔子"之时，停止祀孔，但又响应同年内务部政令："以孔子诞日为纪念日，通行全国一体遵照，并于是日举行纪念时，演述孔子言行事迹，以志景仰，经国府会议议决照办，仪式不必规定。"[③]由于这一时期，明确说了仪式不必规定，很多地方士绅借此恢复传统的祀孔和礼制。例如，苏州"（二十七日）为春丁祀孔之期，官厅方面，对于祀孔之举，业已废止。现由邑人吴荫培（前清探花）等发起于昨日上午九时，用私人名义、在府学内照常举行、主祭人为吴荫培、陪祭友为孔昭晋、蒋炳章（均系前清进士），仪式如旧，惟致祭品则取消太牢猪羊等物"。[④]

第四种情况是 1934 年才开始再次祭孔。民国初期没有明确废祀，祀孔也是断断续续，最终由官方停止孔子祭祀。1934 年国民政府颁布《先师孔子诞辰纪念办法》之后，各地纷纷响应政令重新开始举行孔子纪念活动。例如，青岛"市府召开孔诞纪念会，沈鸿烈主席致词，

---

① 《贫民学校尊孔会志盛》，《申报》1912 年 10 月 9 日。

② 《贫民学校之尊孔会》，《申报》1915 年 3 月 19 日。

③ 《内政部公布孔子纪念日通电各省查照办理》，《申报》1928 年 10 月 8 日。

④ 《祀孔之所闻》，《申报》1928 年 2 月 28 日。

首述纪念意义，继勉僚属认真研究孔学、躬行实践，发扬光大，并拟筹建孔祠，以示敬仰。市党部及胶济路党部亦分别召集所属举行纪念会。因青市无孔庙，仅悬孔像，全市悬旗休假一日"。①

第五种情况是祀孔仪式几乎没有间断过。例如天津文庙，如果算上以士绅为代表的民间祭祀，天津文庙在民国时期几乎没有中断过祭祀孔子。但就全国范围来讲，天津这种情况比较少见。

各地文庙按采用祭孔仪式划分，可以分为以下两种情况。

第一种是采用传统的释奠礼。这里包括略做修改的，以及根据1914年祀孔典礼制定的两类。例如，1919年的"上海县公署，因本月六日为春丁祀孔之期，……依照历届成法筹备。昨因祀期伊迩，特于下午三时派委执事员先行演祭，以免临时失仪。主祭官由姚玉苏代摄，东西两庑，由贾叔香、朱伯华分摄，以曹瀚亭为通赞，范麟书为司祝，王稚眉为正引，钱逊斋、王叔炎为分引，……以便春丁一体致祭"。②以及20世纪30年代的苏州祀孔，1935年"先师孔子诞辰纪念日，苏地各机关代表于上午八时，在孔庙大成殿举行祀孔典礼。主祭者县长吴企云、陪祭者教育、建设、公安、土地四局长、襄祭者汪稼仓、蒋毓泉等数人，礼节仿照古式，颇为隆重。嗣于八时半举行大会，地点在孔庙明伦堂，参加者有千余人之多。主席吴县长、赞礼张一鹏，由朴学大师章太炎先生演讲纪念孔子意义，□即散会。此次祀孔盛况，为三十余年来所未有。是日，苏地各机关均停止办公一天，各学校放假一天，各界咸悬旗志庆，并闻苏地耆绅将于二十九日再举行丁祭"。③

第二种是采用新式礼仪。即1934年制定的《先师孔子诞辰纪念办法》的礼仪流程，同时也包括1938年修订的新式纪念礼仪。例如，"昨日为孔子诞辰，开会秩序，一全体肃立，二奏乐，三唱党歌，四向党国旗总理遗像及孔子遗像行三鞠躬礼，五主席恭读总理遗嘱，六

---

① 《青岛》，《大公报》1934年8月28日。
② 《春丁祀孔之预备》，《申报》1919年3月6日。
③ 《苏地各界祀孔盛况》，《申报》1935年8月28日。

主席报告纪念孔子之意义，七演讲，八奏乐，九摄影，十礼成"。[1]

综上所述，就整个民国时期而言，保留祭祀孔子的地方文庙所占比例较少，据不完全统计大概只有不到20%。[2] 从梳理来看，各地文庙情况复杂，祀孔仪式的兴废、祀孔仪式的选择在民国时期都颇为混乱。

---

[1] 《文庙昨晨祀孔　参加者千人礼节严肃》，《大公报》1934年8月28日。

[2] 1934年，国民政府进行大规模的文庙普查，有些省份保留了这个结果。该数据根据几个省份的数据以及收集整理的方志统计估算得出。

第二章 天津文庙的历史沿革

第一节 天津的地理特点和行政区划管理

天津平原位于华北大平原的东北部，西侧是太行山脉，北侧与燕山接壤，东临渤海。天津的地理特点是三面环山一面出海。基于这样的地理特点，发源于太行山脉和燕山的河流都聚于天津，再汇入渤海，形成海河水系。天津处在海河水系的下游。

直沽寨是天津较早出现的聚落。"直沽寨"仅见于《金史·完颜佐传》记载，"完颜佐本姓梁氏，初为武清县巡检。完颜瑊住本姓李氏，为柳口镇巡检。久之，以佐为都统，瑊住副之，戍直沽寨"。[1] 金朝，由于漕运与盐业发展的需要，南北运河与海河交汇处"三岔河口"成为重要的航运中转站。《金史·河渠志》记载，明昌五年（1194）以前黄河由柳口入海，柳口镇即现在的杨柳青镇。按行政区划，柳口镇和直沽寨都属于靖海县管辖，《金史》卷二十五记载，"靖海，明昌四年（1193）以清州窝子口置"。

尽管"直沽寨"在天津历史上的地位还不够清楚，但研究天津史地的专家们一般认为，"直沽"二字是天津城市发展过程中最早出现的正式名称。至成吉思汗金中都被蒙古大军攻占，天津地区被纳入元朝版图。[2]《元史》卷五十八记载："以靖海、兴济两县及本州司候司

---

① 《金史·列传第四十一·完颜佐》。

② 天津社会科学院历史研究所《天津简史》编写组编著《天津简史》，天津人民出版社，1987，第22页。

并为会川县，后复置清州。领三县：会川、靖海、兴济。"元朝时天津以海河为界，分为两县管辖。海河以南的地区属于清州靖海县。海河以北武清县在元初时属于大兴府。大兴府后改为大都路，领院二、县六、州十，州又领县十六。至元十三年（1276），升漷县为漷州，割大兴府为武清和香河二县属，天津海河以北仍属于漷州。① 自天津建置以来，就是运输的要道。《元史·百官志》载，"都漕运使司，秩正三品，掌御河上下至直沽、河西务、李二村、通州等处攒运粮科"。由此可见，直沽早在此时就已经处于漕运体系。直沽在元朝时，不仅是漕运的重要枢纽，同时也是屯田和驻军之所。直沽屯田时间较晚，据《元史》卷二十三载，至大二年（1309）"摘汉军五千，给田十万顷，于直沽沿海口屯种。又益以康里军二千，立镇守海口屯储亲军都指挥使司"，至大三年（1310）"以钞九千一百五十八锭有奇市耕牛农具，给直沽酸枣林屯田军"。元朝于延祐三年（1316），命副都指挥使伯颜镇守直沽，并改直沽为海津镇。

金元时期，天津地区已经有了"直沽寨"和"海津镇"，此时的天津还只是交通枢纽和军事据点。明朝才是天津建城的主要时期。明初，天津还只是军事据点，"诏以御史大夫汤和为偏将军，与平章杨璟俱从大将军徐达征山西。先是和自福建还庆元，上命造海舟运粮往直沽，候大军征发。是岁，海多飓风，不可行，乃诏和以粮储镇江，还京师，及是复有是命"。② 直到明永乐二年（1404）天津才设卫。《明实录》中记载，"设天津卫。上以直沽海运商舶往来之冲，宜设军卫，且海口田土膏腴，命调缘海诸卫军士屯守"。③ 同年，设天津左卫，永乐五年（1407）"改青州右卫为天津右卫"。④

明朝建立后，军队编制采用卫所制，"自京师达于郡县，皆立卫

① 郭蕴静：《天津古代城市发展史》，天津古籍出版社，1989，第62页。
② 《明太祖实录》卷三十四。
③ 《明太宗实录》卷三十六。
④ 《明太宗实录》卷六十一。

所"，[1]"天下既定，度要害地，系一郡者设所，连郡者设卫"。[2] 至洪武七年（1374）八月，明太祖再次申定兵卫之政，大抵5600人为一卫。天津三卫直接隶属于后军都督府，共有官兵16000余人，管辖地区为海河以南沿南运河至德州以东的地方。[3] 明朝的卫所实行兵农合一的管理办法，军士在驻地世袭屯垦，其主要职能是戍守卫城、监督和保护漕运、修建和保卫粮仓，以及屯田和军事训练等。

天津卫所有三大特点，首先，是从无辖地卫所到有辖地卫所，即先有卫所的建置，后有卫所的城池；其次，三卫先后建立，右卫间隔时间略长，而且还是"调卫"；最后，地处京畿航运要道，而非边境少数民族地区。综合这些特点可见，明朝卫所具有屯戍的作用，多在边境或者少数民族地区。朱棣靖难之后，定都北京，天津设卫源于其运输枢纽和拱卫京畿的重要地理位置。天津漕运和盐业发达，从业人员大量出现，必然会促使其从常驻军事据点向城市转型。而天津区域不大，却有三卫，而且右卫是由青州右卫"调卫"而来。三卫并置，商武共存，就更容易造成管理上的混乱。

然而，作为拱卫京畿的重要军事卫所和漕运、海运的主要枢纽，中央政府必然不会放任天津杂乱的管理，野蛮尚武的风气，故而建整饬天津道。"明弘治三年（1490），侍郎白昂、御史邹鲁议本镇密迩京师，东濒大海，水陆要会，因无法司钤束，致奸盗窃发，百务废弛，添设整饬。次年，设按察司副使，奉敕整饬天津等处，整饬操练军马，修浚城池，禁革奸弊，问理词讼，兼管运河事宜。正德二年（1506）裁革，后因贼盗充斥，设捕盗御史一员；五年裁革，六年流贼四起，复设。"[4] 可见，要想真正风行革偃、移风易俗，推行儒家教化就成为使天津从军事据点向城市转变的重要方式。

清代，随着天津城市政治、经济地位的不断提高，其建置也由原

---

①　《明史·志第六十五·兵一》。

②　《明史·志第六十六·兵二卫所　班军》。

③　天津社会科学院历史研究所《天津简史》编写组编著《天津简史》，第31页。

④　《天津卫志》，载来新夏、郭凤岐主编《天津通志》，南开大学出版社，1999，第36页。

来的军事据点改制为地方行政管理机构。

1644 年清军入关建立清王朝后，裁并卫所。顺治九年（1652）将明代设立的天津三卫合为一卫，统称天津卫。雍正三年（1725）清政府将天津卫改为天津州，卫是军事单位，州则是行政管理机构。雍正九年（1731）清朝批准直隶总督的奏请，将天津州升为天津府。从1404 年天津设立卫，到 1725 年改为行政机构的州，经过了三百多年，而从天津州升级为府，仅经过了六年。[1] 民国 2 年（1913），原天津、河间、永平、承德、朝阳五府及遵化、赤峰二直隶州区域置到渤海道。观察使驻天津县（今天津市区），辖天津、青县、沧县、盐县、庆云、南皮、静海、河间、献县、阜城、肃宁、任丘、交河、宁津、景县、吴桥、故城、东光、卢龙、迁安、抚宁、昌黎、滦县、乐亭、临榆、遵化、丰润、玉田等 28 县。[2]

1928 年，北洋政府垮台，国民党在南京建立国民政府，同年 6 月将直隶省改为河北省。天津被设立为特别市，由国民政府直接管辖。从此，天津有了以城市为管辖区域的行政管理机构。同一时期，河北省政府各机关，以及所属县机关仍然设在天津。天津一时成为华北的首善之地。

1930 年 6 月，天津特别市改由南京国民政府行政院直接管辖，属院辖市。同年 11 月，河北省省会从北平迁到天津，天津又改为省辖市。1935 年，河北省省会迁至保定，天津再改为特别市。1937 年"七七事变"后，天津沦陷。经过短暂的天津治安维持会管理后，1937 年12 月，在天津成立河北省公署和天津特别市公署。抗日战争胜利之后，即 1945 年 10 月，天津成立国民政府的地方行政机构——天津市政府。[3]

从管理体制上来看，民国初期仍然没有以城市为单位的行政管理

---

① 周俊旗主编《民国天津社会生活史》，天津社会学院出版社，2004，第 2 页。
② 周振鹤主编《中国行政区划通史（中华民国卷）》，复旦大学出版社，2017，第 340 页。
③ 参见天津社会科学院历史研究所《天津简史》编写组编著《天津简史》，第 304，352～353 页。

体制。民国初年中央政府曾改革官制，把地方行政建置由过去的三级精简为省、县两级，原来的府、道和直隶厅、州均改为县，于是天津府、道相继被裁撤，天津地方行政管理机构为天津县，地方军事长官为天津镇守使，天津县署设在原来的天津府署。1913 年后天津成为直隶省省会，省级机构皆设在天津，天津的各种事务基本由省级机构或省民政长（后改为巡按使、省长）直接办理。天津紧邻首都，又是北洋军阀的发源地，聚集着许多失意下野的军阀、官僚、政客和寓公，也集中了一批跃跃欲试的后起者，城市地位十分特殊。天津自清末也实行过地方自治，因地方行政长官始终控制政局，直到民国时期，这些由地方自治发展起来的省议会、参议会等多以地方长官马首是瞻。

第二节　天津文庙的兴建与修缮

一　明代天津文庙的兴建

天津先有卫学，后有文庙。明朝洪武年间，都司开始纷纷建立儒学和卫学。鉴于军卫与府、州、县错壤而治、辖地多有重合。洪武二年（1369），太祖初建国学，谕中书省臣曰："学校之教，至元其弊极矣。上下之间，波颓风靡，学校虽设，名存实亡。兵变以来，人习战争，惟知干戈，莫识俎豆。朕惟治国以教化为先，教化以学校为本。京师虽有太学，而天下学校未兴。宜令郡县皆立学校，延师儒，授生徒，讲论圣道，使人日渐月化，以复先王之旧。"① 洪武十四年（1381），辽东都司学的设立，标志着卫所设学的开始。关于设置卫学的目的，洪武十七年（1384），朱元璋对礼部诸臣曾经说过："武臣子弟久居边境，鲜闻礼教，恐渐移其性。今使之诵诗书，习礼仪，非但可以造就人才，他日亦可资用。"② 进入宣德、正统时期，卫所开始纷纷设立儒学。宣德十年（1435）十月，陕西按察司金事林时奏言：

---

① 《明史·志第四十五·选举一》。
② 《明太祖实录》卷一百六十八。

"各处卫所官军亦有俊秀子弟，宜建学校以教养之，庶得文武之才出为时用从之。"明英宗接受了林时的建言，下令天下卫所建立学校。①

由天津的地理历史概况所见，天津修建卫学不仅是因为中央下令各卫均需修建卫学，还因为当时的天津社会风气彪悍，军卫、商贾子弟缺乏教化。在明代，卫所分为有辖地的卫所和没有管辖地的卫所。无辖地的卫所虽是卫所建置，实际上具有府、州、县的行政区划，无论是行政治理上，还是人口数量上都与一般的府、州、县的治理一样。有辖地的卫所，多设于边境少数民族地区，如云南。这类卫所没有府、州、县的区划，而是作为军事据点，兼管军事和民政。

故此，无辖地卫所的军卫子弟可以进入县学学习，但有辖地的卫所就需要设立卫学来解决卫所军士子弟的教育问题。《天津整饬副使毛公德政去思旧碑记》中描述了当时天津社会的情况，"盖天津近东海，故荒石芦荻处，永乐初始辟而居之，杂以闽广吴楚齐梁之民，风俗不甚统一，心性少惇朴。官不读书，皆武流，且万灶沿河而居，日以戈矛弓矢为事，兵马倥偬之际，而欲其和辑小民不亦难乎！既不读书，争相骄侈为高，日则事游猎，从歌舞，俱在绮襦纨绔之间，而欲其道德揖让，不亦难乎！"②不仅如此，"卫既武置，无州县，承平之余，故习未改，则肆为强戾，讼狱繁起，越诉京师者殆无虚月，往来舟楫夫役之费不统于一，下上病之"。③可见，天津卫学设立的初衷即是移风易俗，教化军士子弟。同时，将管理混乱的三卫建制统一。如此，通过卫学教育使原本的常驻军事据点转为真正的城镇，实现军政的整合。

据《天津卫志》记载，"天津三卫者，未有学，正统纪元，圣天子嗣位之初，以武臣子弟皆将继其祖、父之职业，以效用于时，不可不素养而预教之，乃命天下，凡武卫悉建武学而立之师，选武官与军

---

①　《明英宗实录》卷十。

②　《天津卫志》，载来新夏、郭凤岐主编《天津通志》（上），第78页。

③　《天津卫志》，载来新夏、郭凤岐主编《天津通志》（上），第73页。

士子弟之俊秀者充弟子员，于是天津及左、右卫始有学"。① 可见，天津是在明正统元年（1436）修建学官，即卫学。由当时的指挥使朱胜捐出家居一所作为明伦堂。正统十二年（1447），建成大成殿，并在景泰五年（1454）之后，每次春秋祀孔礼颁胙肉时，赐予当初捐出学官地的朱胜后人一个猪头。② 先建成了学官，12 年后建成了文庙的大成殿，天津卫学基本完成了"庙学合一"的形制。相较而言，天津文庙其他的附属建筑则修建得更晚。

二 明清两朝天津文庙的修缮

表 2-1 明清两代天津文庙部分修葺统计

时间	倡修人	修建（重建）	修建缘由	修建情况
正统元年（1436）	程富	兴建天津卫学包括明伦堂及志道、据德、依仁、游艺四斋	日以戈矛弓矢为事，事游猎，从歌舞，争相骄侈为高	朱胜捐宅修建
正统十二年（1447）		兴建大成殿		
天顺二年（1458）	谢延年	兴建两庑、重修棂星门	虽创建文庙而两庑未立，迄今二十余年遂"以补漏为己任"	谢延年捐银，三卫官僚捐俸
弘治八年（1495）	刘福	重修明伦堂，展出门前二十步，修两庑、四斋、戟门等舍		
正德十一年（1516）	高屿	重修四斋，筑墙垣、射圃		
嘉靖四十四年（1565）	黄中	创建名宦、乡贤两祠		

---

① 《天津卫志》，载来新夏、郭凤岐主编《天津通志》（上），第 73 页。
② 《天津卫志》，载来新夏、郭凤岐主编《天津通志》（上），第 50 页。

续表

时间	倡修人	修建（重建）	修建缘由	修建情况
万历二十九年（1601）	汪渊联合张汝蕴、李望瑞等	凿池、易门、垫高殿基，建文昌祠，移启圣祠于后，迁名宦、乡贤祠于学宫旁边	文庙庙貌损坏，学宫无泮池文昌祠、启圣祠、名宦祠和乡贤祠均不合礼制	官、军合力出工出力修建
崇祯元年（1628）	石声谐	重修卫学	文庙庙貌损坏，诸围垣、射圃咸就颓废	官、军合力出工出力修建
顺治十年（1653）	张中元	重修文庙	明季重修，迄今凡二十余年，庙貌破旧	时官各捐俸，显人大贾暨本庠诸博士弟子员辅助
康熙八年（1669）	李棠	重修文庙	庙貌摧颓，堂庑圮坏	官员捐俸，诸绅士与慕义之民参与
康熙十二年（1673）	天津道薛柱斗	添建东西披门、砌砖花墙、立影壁、建戟门，石砌泮池，并架木桥	学宫全局一味攒簇退缩，而略无施展前进之势，结构混乱	倡捐，而同城诸公共勤于后，并未动民间一夫一木
康熙三十二年（1693）	监察御史朱士杰		基之卑者筑之使高，堂之圮者建之使固，以两庑阶序之缺失者增之使备	
康熙五十八年（1719）	连肖先①	重修文庙		
雍正十一年（1733）	鄂礼			

---

① 文庙千秋带原文为："钦差巡按长芦等处盐政监察御史加四级连肖先、整饬天津等处兼理马政驿传粮饷屯田河道盐法事务山东按察司佥事加四级朱纲、清理长芦等处盐法道代理天津关事务加六级宋师曾、长芦都转盐运使司青州分运同署直隶河间府天津海防清军兵粮同知印务加二级杜子（于）藩、直隶河间府天津海防清军兵粮同知加三级金世亨（忠）、同差长芦等处笔帖式加一级诺木图、持授直隶天津卫正堂加十二级张杰、儒学教授赵瓒、儒学训导井鉌、督工廪膳生员贾志舒、□之沄。"转引自费雅楠《天津文庙府学大成殿"千秋带"考证》，《遗产与保护研究》2018 年 5 月。

续表

时间	倡修人	修建（重建）	修建缘由	修建情况
乾隆三年（1738）	程凤文	修明伦堂	文庙庙貌损坏	
乾隆十六年（1751）	卢见曾	重修文庙	文庙庙貌损坏	
嘉庆二十一年（1816）	天津人董岱			
道光二十八年（1848）	祁镇	督工重修		劝捐
同治三年（1864）	官绅			倡修
光绪元年（1875）	马绳武	重修县学		官员捐输，绅富暨芦商等共捐赀

资料来源：根据来新夏、郭凤岐主编《天津通志》整理。

据表 2-1 梳理可见，天津文庙修缮的原因大致分为两种，一是因为庙貌颓败，需要修缮；二是需要增建，以添所需。这和周愚文的研究有相符之处。周愚文认为文庙修建的原因有六：第一，帝王下诏兴学，于是地方奉命设学或修学；第二，原有学舍隘陋，不足容众；第三，有学舍地势卑下，常困于或圮于水；第四，原学舍年久失修；第五，原学舍焚于兵灾或盗祸；第六，原地方未设学，或虽设立但规制未备。① 也有学者对此持否定意见，认为州县孔庙之修建原因，实无需如此条分缕析，归根结底皆出于办学之虑，选址爽垲、基地容敞，本为孔庙之必需；且地方孔庙的修建原因往往并不惟某点为重或诸般原因混杂。② 实际上，这种划分是有意义的。周氏的观点，虽然是根据宋代州县学研究得出的结论，但基本上涵盖了文庙（学宫）修建的

---

① 参见周愚文《宋代的州县学》，国立编译馆，1999，第 75~78 页。
② 沈旸：《东方儒光——中国古代城市孔庙研究》，东南大学出版社，2015，第 119 页。

情况。但值得注意的是，文庙的修建和文庙重修、岁修等情况应该分开来看，不能将修建和重修混为一谈。就周氏的六点原因来看，第一点是修建文庙的原因，第二点和第六点界于修建和重修之间，其余则是重修。简单来讲，重修和修建并非一种情况。而沈氏的评论若是以文庙作为参照主体则有一定的道理，但若是以文庙为客体，即文庙在当地社会的角色，修建和重建的原因就值得分类和讨论了。

首先，据现有资料统计，天津文庙在明朝较大的修缮有 8 次。清康熙年间（1662~1722），天津文庙（包括其附属建筑）一共修缮了 6 次，平均 10 年一次，而实际时间间隔最短的为 2 年，间隔最长的是 17 年。另有一说认为天津文庙在康熙年间一共修缮了 9 次。[1] 就以 6 次来说，如果都因文庙的颓败残破而必须重修，这个间隔略显频繁。就以康熙八年（1669）和康熙十二年（1673）两次修缮为例。康熙八年修缮时，文庙"观庙貌摧颓，堂庑圮坏"，时隔四年之后，修缮文庙是因为其不合结构，全无章法，但是碑记中依然提及"泮池崩颓成一坑堑"，即文庙的破损混乱。由此可见，这样的修葺时间间隔内，文庙残破是修缮的重要理由，但不是决定性的理由。康熙十二年修缮的实际目的是对文庙结构进行调整。类似情况还有，当初两庑的建立，即增建文庙附属建筑不仅是功能上的需求，更多的是结构上的完整。如天顺二年（1458），户部员外郎监督军储谢延年曾建两庑，而修建两庑的原因是"其时文教聿兴，规度未备，虽创建文庙，而两庑迄今二十余年未立。每过春秋二祀，蓬席为舍，设先贤位，祭毕撤去以为常。景泰丙子领教以来，顾兹缺典，未尝不抑郁而发唏嘘之叹也"。[2] 从碑记内容来看，修建文庙的两庑，不仅使文庙的建置更为完整，同时还记载了"凡材用之出入，渊实掌之，经始于是年三月，落成于七月，

① 参见邵红《风雨飘摇中的坚守——民国时期乡贤与天津文庙》，第 4 页。主要争议是康熙四十四年至康熙四十七年一共修缮了几次，关于这次修建的信息，可参见于天津文庙修缮时发现的"千秋带"，据考证认为这次修缮时间是在康熙四十七年，然而就其考证而言，时间难以断定，因此，这里仍采用康熙四十四年至四十七年修缮。相关考证参见费雅楠《天津文庙府学大成殿"千秋带"考证》，《遗产与保护研究》2018 年 5 月。
② 《天津卫志》，载来新夏、郭凤岐主编《天津通志》（上），第 73 页。

计若干楹，覆以瓦，甃以砖，各辟二门四窗，涂以丹雘，设木主、造香案如仪，又以余资增置正殿凳案，重修棂星门，皆以次成，始有足观者"。① 可见，天津卫学建立之后并未马上进行春秋二丁的祀孔仪式，大成殿是正统十二年（1447）建成，而祭祀应该是在 7 年之后开始。因此，文庙修建两庑是为了建置的完备。类似情况还有万历二十九年（1601）的增修，修缮的原因即是"非体也。吾侪举此事，奈何惜小费而溷大体哉！"

明清两代追求文庙建筑合乎规制，其背后的文化内涵实际上是礼制的建构，亦是希望通过礼制的完备而体现一种秩序——"礼，天地之序也"。礼制是儒家文化重要的构成，正如《礼记·祭统》云："凡治人之道，莫急于礼；礼有五经，莫重于祭。"礼制在后世的具体体现就是祭祀。《礼记·祭统》又云，"夫祭者，非物自外至者也，自中出生于心也。心怵而奉之以礼，是故唯贤者能尽祭之义"。文庙是祭祀孔子的神圣空间，因此，祭祀要依礼而行，同时也是礼制的体现。同时文庙的"合体有度"也是礼制的体现，是"礼"的外在表现。

因此，以"破败"为由进行的文庙修缮分为两种情况：一种是事实如此，但是从时间上来看，如果不是遇到兵燹或者灾害，文庙需要修缮的频率不会太高；另一种只是文庙重修的托词，其背后还有更深层的原因。

其次，修缮文庙被寄予了教化内涵。正如，修缮文庙"以合体制法度"，究其根本是礼制的体现，实际上就是为了实现儒学教化功能，换言之，即"振兴文脉"。例如，万历二十九年的修缮。这次修缮距上次修缮已经过了 36 年，也是天津文庙建成后第一次大规模的修缮，而且将文庙不合体制、破败与当地的文脉兴衰联系起来，"天津学宫其来旧矣，而士之孕灵毓秀、跻身青云者，济济不乏焉。唯是岁也辽远，风雨震凌，栋垣摧圮，丹壁漫漶，几不学矣，令人望之低徊不忍

---

① 《天津卫志》，载来新夏、郭凤岐主编《天津通志》（上），第 73 页。

见。且年来人材放失，儒效阔疏，而科第寥寥减于昔，虽不当踵堪舆家唯地脉是罪，而识者未尝不感叹于学宫之颓废也"。[①] 除此以外，还有乾隆十六年（1751）的修缮。这次修整文庙距上次修理仅隔 8 年，其修缮的理由是"人心风俗之渐染，于功利犹有未克丕变者，所以崇奉学宫，习祭菜鼓箧之仪，以播弦诵之雅化，视他郡尤为亟，政理之要，莫有先焉"。[②] 自唐代庙学制建立以来，文庙不仅是士子心中的神圣空间，更是地方文运所系，也是教化的象征。早在宋代就有为振兴文脉而占卜吉地的情况，"旧学庳陋，旁迫居民，人士每病之也。先是，诚之东南隅郊原迤逦，气象轩豁，……实占一郡之胜。至是，人谋龟筮，实协实从"。[③] 文庙的选址事关当地文运科举，文庙的重修也必然会被寄予这样的希望。从表 2-1 的不完全统计来看，在明朝时，天津文庙前几次修建主要是完善文庙及附属建筑，与清朝在建置基本合宜之后的修缮有所不同。关于文庙重修与庙貌颓败没有必然联系这一点，还可以从天津文庙修缮的契机上窥见一斑。

表 2-1 择要列出天津文庙于清朝的 12 次修缮。从倡导修缮的人员来看，除了嘉庆二十一年（1816）是由邑绅董岱倡修之外，剩下的 11 次无不是由地方官吏，甚至是地方行政的主理官员倡修。据统计，宋朝时地方文庙的修建和重修也多是由地方首长或副职倡议。[④] 而对照清代文庙的修缮情况来看，盐运使多次参与地方文庙修建，其他地方是否存在这样的情况，需要更多文献资料支持。

从修建时间上来看，除去在康熙四十四年至康熙四十七年之间由李发甲修缮的那次外，剩下的 10 次修建中有 6 次是在地方官到任之年即开始修缮的（除两人之外，巡盐御史每年一任，该统计已经将这种情况考虑进去）。而从保存的碑记中也可以看到地方官上任之初，谒文庙，发现其残破，然后对其予以修缮的记载。由于文庙是儒家文化

---

① 《天津卫志》，载来新夏、郭凤岐主编《天津通志》（上），第 79 页。
② 《重修天津府志》，载来新夏、郭凤岐主编《天津通志》（上），第 73 页。
③ 《全宋文》卷 154，上海辞书出版社、安徽教育出版社，2006，第 235 页。
④ 周愚文：《宋代的州县学》，第 111 页。

的象征，同时也是地方文运、礼制的体现，地方官在上任之初修缮文庙，一是表达对地方文运的重视，二是通过自身的努力"以增圣辉"，三是通过这种方式体现自身的文化认同，以及增强和当地绅士的联系，以便能更好地融入当地士绅阶层。不可否认，修缮文庙还是地方志中记录官员政绩中的重要一项：

> 然则学校之废兴，未有不关乎致治之盛衰者也，而惟本朝为最盛。……夫鼎新学宫者，圣天子重道佑文之至意也；奉行盛典者，百职庶司所有事也。身任守土之责，而顾使学校就荒，非所以端政本也。①

最后，修缮的民间参与。文庙的兴建和修缮需要较多的费用，难以完全依靠学校日常经费来实现，需要其他方式筹募。周愚文研究宋朝文庙的兴建和重修，将经费来源概括为四：一是民间捐资；二是官方斥资，部分为撙节之余，部分为上级官府补助；三是州县令（吏）捐己俸；四是官民合资。州县则是民间捐资和官方斥资两者为重，与州学略有不同。② 明清两代天津文庙的修缮和上文总结宋代地方文庙的修缮有相似之处，主要是由官员捐俸，邑绅捐献。如明朝时，文庙两庑修建的方式：

> 天顺戊寅，适户部员外郎栖霞解公延年监督三卫军储，谒庙之余，以补漏为任，顾材用无所出，乃首捐己俸为倡，又集三卫官僚而语之再四，始各出奉有差；于时境内耆老高仲良、蒋英、高冕辈闻之，而递相播告，以乐助之。凡材用之出入，渊实掌之，经始于是年三月，落成于七月。③

---

① 《天津县新志》，载来新夏、郭凤岐主编《天津通志》（中），第 998 页。
② 周愚文《宋代的州县学》，第 110 页。
③ 《天津卫志》，载来新夏、郭凤岐主编《天津通志》（上），第 73 页。

清代同样如此。天津文庙的修缮多是由官员捐俸倡修，然后由士绅参与捐资，例如表 2-1 中不属于官修的嘉庆二十一年（1816），倡修人是邑绅董岱。据《天津新县志》记载，"董岱，字青岳。乾隆己卯举人，历任景州学正、湖北荆门州州同、远安县知县。致仕家居，重修学宫，又募制钱一千五百缗，生息为岁修费，立祭田"。

时至清末，这两种情况有了些许变化，参与者不再局限于邑绅，开始有了被列为"四民"之一的"商"。同治三年（1864）碑的碑阴上就详细记载了这次文庙修缮各方的出资情况。

兵部侍郎三口通商大臣崇厚捐银贰百两，直隶布政使司石赞清损银肆百两，长芦盐运使司克明捐银贰百两，分巡天河兵备道李同文捐银贰百两，升任天津府知府潘霨捐银贰百两，天津府知府费学曾捐银壹百两，天津河防同知陈重捐银伍拾两，天津海防同知姚经陞捐银伍拾两，天津县知县张余庆捐银壹百两，长芦分司运同王嵩皋捐银伍拾两，长芦批验大使左晨捐银拾贰两，长芦盐经历钱沂捐银陆两，长芦盐知事孙锡恩捐银陆两。

四品衔王敬熙捐银伍拾两，义丰号捐银壹佰玖拾壹两叁钱，义兴成捐银贰拾捌两陆钱捌分，长裕号捐银壹百壹两陆钱，德盛号捐银壹百捌两捌钱玖分，义森号捐银拾玖两陆钱肆分，义开德捐银陆两壹钱伍分，恩泰瑞捐银玖两柒钱，万丰号捐银玖两捌钱，鸿顺号捐银贰拾肆两伍钱壹分，长芦通纲捐钱五百串，守御所衔赵积堂捐钱壹百串，举人李世珍捐钱壹百串，乐善堂捐钱壹百串，富元号胡联芳捐钱壹百串，涌源号捐钱壹百串，庠生冯僧年捐钱肆拾串，廪生李逢春捐钱拾串，头品顶戴张锦文捐银伍百两、钱壹千捌佰肆拾串。[1]

---

① 《天津县新志》，载来新夏、郭凤岐主编《天津通志》（中），第 1022 页。

再如，

> 马绳武捐银二百两，长芦通纲捐钱二千六百吊，芦纲总商捐钱三千吊，退思堂捐钱一千吊，瑞竺堂捐修府庙棂星门，厚德堂捐钱一百吊，鼎立堂捐钱一百吊，昼锦堂捐钱一百伍拾吊，伴松堂捐钱一百吊，万成号捐钱一百吊，守谦堂捐钱一百吊，延古堂捐钱三百吊，求恕堂捐钱一百吊，聚文号捐钱一百吊。①

对比两次修缮文庙碑记的碑阴记载来看，到了清末光绪年间，修缮文庙的资金更多来自民间，尤其是商号的捐资。商贾越来越多地参与了兴旺地方文运的活动。

相较明代和清中前期，清末文庙的修缮出现了一些变化，士绅的参与程度增加了。这里所指的邑绅是有举人以上的功名在身，且曾入仕为官，卸任回来之后成为当地的邑绅，比如董岱和张锦文。

第三节　明清时期天津文庙的祀孔典礼

一　明清两代天津文庙祀孔典礼概述

洪武四年（1371），"礼部奏定仪物。改初制笾豆之八为十"，"凡府州县学，笾豆以八，器物牲牢，皆杀于国学。三献礼同，十哲两庑一献。其祭，各以正官行之，有布政司则以布政司官，分献则以本学儒职及老成儒士充之。每岁春、秋仲月上丁日行事"。在规定了州县释奠礼之后，又于洪武十七年（1384）规定"敕每月朔望，祭酒以下行释菜礼，郡县长以下诣学行香。二十六年，颁大成乐于天下"。② 之后又于成化十二年（1476），"从祭酒周洪谟言，增乐舞为八佾，笾豆各十二"。这样便将祀孔的礼制定位了大祀。然而，嘉靖九年

---

① 《天津县新志》，载来新夏、郭凤岐主编《天津通志》（中），第 1027 页。
② 《明史·志第二十六·礼四》。

（1530），"笾豆用十，乐用六佾"。① 至此，在明代，祀孔典礼的等级又回到中祀。

天津卫学于正统元年（1436）兴建，然而天津文庙的祀孔肇始于明景泰五年（1454）。据此可知，天津建立卫学之时，并无祭孔活动，而是时隔18年之后才开始祀孔。实际上，在明代庙学制已经发展得相当完备。但是，天津卫学的祀孔远不如卫学发育得健全。不仅是多年后才开始祀孔，而且对于明洪武年间的礼制也没有充分践行。

明天顺二年（1458），《创建天津卫学两庑记》中记载，"其时文教聿兴，规度未备，虽创建文庙，迄今二十余年两庑未立。每过春秋二祀，蓬席为舍，设先贤位，祭毕撤去以为常。景泰丙子领教以来，顾兹缺典，未尝不抑郁而发唏嘘之叹也"，又记载景泰丙子（1456），"设木主、造香案如仪，以余资增置正殿龛案"。同时，明初还规定了启圣祠的释奠仪轨制度，而且分等级颁布天下，各州县降级行释奠礼。但天津卫学初建之时，只有学宫，直到万历二十九年（1601）才"为之凿池，为之易门，为之崇殿基。为之建文昌阁于东，移启圣祠于后，而迁名宦、乡贤、俎豆于学之旁"，至此才完备了天津文庙的礼制建设，也就意味着天津卫学可依国家礼制进行祀孔典礼，而不需要"每过春秋二祀，蓬席为舍"。然而，该时期天津文庙所用的仪式难以确定。如果根据碑文中所说的"如仪"，可以推断当时应该是按照府州的等级举行祀孔典礼，即当时天津文庙祀孔用的是"笾豆以八"。根据《重修天津卫学记》记载"崇祯元年（1628），石声谐下车谒庙周览"。可见，崇祯年间天津文庙还举行过祀孔仪式，否则当时就不是仅重修天津卫学了。康熙年间重修的《天津卫志》中记载"卫学久废，因考之以俟后之兴举"，同时又记载，"祭器昔有，今废"。而这部卫志成书最晚不超过康熙十七年（1678），对照顺治、康熙两朝的重修记录，截至重修卫志的薛斗柱，中间有三次大修，应是不至于无祭器、无祭礼。基本上无祭器、无祭礼应出现于明末清初，即朝代更替之时。

---

① 《明史·志第二十六·礼四》。

清朝顺治初年规定："每岁春秋仲月上丁日，府、（州）县各行释奠礼，以地方正印官主祭。陈设礼仪均与国子监丁祭同。"① 可见，清朝定祭孔为中祀。康熙二十五年（1686）准"遇圣庙祭祀，照例文东武西，陪祀行礼。康熙四十九年（1710）谕，直省府州县，春秋致祭先师，凡同城大小武官，均照文官入庙行礼"。雍正五年（1727），废除各地方州府出现的"祭丙"现象，"直属惟司道府州县官，于丁日行礼，其督抚学政，则先期一日于阶下行九叩礼，谓之祭丙。典制所无。嗣后各省会督抚学政，于上丁日率司道府州县各官，齐集致祭，学政考试各府即于考试处圣庙行礼，各府州县守土正印官率属于本处圣庙行礼，毋得简率从事，均照典制遵行"。②

天津文庙在光绪年间升为大祀之前，都是按中祀礼制规定举行的祀孔仪式。即府州县学释奠由当地长官正献，副职及属官为两序和两庑分献，崇圣祠由教谕正献。在祭品的规定上，孔子正位，爵三，登一，簠、簋二，铏二，笾、豆十，篚、俎、尊各一。在《天津府志》中关于祀孔礼制的规定是正位陈设："礼神制帛一（白色），白磁爵三，牛一，羊一，豕一，登一，铏一，簠一，簋一，笾十，豆十，酒罇一。四配位陈设（每位一案）：礼神制帛一，白磁爵三，羊一，豕一，铏一，簠二，簋二，笾八，豆八，酒罇一。"③ 可见，通过《天津府志》的记载可以确定，当时天津文庙祀孔用的是中祀礼制。对照康熙年的《静海县志》记载，静海县祀孔"祭用春秋二仲月上丁，陈设采用八笾八豆，乐用六佾，遵制行三献礼"。④ 可见，天津府及所属县采用的礼制都是中祀，但是从祭品来看又混有大祀的礼制。

顺治二年（1645）还规定"月朔，祭酒释菜，设酒、芹、枣、栗。先师四配三献，十哲两庑，监丞等分献。望日，司业上香"。⑤ 光

---

① （光绪）《钦定大清会典事例》卷四百三十八《礼部·中祀》。
② （光绪）《钦定大清会典事例》卷四百三十八《礼部·中祀》。
③ 《天津府志》，载来新夏、郭凤岐主编《天津通志》（上），第181页。
④ 康熙《静海县志》。
⑤ 《清史稿·志五十九·礼三》。

绪朝规定，"各府、（州）县文武官，每朔望诣文庙、关帝庙、文昌庙、城隍庙上香行礼毕，易吉服，诣公所，集士民宣读圣谕广训及律条，文武官东西席地坐"。① 《大清通礼》载："月朔释菜，望日上香。教授、教谕、训导等官分班行礼，与太学同右朔望释菜上香仪。"天津文庙一直按规定举行朔望行礼。如《津门杂记》中记载，"洒扫会文庙朔望行香、除官长照例展谒外，阖学人等立会出资掣签值月，每朔望前派庙丁洒扫殿宇，值月者亲焚香烛于各神位前，以昭诚敬，应用锁钥、扫帚、髭子、簸箕等器均庙丁置买，由帐支销"。② 《津门杂记》成书于清同治年间，由此可以断定，天津文庙不晚于同治年间，已经进行朔望之礼。

乾隆间，有名为戴第元者奏"增至圣诞辰祭祀"一折，拉开了为孔子争取诞辰祭的序幕。然而此折被皇帝驳回，理由是："诞辰之说，出于二氏，为经传所不载。国家尊师重道，备极优崇，释奠二丁，自有常制，援据礼经，实不同于寻常庙祀。且昔人于孔子生日，辨论纷如，尤难臆定。况孔子，儒者之宗也，尊孔子者，当即以儒者所闻孔子之道尊之。戴第元乃欲于彝典之外，轻增一祭，转为亵越而不足以昭隆礼。"③ 乾隆朝的奏折当时被驳回，而光绪朝升祀孔子的礼制调整，也并未明言在孔子诞辰之日，要进行何种祭祀仪式，或者其他活动，只说要"致斋一日，不理刑名"。事实上，天津官员和士绅确实进行过孔子诞日的祀礼。据《天津政俗沿革记》中记载，"岁时风俗，其有系于文化。八月二十七日孔子诞辰，乡人遵制奠献，谓之诞祭。始于本县孔庙行之，嗣因旧制孔庙春秋两丁，地方官致祭，其诞祭听民间自祭，用事于庙，于制未合，遂借会文书院举行。书院废后，又复行之于庙，此应郑重以记之者也"。④ 《天津政俗沿革记》的前言中

① （光绪）《钦定大清会典》卷十九。
② 《津门杂记》卷二，光绪十年版。
③ 《清实录·高宗纯皇帝实录》卷七百八十二。
④ 《天津政俗沿革记》，载来新夏、郭凤岐主编《天津通志》（下），第55页。

讲明，"此余修志时初稿，所载事实至宣统三年止"。① 由此可见，所记之事为清朝天津文庙所行之祭礼。

光绪末，升大祀，各省文庙规制、礼器、乐舞暨崇圣祠祭品，并视太学，礼节悉从旧。各省、府（州）、县每岁以春秋仲月上丁日祭祀的主祭、与祭制度如下：其四配十二哲，两庑先贤、先儒及崇圣祠，一如京师先师庙之制，省城以巡抚为正献，有总督省分，总督正献。两序以布政使、按察使及道员，两庑以知、同知为分献。崇圣祠以学政为正献，府、州、县无道员分驻者，知府、知州、知县为正献，两序以左贰及所属，两庑以廪生分献。崇圣祠教谕正献，两序训导分献，两庑廪生分献。②

实际上，在光绪年末升祀前后，各省、府（州）、县的文庙祀孔礼，已经难以完全合乎礼制。据记载，天津文庙在光绪年末确有祀孔。例如，"直督袁宫保于昨早见客毕，至十二点钟，排齐仪仗出署答拜通城文武各官，一点三十五分时回辕，又于今日上午七点钟出署，躬诣文庙拈香"。③ 光绪三十年（1904）春丁，"津道于初一日率同各官赴文庙进香，已传谕属下一体遵照"。④ 光绪三十三年（1907），"八月丁祭在迩，闻初三日致祭文昌宫，初八日文庙，初九日南北坛武庙，十五日关帝庙，昨已由县署传差预备一切"。⑤ 光绪三十四年（1908），"初一日，天津道致祭文庙，天津府致祭关帝庙，分府致祭文昌宫，均由县署饬差预备一切"。⑥ 上文列举了光绪年末升祀之后天津地方文庙坚持举行祀孔仪式，主祭地方官符合大祀对于地方正献官员的规定。然而，从目前掌握的资料来看，对于采用的礼制没有明确记载，但通过宣统二年（1910）《大公报》的一条报道可以分析出，清末天津文

① 《天津政俗沿革记》，载来新夏、郭凤岐主编《天津通志》（下），第4页。
② （光绪）《钦定大清会典》卷二十九。
③ 《释客行者》，《大公报》1902年8月18日。
④ 《文庙进香》，《大公报》1906年3月25日。
⑤ 《预备丁祭》，《大公报》1907年9月1日。
⑥ 《大公报》1908年5月1日。

庙的祀孔并未完全采用大祀，因为当时报道记载，"本埠学界诸君提及孔子大祀丁祭一切典礼，均应酌量改变"。① 虽然该报道后面关注的是文庙大修时筹款是否到位的问题，但是前面这句已经表明当时政府主持的文庙祭祀采用的仍是旧制。事实上，清朝时天津文庙的整个礼制都是中祀和大祀混合，同时由于天津在雍正年间从卫制变为州制，然后又变为府，这也使得其在祀孔礼制上一直呈混用的现象。

二 清代天津文庙祀孔的特点及其影响

（一）天津祀孔的持续性

从上文梳理可见，天津文庙祀孔具有持续性的特点，即从有清一代建国到科举制瓦解，再到辛亥革命，天津文庙的祀孔典礼一直没有中断。而其他一些地方的文庙因为在清末改为劝学所，或是其他教育机构，或是颓坏，使得祀孔典礼中止。而天津文庙虽然在清末也经历了新式教育改革，但却没有冲击到文庙的祀孔典礼。这一点源于天津士绅的努力维系以及地方政府对礼孔的重视。

（二）天津祀孔活动的多样性

帝制时期，在文庙祭祀至圣先师是国家礼制的重要组成部分。因此，国家对祀孔礼制的规定极为严格。天津虽地处京畿，但其不仅在春秋二丁举行祭祀孔子典礼，还延续有明清两代国家礼制规定的朔望行香。除此之外，天津文庙比较有特点的是在清代举行的孔诞民间祭祀活动，由于与国家礼制多有扞格，故并未在文庙举行，而是在文昌阁或是书院行礼。这也成为天津文庙在民国时期祭祀活动多样性的传统根源，同时也为天津文庙在民国时期将孔诞和春秋二丁祭祀在活动性质和活动安排分开奠定了基础。

（三）天津文庙官祀孔子的民间参与

通常省、府（州）、县的祀孔有士绅和生员参与，但很少有民间自祭，即便有也是以诗会等形式在文昌阁举行，其在时间的选择上相

---

① 《大公报》1910 年 3 月 23 日。

对随意，一般选在朔望。如民国四川《广元县志》记载："行香月朔望日，率属谒先师于学宫，吉服四拜，登明伦堂见士，公事公言，无私谒。"① 而天津的情况有所不同，其是在孔子诞辰之日，由民间的乡人依照祀孔的礼制进行祀孔活动，且最初是在县文庙②举行。后因为文庙祀礼一直是官方于春秋两丁致祭，因此"诞祭"这种民间自祭在文庙举行，与礼不合，于是才改到书院举行。

可见，天津"圣诞"祭孔是民间尽其所能符合礼制的"逾礼"祭祀行为，是祀孔礼制在地方上的变通，也是在地化的表现，但究其本质，是祀孔礼制的扩大化。如前所述，祀孔典礼包括春秋二丁、朔望行香、谒庙等，参与人员都是地方主要长官。在明代甚至规定国子监祭祀，六品以下文官没有陪祭资格。清代甚至规定了省、府（府）、县的陪祀人员。如，康熙二十五年（1686）规定国学春秋释奠，武官二品以上并入陪祭。直省遇圣庙祭祀，武官协领副将以上陪祀行礼。文武官员设位，文官在东，武官在西。康熙四十九年（1710），又令直省府（州）、县春秋致祭先师，凡同城大小武官均照文官例入庙行礼。由此，文庙祀孔实际上生员也只是陪祀观礼。因此，民间自祭孔子实际上扩大了祀孔仪式的参与程度，增强了对文庙和祀孔的认同感。一般来讲，民间祭祀多出现在清末革制或是民国时期，但是像天津这种祭祀情况，确实较为少见。因此，这种民间祭祀参与也成为民国时期天津文庙重修之时士绅高度参与，以及坚持祀孔的重要基础。

第四节　明清两代天津儒学

洪武二年（1369），朱元璋就国子学强调，"大学育贤之地，所以

---

① （民国）《重修广元县志稿》卷 16，民国 29 年铅印本。

② 需要说明的是这里的县文庙存在两种情况，但受限于文献记载较少，只能将两种情况都列明于此，一是天津县文庙举行文中所言的"诞祭"是天津县乡人之习俗；二是天津府县文庙隔壁而建，所以在清代甚至民国时期都是在府文庙举行祀礼，而不重复在县文庙同时举行，因此，官祭在府文庙进行，那么民祭就是在县文庙举行，也就是说"诞祭"是天津府存在的现象。但无论是哪种情况，都不影响"诞祭"是民间的祀孔活动。

兴礼乐，明教化，贤人君子之所自出。古之帝王建国，君民以此为重"。① 而这个"明教化，兴礼乐"之地，就是指"庙学"。"庙以崇先圣，学以明人伦"，而在这里教授的就是儒学。

> 郡县之学，与太学相维，创立自唐始。宋置诸路州学官，元颇因之，其法皆未具。迨明，天下府、州、县、卫所，皆建儒学，教官四千二百余员，弟子无算，教养之法备矣。
>
> 生员之数，府学四十人，州、县以次减十。师生月廪食米，人六斗，有司给以鱼肉。学官月俸有差。生员专治一经，以礼、乐、射、御、书、数设科分教，务求实才，顽不率者黜之。②

宣德、正统时期，卫所儒学开始大量设立。宣德十年（1435），陕西按察司佥事林时奏言："各处卫所官军亦有俊秀子弟，宜建学校以教养之，庶得文武之才出为时用。"③ 明英宗下令天下卫所建立学校。根据《天津卫志》记载，"正统纪元，圣天子嗣位之初，以武臣子弟皆将继其祖父之职业以效用于时，不可不素养而预教之，乃命天下凡武卫悉建武学而立之师，选武官与军士子弟俊秀者充弟子员，于是天津及左、右卫始有学"。《明史》卷六十九记载，"武学之设，自洪武时大宁等卫儒学，教武官子弟"。而教授的内容大概是"于是诸生率初就学，倥偬悍厉之气固自若，君为列教条、正句读、导进退，既而亦颇蹈蹈矩矱"。④ 明代天津卫有儒学和武学，儒学有教授、训导，武学但择武举一人为科正。是文所说的武学实际是儒学，因所教皆武官军士之子弟，故亦称武学；那时真正的武学尚未设立。

雍正九年，在天津升州为府以后，在附郭设置天津县，所以在雍

---

① 《明太祖实录》卷四十。
② 《明史·志第四十五·选举一》。
③ 《明英宗实录》卷一。
④ 《天津卫志》，载来新夏、郭凤岐主编《天津通志》（上），第73页。

正十二年（1734）又在天津府学西侧建立了天津县学。此后，天津的庙学就有府学和县学两级，府学称"上庠"，县学称"下庠"，二者不相统属，只是学额有多少之分。

由于庙学合一的建置，天津的"儒学建设在孔子庙堂之侧，所以重道崇儒，俾莘莘学子近圣人之居，以资观感也"。① 在建置上属于儒学的建筑部分有明伦堂五间（学宫）、尊经阁、讲堂五间（康熙时期废）、志道斋三间（康熙时期废），据德斋三间（康熙时期废），依仁斋三间（康熙时期废），游艺斋三间（康熙时期废），斋宿房三间（康熙时期废），射圃一所（康熙时期废），东、西号房各三间，教授公廨一所，训导公廨一所（康熙时期废）等。②

一　天津儒学的学额

天津卫学时期，"正统初年，指挥使倪宽请增广生二十名，仅与邑额埒"。据《明史》记载，洪武初，规定"生员之数，府学四十人，州、县以次减十"，"宣德中，定增广之额：在京府学六十人，在外府学四十人，州、县以次减十"，"成化中，定卫学之例：四卫以上军生八十人，三卫以上军生六十人，二卫、一卫军生四十人，有司儒学军生二十人"。③ 可见，天津卫学初与县学学额相当。正德十一年（1516），提学御史洪某奏准，各卫学比各县学廪膳名数，定优等名，比增广名数，定次等名，余充附学。④ "十一年题准，辽东都司学设优等、次等生员各四十名。"⑤ 可见，优等生、次等生只是称谓有异。"万历年提学御史杨四知改优等为廪膳，次等为增广。"⑥ 万历四十六年（1618），廪生张希载、冯天泽、赵念祖、张梦辰援潼关例，间关

---

① 《天津政俗沿革记》，载来新夏、郭凤岐主编《天津通志》（下），第43页。
② 《天津卫志》，载来新夏、郭凤岐主编《天津通志》（上），第18页。
③ 《明史·志第四十五·选举一》。
④ 万历《河间府志》。
⑤ 《明会典》卷七十七。
⑥ 万历《河间府志》。

伏腊者三，始获奏允廪贡如州制，① 也就是增加 10 个名额，总名额增加至 30 个。

雍正三年（1725）改为州学，九年改为府学。清代的学校制度，沿用明制。"京师曰国学，并设八旗、宗室等官学。直省曰府、州、县学。"② 天津卫学有生员 12 名。到康熙五十四年（1715），清圣祖时，增加学额 2 名。雍正二年（1724），"实在人文最盛之州县，题请小学改为中学，中学改为大学，大学照府学额取录"，因此天津卫学由中学改为大学，学额增加至 18 名。雍正三年，天津卫改为天津州，卫学改为州学，由于国家规定"直省廪、增额，府四十，州三十，县二十，卫十。其新设者，府学视州学，州学视县学"。③ "天津府学学额为 21 名，县学学额为 18 名。咸丰三年（1853），因团练出力保全城池，增加学额 5 名"，因此，岁科取试名额由 21 名增加到 26 名。"自咸丰六年岁试，始廪膳生四十名，增广生四十名，一年一贡。"④ 天津县学学额，规定"岁、科取试文童十八名"，咸丰三年，增加学额 3 名，即从咸丰六年岁试开始，县学学额增加为 21 名。咸丰八年（1858），"因县人张锦文捐输，加广文、武额各三名；又因续捐，加广文、武额各一名，自咸丰九年（1859）岁试始"。故此，天津县学的学额，从咸丰九年岁试开始，由原来的 21 名增加到 25 名。⑤

二　天津儒学的官员

起初，天津卫学的官员设置遵循明太祖下令，"天下府、州、县、卫所，皆建儒学"，同时规定"府设教授，州设学正，县设教谕，各一，俱设训导，府四，州三，县二"。"正统纪元，圣天子嗣位之初，

---

① 《天津卫志》，载来新夏、郭凤岐主编《天津通志》（上），第 51 页。
② 《清史稿·志八十一·选举一》。
③ 《清史稿·志八十一·选举一》。
④ 《重修天津府志》，载来新夏、郭凤岐主编《天津通志》（上），第 1132 页。
⑤ 《重修天津府志》，载来新夏、郭凤岐主编《天津通志》（上），第 1132 页。

以武臣子弟皆将继其祖、父之职业，以效用于时，不可不素养而预教之，乃命天下，凡武卫悉建武学而立之师，选武官与军士子弟之俊秀者充弟子员，于是天津及左、右卫始有学。首掌学事则司训曲阜李君赐也……阅再期，教授岷山刘君俊、司训杭川詹君穆同来莅学事，乃相与协心力以作倡之。"①

与明代相同，清代儒学的学官也为教授、学正、教谕、训导四个等级，只是在设置数量上与明代有所不同，改为府学设教授一人、训导一人，州学设学正一人、训导一人，县学设教谕一人、训导一人。天津明清两代儒学的学官统计如表2-2所示。

表2-2 明代天津卫学学官统计

任职时间	教授	训导	备注
正统朝	田甫	李赐	《天津县新志》卷十七之二《职官二》载，田甫、李赐均就任于正统元年，而较早成书的《天津卫志》《天津府志》《天津县志》等书俱无正统元年之说，不知《天津县新志》正统元年之说本于何处，待考。
	刘俊	詹穆	《天津县新志》卷十七之二《职官二》载，刘俊、詹穆均就任于正统四年，而较早成书的《天津卫志》《天津府志》《天津县志》等书俱无正统四年之说，不知《天津县新志》正统四年之说本于何处，待考。
景泰朝	汪渊		《天津卫志》卷四《创建两庑旧记》《天津县新志》卷十七之二《职官二》均载，汪渊就任于景泰七年。
万历朝		胡曰琳	根据《天津卫志》卷首《彭牌》《张跋》，胡曰琳任职于万历十八年前后。
天启朝	吴道行	韩自立	《天津卫志》卷四中，成文于崇祯二年的《重修天津卫学宫旧碑记》提及吴道行、韩自立，二人当任职于崇祯二年前后。

资料来源：转引自李鹏飞《明清天津驻军研究（1368～1840）》，南开大学博士学位论文，2013。

---

① 《天津卫志》，载来新夏、郭凤岐主编《天津通志》（上），第73页。

表 2-3 清代天津卫学学官统计

就任时间	教授	训导	备注
顺治元年	苏腾霄（束鹿县岁贡）		
顺治四年	王君弼（密云县岁贡）		
顺治八年	王文昌（藁城县副榜）		
顺治九年	吕应兆（永宁县恩贡）	齐国璧（高阳县岁贡）	
顺治十一年	霍似群（州岁贡）		
顺治十三年	郝际雍（涿州岁贡）	杨德懋（清苑县岁贡）	
顺治十四年	刘坤元（任县岁贡）		《天津卫志》《天津县新志》均作"顺治十四年"《天津府志》"顺治十三年"。
顺治十五年	孙枝茂（定兴县岁贡）		
顺治十六年	郭履泰（大兴县岁贡）		
顺治十七年	程观颐（山海卫进士）	梁养大（井陉县岁贡生）	
康熙四年	韩特执（高阳县举人）		
康熙十二年	马方伸（密云县岁贡生）张国寯（宛平县举人）		
康熙二十八年	于元徵（卢龙县岁贡生）		
康熙三十二年	程思恭		出身无考
康熙四十三年		孙琰（文安县岁贡生）	《天津府志》作"大兴县"，《天津县新志》作"文安县"。
康熙五十二年	邓儁（大兴县岁贡生）		
康熙五十五年	赵瓒（鸡泽县进士）		
康熙五十七年		井锴（文安县岁贡生）	
雍正元年		苏炳（通州岁贡生）	《天津府志》作"文安县"，《天津县新志》作"通州。

资料来源：转引自李鹏飞《明清天津驻军研究（1368~1840）》，南开大学博士学位论文，2013。

表 2-4　清代天津州学学官统计

	学正	训导	
雍正四年	王希尧（宝坻县岁贡生）	苏炳（由卫学训导改任）	
雍正五年	阴俨（香河县进士）		
雍正七年		周爱觐（庆都县岁贡生）	

资料来源：本表根据《天津卫志》卷二《官职》，光绪《天津府志》卷二四《职官志（四）》，《天津县新志》卷一七《职官》制成。

表 2-5　清代天津府学学官统计

	教授	训导	
雍正九年	陈王庭（大兴县进士）	雷滋年（宛平县岁贡生）	
乾隆二年		穆景惠（山海卫岁贡生）	
乾隆五年	司直（冀州举人）		光绪《天津府志》作"乾隆六年"
乾隆十七年	赵栘（景州进士）		
乾隆二十年		王士任（南宫县岁贡生）	
乾隆二十六年		王增（昌平州廪贡）	
乾隆二十八年	王麟书（大兴县进士）		
乾隆三十二年		葛清（任县举人）	
乾隆三十五年	张珠（宛平县进士）		
乾隆三十八年		祕象山（故城县举人）	《天津新县志》作"秘"
乾隆四十年	王朔曾（宛平县进士）		
乾隆四十二年		李廷隽（抚宁县廪贡生）	
乾隆四十六年	温时懋（奉天铁岭县进士）		
乾隆五十年		王旭（东光县廪贡生）	
乾隆五十三年	郭鈜俊（大兴县举人）		
乾隆五十八年		张谦光（保定县岁贡生）	
乾隆五十九年	康铎（灵寿进士）		
嘉庆七年		魏元炽（昌黎县举人）	

续表

	教授	训导	
嘉庆十一年		刘佐兴（抚宁县举人）	《天津新县志》作"嘉庆十二年"
嘉庆十二年	董义（奉天宁远州进士）		
嘉庆十三年		梁建猷（易州廪贡生）	
嘉庆十八年	解城（河间县进士）		
嘉庆二十三年		张峻明（廪贡生）	出身地无考
道光二年	边九鳌（任邱县进士）		
道光四年		张德尊（顺天府廪贡生）	光绪《天津府志》无记载张德尊出身地
道光十年		王廷炘（献县廪贡生）	
道光十五年	刘承谦（任县进士）	李敏修（易州廪贡生）	光绪《天津府志》作"顺德进士"
道光十七年	孟岱龄（交河县进士）		
道光二十二年	边其坊（任邱县举人）		
道光二十三年		杨荫川（岁贡生） 祁镇（保定府廪贡生）	出身地无考
道光二十五年	陈则廉（香河县进士）		
咸丰三年		刘宾（昌平州岁贡生）	
咸丰十年	杜墨林（宁津县进士）		《天津府志》无杜墨林出身地记载
咸丰十一年	杨荣隰（定州进士）		
同治九年	长和（汉军旗廪贡生）		
同治十年	李铺（大兴县附贡生）		
同治十一年	刘宾（见训导）		
同治十二年	缙兴（汉军正蓝旗廪贡生）		
光绪九年		刘宾（又任） 马需（文安县举人） 王清林（阜平县廪贡生）	

续表

	教授	训导	
光绪十一年		武汝绳（正定县廪贡生）	
光绪十二年	范先慎（大兴县贡生） 和恩绶（邢台县廪贡生） 何绍朱（深州廪贡生） 傅楫（汉军镶黄旗举人）	范先慎 马藉田（河间县廪贡生） 冉增翰（清苑县人） 周兆骐（宝坻县廪贡生）	
光绪二十年		傅楫（曾为教授） 张之翰（滦州廪贡生）	
光绪二十三年		何方桂（河间府廪贡生）	
光绪二十四年	程芹香（深州进士）		
光绪二十七年	傅曾恺（顺天府廪贡生）		
光绪三十二年	宋毓霖（遵化州举人）		
宣统三年		李敬（顺天府优贡生）	

资料来源：本表根据《天津卫志》卷二《官职》，光绪《天津府志》卷二四《职官志（四）》，《天津县新志》卷一七《职官》制成。

通过上文诸表可见，从明代天津卫学设立到清末科举制和庙学制瓦解，天津儒学共有教授（学正）52 位，[①] 训导有 39 位。

三　天津儒学的教学内容

"卫学之设，实寓修文于武卫之中。盖上以人伦为教，下则以惇伦为事，风习渐涵，恩义维系，由是战则胜，守则固。文教武卫，要不歧而二之也。"[②]

洪武二十八年（1395）七月戊午，"诏国子生曰：'孔子作《春秋》，明三纲，叙九法，为百王规范，修身立政备在其中，未有舍是而能处大事决大疑者。近诸生专治他经者众，至于《春秋》，鲜有明

---

① 傅楫等人既做过教授，又做过训导，统计时将其归入教授。
② 胡玉冰校注《朔方新志》卷四《提学金事殷武卿撰文书院记》，中国社会科学出版社，2015，第 287 页。

之。继今宜习读，以求圣人大经大法，他日为政临民，庶乎有本。'"① 之后的永乐十五年（1417），"颁《五经四书》《性理大全》书于六部，并与两京国子监及天下郡县学"。② 永乐十七年（1419），"《为善阴骘》书成"，并"命赐诸王群臣及国子监天下学校"。③ 永乐十八年（1420），"颁《孝顺事实》书于文武群臣及两京国子监天下学校"。④

　　正统初奏定教条。幼官及武职子弟所读之书。小学、《论语》、《孟子》、《大学》、内一本。武经七书、百将传、内一本。每日总授不过二百字。有志者不拘，必须熟读，三日一温。就于所读书内、取一节讲说大义、使之通晓。春秋夏月、每日辰时初刻入学。至未时末散。冬月申时散。⑤

　　先教之以孝悌忠信礼义廉耻，俾存其心、养其性、语言端谨、容止整肃，次教之以《四书》本经，熟读玩味，讲解精详，俾义理透彻，徐博之以历代史鉴，究知夫古今治乱之迹，又次教之以律令、算法、兵法、射艺与夫农桑水利等事。⑥

　　顺治九年（1652）提准"今后督学将四书、五经、《性理大全》《蒙引》《存疑》《资治通鉴纲目》《大学衍义》《历代名臣奏议》《文章正宗》等书，责成提调、教官，课令生儒诵习讲解，务俾淹贯三场通晓古今，适于世用"。⑦ 雍正七年（1729），官学设置讲解清律的课程，"律例内刑名、钱谷各条，五不具备，乃莅政临民之要务，士子允宜奉为章程，预先学习，以为他日敷政之本。应令各省学政转饬各

① 《明太祖实录》卷二百三十九。
② 《明太宗实录》卷一百八十六。
③ 《明太宗实录》卷二百一十。
④ 《明太宗实录》卷二百二十六。
⑤ 《大明会典》卷一百五十六。
⑥ 《明宪宗实录》卷四十。
⑦ 康熙《大清会典》卷五十一。

学教官，每当月课季考之次日，将《大清律》与之讲解。但律文繁多，士子平日讲习经书，适难逐条遍读，应将律内开载刑名钱谷关系紧要者，详为讲解，使之熟习淹贯，预识政治之要"。①

清代天津庙学的规章制度：春、秋仲月上丁日祀典，先祭启圣，而后孔子。顺治八年（1651）三月，礼部申学政六条于天下学校：（1）学臣考核；（2）学臣新旧交代不许代署；（3）定磨勘罚例；（4）生员不许纠党；（5）教官生员与武职兵丁以事有争，教官、生员听学臣处置，不许武臣擅责；（6）教职不得滥委。②

四　天津儒学的学田

学田是中国古代为学校教育提供经费的一种方式，"国家建学养士，悬之廪饩以示优，设之科目以进取，恩至渥哉，又安所事田者？田以学名，盖司佃于学而岁收其租，以周士之膏晷不继、婚葬不举者也"。③ 通常学界认为学田起源于宋代，完备于明代。乾兴元年（1022），宋真宗赐兖州官学学田，"诸州给学田盖始此"，宋徽宗诏令各地："乞增置田业养士。应奉路常平户绝土田物业，契勘合用数拨充。如不足，以诸色系省官田宅、物业补足。"④ 所以，学者认为"学田制定制于北宋。其后，历代均有承续和完善。所谓学田，即学校所拥有的田产"。⑤ 明代学田制度臻于完备：

> 洪武十五年四月，定天下学田之制，时天下郡县并建庙学，帝谕礼部尚书刘仲质曰："凡府州县学田租入官者，悉归于学，以供祭祀及师生俸廪。"仲质奏："前代学田多寡不同，宜一其制。"乃诏定为三等，府学一千石，州学八百石，县学六百石。

---

① 李国钧、王炳照主编《中国教育制度通史》（第五卷），山东教育出版社，2000，第164页。
② 《天津卫志》，载来新夏、郭凤岐主编《天津通志》（上），第51页。
③ 《天津府志》，载来新夏、郭凤岐主编《天津通志》（上），第509页。
④ 《宋通鉴长编纪事本末》卷第一百二十六。
⑤ 喻本伐：《学田制：中国古代办学经费的恒定渠道》，《教育与经济》2006年第4期。

应天府学一千六百石，各设吏一人以司出纳，师生月给廪膳米一石。①

清代沿袭明制，学田多来自捐田、拨田、赐田、诉讼田和没官田，以及赎罪田和无主荒田。② 例如，如嘉庆五年（1800），"直里七里职员龚载鼎称：现在东川书院肄业生童众多，膏火不敷，职情愿将……田土一分……捐入东川书院，以作生童膏火，并将原买红契缴案，拨粮招佃，以垂久远"。③

天津卫学"旧无田，有之自故明天启年间，卫学生员侯倬置买静海尖山庄小地二十六顷捐入本学，立为学田"。④ 之后，天津道石声谐捐俸银一百五十七两九钱五分购置纳粮地八十一亩六分，该地坐落于天津河北武清县，《重修天津卫学宫旧碑记》评价为"用资寒生之弗能举火婚葬者，恩更渥也，所皆从来未有之举，津人士抑何幸获此厚遭哉"。⑤ 可见，天津官学这两处学田均为捐田。这两处明天捐置的学田一直保留到清康熙年间，但无人经营，地多荒废。⑥

> 顺治三年（1646）网户郑和等圈去熟地参顷伍十亩，剩余二十二顷五十亩则被民人刘官朦胧耕种。后于康熙五年间，卫学生员孙弼清等具控，抚学两院批津道毛行、军厅章断归孙弼清等承种，后来，又因为孙弼清等又无力耕种，榛荒日久。康熙十四年三月间，本学教授张国寯同阖学生员陈曰俞等呈明，督学王批、津道薛行、军厅顾断归儒学督理，阖学生员公中垦种……后又将尖山庄下剩小地十二顷五十亩情愿首报各宪通行认垦，现年起科，

---

① 《钦定续文献通考》卷六。
② 参见钱蓉《清代学田来源试析》，《清史研究》1998 年 11 月。
③ 四川大学历史系、四川省档案馆合编《清代乾嘉道巴县档案选编》，四川大学出版社，1989，第 39 页。
④ 《天津卫志》，载来新夏、郭凤岐主编《天津通志》（上），第 88 页。
⑤ 《天津府志》，载来新夏、郭凤岐主编《天津通志》（上），第 80 页。
⑥ 《天津卫志》，载来新夏、郭凤岐主编《天津通志》（上），第 51 页。

随于十七年间已蒙静海县入册征粮讫。以上二项共小地二十二顷五十亩，内经本县查明中地二顷，……每亩征银七厘八毫，下地二十顷零五十亩，每亩征银五厘八毫，一应呈详批查卷案俱存本学衙内，学田内分收籽粒每年除完纳静海正项钱粮外，遵奉抚学两院宪批，修理文庙、赈济贫生，务期有济公务，以无负义捐辩归诸人及各上台培植至意。①

①　《天津府志》，载来新夏、郭凤岐主编《天津通志》（上），第88页。

第三章 天津文庙的修缮与文化认同

第一节 天津文庙的组织及职责

一 民国以前天津文庙与祭社和洒扫社的职责差异

天津文庙不仅有洒扫社，还有与祭社。据《续天津县志》记载，"文庙洒扫社，邑生员陈鼎元立。凡在社者月捐钱百文，朔、望拈香。文庙与祭社，邑生员郭杰立。凡在社者月捐钱六十文，为春秋丁祭聚集之用"。① 华世奎诗集自注说，"昔年，津中学人立与祭洒扫社，执事若干人分任春秋两丁骏奔之事"。② 天津洒扫社和与祭社虽然创立人不同，但其成员都是生员身份。从两个社的活动来看，其职责也有较大差异。

洒扫社的职责主要是负责洒扫，"文庙朔望行香，除官长照例展谒外，阖学人等立会出资掣签值月，每朔望前派庙丁洒扫殿宇，值月者亲焚香烛于各神位前，以昭诚敬，应用锁钥扫帚髡子簸箕等器均庙丁置买由帐支销"。③ 可见，洒扫会是通过会员集资的方式来管理天津文庙的洒扫工作并支付洒扫的费用。相比之下，文庙与祭社的职责更为模糊一些，"文庙至圣先师每年春秋两丁除官项照例备办祭品外，阖学人等按月出资，添备打消灯彩随班执事与祭以崇祀典"。④ 所以准

---

① 《续天津县志》，载来新夏、郭凤岐主编《天津通志》（中），第320页。
② 华世奎：《思闇诗集》，天津人民美术出版社，2004，第65页。
③ 《津门杂记》卷中，光绪十年版，第4~5页。
④ 《津门杂记》卷中，光绪十年版，第4~5页。

确来说，天津与祭社不是负责文庙春秋两丁的祭祀，而是负责春秋两丁官祭孔子之外的祭祀事宜。明清两代，生员一般是通过考试进入府、州、县学，也就是常说的"秀才"。因此，这里由与祭社负责的祭祀，在官祭正常举行的时候起到了辅助补充作用，而且在官祭不能正常举行的时候，承担起祀孔的职责。

二　民国时期天津文庙与祭酒扫社的成员及职责

首先要说明的是民国时期，天津文庙与祭社和酒扫社合并，合称为"与祭酒扫社"。但是纵观整个民国初期到中期，"文庙与祭社"和"文庙与祭酒扫社"的名称一直混用，[①] 并未发现在时间和职责上的明确区分。

（一）天津文庙与祭社的成员以及值年制度

就目前的资料来看，尚未见到单独以文庙酒扫社为具名的公告。民国初期，文庙与祭社和酒扫社合并称为"文庙与祭酒扫社"，到1923年之后，就多称文庙与祭社。实际上，1922～1923年以文庙与祭酒扫社名义开展的活动和发布的公告还较多，之后就多是以文庙与祭社的名义来负责文庙的祭祀和岁修事宜。

表 3-1　与祭社圣诞公启函载与祭社同仁 99 人

严　修	姚学源	卞宝廉	卞荫昌	韩荫樾	韩荫桓	姚启方
乔保谦	乔保卫	乔保元	赵承恩	曹振铭	李士铭	李　士
李士钰	杨耀曾	杨宪曾	孔廉汉	郑葆琛	陈兆年	王汝霖
黄沄先	郑炳勋	王兆荃	李梦吉	王树昌	金恩科	李文熙
杨辰先	王观保	赵士琳	胡家祺	蒋　士	杨鸿绶	李恩元
梁逢中	倪文锦	杨承熙	杨德荫	杨文治	陆寿恒	王恩霖
张元英	王文濂	陈耀宗	皮祖功	王贤宾	黄　宝	李恩沛
潘兆新	王用熊	邹廷廉	杨宝恒	高凌雯	高凌霭	高崇喜
庞瑞霖	杨培之	杨侗先	杨崐先	顾锡麟	郑炳奎	郑淑先

---

① 由于文庙与祭社和文庙与祭酒扫社混用，故书随引用文献中的具名使用，故不统一。

续表

朱家琦	王新铭	沈观保	陈耀宗	华凤阿	张幼臣	杨以芳
赵则贤	程振清	周同辉	李璜先	元景周	刘方濬	刘福年
杨文郁	乔兆琳	朱洪钧	朱寿钧	杨绍廉	杨绍昌	李成栋
李成林	庞奎垣	王兆荃	李家桢	陈实奎	苏兆霈	耿恺曾
华泽沅	耿寿曾	刘鸿翔	宋则久	孟震侯	林墨青	李玉麒
陈元龄						

资料来源：邵红：《风雨飘摇中的坚守——民国时期乡贤与天津文庙》，第64页。

据学者研究，这份名单是1912~1917年与祭社的成员，[1] 但是与祭社同时实行了值年制度，即每年都有社员作为值年。从1917年前后的资料来看，天津文庙与祭社由全体社员公推值年组成董事会。再由董事会决定和管理天津文庙与祭社的相关事务，尤其是朔望拈香和孔子祭祀。每年再从值年中选出两个人作为正副值年，处理当年的一切事务。

> 敬启者，旧历二月初九日为春丁祀孔之期。预拟正月二十一日在社会教育处内会商进行办法，公拟请台端加入本社值年并任本年副值年资籍重。特肃函约。即祈二月初八日（星期日）下午三钟驾临庙内与祭社办公处襄助一切，实为至盼，此上敬颂，公祺。
>
> 与祭洒扫社谨启[2]

天津文庙与祭社的值年人数并不固定，而且有些士绅即便不在与祭社值年的名单上，也会鼎力相助与文庙有关的各项事宜。

> 公启者，旧例文庙每逢朔望日期，由我同人恭请上香，历有年所。自庚子兵燹以后，人事变迁遂致中辍，数年前复继续照行，旋

---

[1] 据邵红研究，这份资料"未标注年代，根据知单中所能查到的先生卒年，李士钰于1917年去世，去世时间最早，而乡祭是民国年间祀孔的形式，故而推断此公启函年代在1912~1917年之间"。
[2] 转引自邵红《风雨飘摇中的坚守——民国时期乡贤与天津文庙》，第66页。

因重修庙宇，此举暂行停止。现在各工程略已完备，同人佥谓每月朔望仍应恭诣上香，以照虔敬。兹谨拟朔望拈香轮值名次草单一纸呈阅外，每年每人一次，俟经台端认可书知后，在誊写版印就二十五张，分呈存查，每朔望之前一日，由本社派役达知请示时刻以便预备，庶免致误，此上均鉴文庙与祭酒扫社同人公启。如另有特别原因未能担任，务望于五日以内示知本社，应即转约他人。①

1923 年文庙大修之时，与祭社又调整了文庙值年制度，由每月的朔望值年改为一年四人的值年制度，第一次公推了 20 人，即先定下往后 5 年的值年人选。人名如下：

第一年（民国 12 年，1923）游秉琳、高星彩、李继堂、邓庆澜。

第二年（民国 13 年，1924）胡维域、严修、高凌雯、杨绣园。

第三年（民国 14 年，1925）曹锐、陈天纪、华世奎、李士铭。

第四年（民国 15 年，1926）邓崇光、张铁笙、朱寿钧、王子清。

第五年（民国 16 年，1927）王守恂、王仁治、邹廷廉、赵元礼。②

表 3-2　1928 年天津文庙与祭社值年

正月	朔	李玉麒先生	望	王廷藩先生
二月	朔	邓庆澜先生	望	华泽沅先生
三月	朔	杨鸿绶先生	望	华世奎先生
四月	朔	王竹林先生	望	赵元礼先生

---

① 转引自邵红《风雨飘摇中的坚守——民国时期乡贤与天津文庙》，第 70 页。
② 《孔庙整理大会议第二次记事》，《社会教育星期报》1923 年第 392 号。

续表

五月	朔	宋寿彤先生	望	杨学川先生
六月	朔	李颂臣先生	望	卞养吾先生
七月	朔	华凤阿先生	望	王仁沛先生
八月	朔	林墨青先生	望	李金藻先生
九月	朔	刘又樵先生	望	高凌雯先生
十月	朔	姚品侯先生	望	卞润吾先生
十一月	朔	李华甫先生	望	徐克达先生
十二月	朔	朱祝颐先生	望	徐兆光先生
闰月	朔望	杨福元先生		

资料来源:《文庙朔望拈香轮值次序》,《社会教育星期报》1928 年第 671 号。

(二) 天津文庙与祭社的职责

天津文庙与祭社主要负责文庙的管理以及各种祭祀活动,例如:

> 公启者,旧历八月二十七日恭逢至圣先师孔子诞辰,谨遵旧章行乡礼,订于是日上午八点钟,集齐与祭公地,九点钟公同祭祀,届期尚望早临勿却,是盼特此达知。
>
> 与祭社同人公具①

如发放文庙祭祀仪式的门票:

> 本年春丁祀孔,经地方绅耆议定,不准闲杂人等入内扰乱,以昭整肃。凡有成年之男子,及各学校之学生(须经管理员率领)愿随班行礼者,请于初五日至初七此三日内,前往西北城角文昌宫东社会教育办事处,索取与祭券(限定每券一人)。如系全体学生,须开请人数若干,发给特别券。其非管理员率领着,虽属学生,亦不准入内。此项办法,已由与祭酒扫社通告各界。②

---

① 转引自邵红《风雨飘摇中的坚守——民国时期乡贤与天津文庙》,第 64 页。
② 《春丁祀孔之与祭办法》,《益世报》1923 年 3 月 18 日。

从上述材料可以看出，这一时期天津文庙与祭社对于文庙的管理还是依循文庙作为"圣域"的标准，希望能"不随便入内"。

除了尽力保持文庙肃静之外，天津文庙与祭社还着力完备天津文庙的礼制，如乐舞和礼器：

> 天津文庙舞乐，自民国三年（1914）秋丁，益臻完备，惟琴瑟埙篪排箫各种乐器，有多年失修者，有陈设而不能演奏者，盖无人传习也。本年春，经华石斧先生、严慈约先生寄语，谓内务部乐舞教员，能吹埙篪排箫等器。本处林君墨青特于四月间赴京。因京师警察厅习艺所所长张向庚先生介绍，得刘云亭、文玉亭、何东泉诸先生同意允为传习，乃烦该所代作埙篪排箫各五件，董其事者王一及李心一、王俊亭、王东如、张聘卿诸先生赞助尤力。……秋丁之日，衣冠俎豆，礼乐咏歌，其盛为向来所未有。①

在祭孔升为大祀之后，在祭孔舞乐上进行过更新和补充。时至民国，乐舞和礼器多已荒废，文庙乐器乐舞生已经多不会使用，为此天津文庙与祭社还特意前往北平学习和演礼。

（三）天津文庙与祭社和劝学所职责的交叉

"劝学所之设，始于直隶学务处，时间是光绪三十一年（1905）"，②"时严修任学务处督办，提倡小学教育，设劝学所，为厅州县行政机关。仿警察分区办法，采日本地方教育行政及行政管理法，订定章程，颇著成效"。③ 时至1905年，直隶学务处督办严修学习日本地方教育行政及管理办法，令各州县设立劝学所作为综览地方学务的机构，还详定了职权和推广学务的办法。④ 随着封建科举制的废除和新式学堂的迅速发展，学校的管理事务越发繁重，原本庙学制已经不能适应新

---

① 《纪天津孔庙秋丁乐舞之完备》，《社会教育星期报》1917年第111期。
② 《清史稿·志八二·选举二》。
③ 《清史稿·志八二·选举二》。
④ 《直隶学务处各属劝学所章程》，《东方杂志》1906年第3卷第1期。

式教育的发展要求，而清政府又没有设立相应的管理部门，因此设立专门的教育管理部门已经成为当务之急。光绪三十一年，朝廷设立负责筹办新学的专门机构——学务局。光绪三十四年（1908），学务局改称劝学所。

> 惟天津一县较为兴盛，此外各属大半虚文搪塞，规制不完，习绅劣董则把持公款，以死相持，无识愚民则造作谣言视为畏事，虽有查学之员分投演说，但员数无多，去留无定，安得家喻而户晓之，应于各府直隶州特设劝学所，以次至所属城坊村镇劝谕设学，统计地方之学费，强迫及岁之儿童，须知士子非入学无以进身农工商非入学无以成业，凡民非入学无以谋生，富民非设学无以长子孙而惠乡里……①

由上，劝学所承担的是监督地方教育之责，是对当时教育制度的补充。同时，劝学所也取代了庙学，成为地方教育机构。就当时的情况而言，劝学所虽然希望采用新式教育，但事实上却与原本的庙学多有重合，关系密切。劝学所"总董由县视学兼充，劝学员由总董选择本区土著之绅衿品行端正、夙能留心学务者，禀请地方官札派"。② 例如，在安徽全省52个劝学所中，除去6位劝学所总董资格不明外，只有5位于师范学堂毕业，1位于日本经纬学堂毕业，受过新式教育的总共有六个人，其余40位都是廪生、贡生、举人、教谕、训导、州同、州判等出身。③ 先不论教学内容，就教员的身份而言，几乎与"庙学"差别不大。

因此，在有些地方，劝学所是庙学制延伸和科举制取消后的变相体现。在教育上可以说是通过劝学所将新式教育普及，帝制时期"庙学制"所承载和象征的不仅是教育，还是代表着祭祀的场所，同

---

① 《直督袁饬学务处条议各府直隶州特设劝学所章程札》，《大公报》1905年9月16日。
② 朱有瓛：《中国近代学制史料》（第二辑 上册），华东师范大学出版社，1987，第144页。
③ 刘福森：《劝学所探析》，河北师范大学硕士学位论文，2008。

时也是道统的象征。换言之，劝学所和科举制下的"庙学"有一定的相似之处。如果"庙学"在发挥原本作用和价值的同时发展劝学所，两者的功能和价值或许会分得更为清晰。但正是由于科举制的取消，使得"庙学"失去了价值，为了更好地应对这一局面，也为了能推行新式教育，劝学所才应运而生。当时文庙的庙产由当地的劝学所接手管理，如四川省各（州）县学产、庙产被全面接管的时间主要发生在光绪二十九年（1903）至劝学所成立期间。① 如光绪三十二年（1906），眉州绅民将多年积存的学产及其"岁入"，皆"移归劝学所"。② 除此之外，还有当地士绅、民众等的捐款。而天津劝学所的情况基本相同，"天津县劝办民立学堂，据在籍绅士侍讲衔翰林院编修严修，首先倡捐经费银三千余两，于是衿富绅民闻风兴起，接踵乐输，数月之间，共立学堂十一处，规矩谨严，课程合度，成效昭然"。③ 又如，天津敬业学堂副教习严智惺"于城西八里小稍直口地方设立小学堂一所"。④ 显然，这些士绅有的是生员，有的是庙学教习。因此，难免和当初的"庙学"存在人员和功能上的交叉。

　　不仅如此，在 20 世纪前 20 年，很多地方文庙由劝学所管理，除了建筑本身外，还负责文庙的岁修、祭祀等事宜。"东安县民芦村村正房景琦禀称设立学堂，仍请将岁修文庙项下提充学费，提学司批该村正如果志在兴学，应即禀请该县核夺饬遵或商承劝学所总董，酌度办理。"⑤ 可见，文庙的岁修款项也由劝学所管理，而不仅是只管理学校经费和教学部分。在 1913 年《地方行政管制》实施，袁世凯下令取消劝学所之前，天津劝学所曾一度想要接管文庙与祭社，"开会提

① 赵娓娓、里赞：《清代四川（州）县对文庙的官方祭祀——兼及清末民初文庙的废祀》，《四川大学学报》（哲学社会科学版）2018 年第 5 期。

② 参见（民国）《眉山县志》卷 6。

③ 天津图书馆、天津社会科学院历史研究所编《袁世凯奏议》，廖一中、罗真容整理，天津古籍出版社，1987，第 909 页。

④ 《各省教育汇志》，《东方杂志》1908 年第 5 卷第 6 期。

⑤ 《提款设学》，《大公报》1907 年 5 月 15 日。

议劝学所请接办与祭社一案。按照学部现发之地方学务定章，劝学所经理各事，自有应分交贵会执行事宜，俟敝会议议决接管时，再行一并照章程，核议办理。此时暂仍其旧，免费两次手续也等因准，此查地方学务章程，早经奏准颁行"。①

天津的劝学所为严修创立，严修亦是与祭社的主要负责人，换言之，与祭社和劝学所虽然创立目的不同，但两者很可能有相似的人员构成和理念，致使职责也有交叉。

三 文庙岁修办事处

随着天津文庙大修进程的推进，天津士绅决定成立一个专门负责管理文庙修缮的永久组织，主要负责这次文庙大修及以后的岁修工作，同时也负责保管文庙常年费和捐修经费。

林墨青先生接受孙子文先生建议，本会既为永久团体应定名称，先拟用"文庙值年会"，经众讨论，咸以"值年"字义较狭，恐生误会，且须与旧有之与祭社不可相混。严范孙先生云本会名称可否暂用"文庙敬事会"字样，一时未能解决，假定用此名称。在闭会后，王仁安先生致函严范孙先生，以名称一节宜取质直既无会长会字，可以不可以暂拟"文庙岁修办公处"七字，林墨青先生认为"办公"两字稍官方，不如易为"经理"二字，但均系个人意见俟后开会时当由公众议决。士绅们认为"文庙岁修办公处"之名尚属中肯贴切，但后来，经过曹锐和严范孙、赵元礼、孙凤藻、林墨青等先生面酌，拟将"公"字改为"事"字。如认可"文庙岁修办事处"即祈签注"可"字，如不认可即签注"否"，② 经过众人的决议，天津文庙岁修组织——"文庙岁修办事处"定名并最终成立，且在孔庙整理大会第三次会议上开始使用，自此之后，捐款、信件、政府公函都以"文庙岁修办事处"的名义处理。直到 1935 年，文庙

① 《关于天津地方自治之文件·天津县城董事会文件公布·知会城议事会文（为提议接收地方学务请议决由）》，《大公报》1911 年 8 月 19 日。
② 《孔庙整理之报告二》，《社会教育星期报》1923 年第 394 期。

岁修办公室常川董事会决议，将原办事处职责增加，扩大为新的文庙民间组织——孔庙保管办事处①。

四 天津孔庙保管办事处

1929 年 9 月，南京国民政府决议，将传统的祀孔典礼改为"孔子诞辰纪念会"，"大成殿"三字改成"孔子庙"，每年 8 月 27 日举行纪念典礼。天津文庙与祭社的职责和处境愈发尴尬。因此，文庙由谁管理又成为需要争取的事情。"前市政府因准内政部咨改为孔子庙，将神位移奉，拟利用庙址组设美术图书等馆，兹闻文庙岁修处"提出崇化学会一直在文庙内，故天津市"孔庙准由崇化学会保管"，美术馆则另觅他处。② 实际上，文庙岁修办事处当时提出崇化学会这个民间学校一直在文庙内，因此不必再依 1929 年的政令将其他文教组织移入其中，从而崇化学会成为文庙新的管理组织。这里有一点值得注意，崇化学会是在劝学所取消之后，由严范孙、林墨青等人创办的新学校，即文庙的管理权还是在当初的与祭社员那里，只是换了一种形式。

1935 年，为了能继续管理天津文庙，成立了天津"孔庙保管办事处"，该办事处的职责仍然是负责文庙的日常管理、筹集资金岁修文庙、祭祀孔子、宣传儒家思想等。1934 年以后的文庙管理组织和民国中早期文庙与祭洒扫社已经发生变化。如前所述，清代无论是与祭社，还是洒扫社都是文庙的祭扫组织，清末民初之时，与祭社和洒扫社合并，其主要内容是在尊孔罢孔的变动时期维持文庙的祀孔，同时借由象征道统的文庙发展地方教育。之后，虽然成立了天津孔庙管理办事处，但"与祭社"的职能并没有消失，而是崇化学会与天津孔庙管理办事处合作举办文庙祭孔，同时采用民国时期与祭社的名义发表公示函，并举办 1937 年的春丁祭孔仪式。

---

① 从现有资料来看，"孔庙保管办事处"和"文庙保管办事处"一直混用，实为同一组织。
② 《本市孔庙准崇化学会保管》，《益世报》1929 年 11 月 26 日。

表 3-3　1937 年孔庙保管办事处的人员统计

高彤皆	华璧臣	王莘农	赵幼梅	高泽畲	王吟笙	郑菊茹	华海门
钟洁卿	胡峻门	姚品侯	杨子若	李琴湘	李少舫	金浚宣	王竹林
王屏周	邓澄波	李颂臣	赵聘卿	卜涤吾	卜养吾	卜润吾	徐指升
庞星海	李伯辰	解陈青	周绍勋	刘兰甫	徐镜波	林次如	严季聪
戴育三	杨芝华	李树培	李华甫	薛赞青	杨树屏	孙泽民	高海澄
张异荪	王采文	高樾青	陈星彩	刘子久	穆静荪	张吉贞	杨寿忱
云子玉	王君石	黄介眉	王杲初	陶心裁	展馥庭	迟维贤	穆锡九
戴允撝	丁豫西	王焕如	单式如	董祝延	刘寿康	王勤学	庞兴柞
冯孝卿	刘子良	王述彭	刘石君	骆寿先	李世超	邓中林	周克礼
阎子玙	郭恩霖	顾象枢	张述祖	石永茂	严仁泽	章邦宪	杨居震
谢宗唐	郭瑞生	邢春淇	龚望宾	林泽身	郑庆瑶	栾毓纯	杜金铭
李金校	刘文潈	罗士铭	樊汇川	王斗瞻	李宝和	冯寿年	陈文彬
李学谦	与光锐	王鸿基					

资料来源：转引自邵红《风雨飘摇中的坚守——民国时期乡贤与天津文庙》，第 65 页。

　　实际上，天津孔庙保管办事处成立之时，最重要的职能就是保管天津文庙，在岁修和祭孔上的自主性已经大不如前。

　　天津有两座文庙，一是天津府文庙，一是天津县文庙。这两座文庙之前都是由文庙与祭社管理，每年春秋丁祭孔子也只在府文庙进行一次，因此除了岁修县文庙，天津文庙的活动多在天津府文庙举行。但是成立伪天津特别市之后，伪政府大力主张举行祀孔典礼，同时也鼓励重修文庙。基于这种情况，当时的天津县就希望接管天津县文庙，并在其中举行祭孔仪式。天津县署向当时的特别行政处提出"天津县东门内文庙，虽在天津特别市区域以内，但市署不便因有两庙而举行两次祀典，亦因庙在市区，致天津县无处举行丁祭祀孔典礼、事关天津一县文化观瞻，与普通市辖庙产情形不同，似宜归划天津县署管理"。[①]从资料来看，当时的华北政务委员会本已准天津县署的请求，但遭天津孔庙保管办事处异议：

---

① 《关于准将天津县文庙仍划归天津县署管理致天津特别市公署的训令》，天津档案馆藏，档案号：J0001-3-003669-005。

查天津两庙纯为地方公产，向由当地士绅保管。自明正统元年朱胜捐私宅创建以来，已五百余年，历次修葺，率由士绅兴起，至民国十二年殿庑将倾、宫墙残坏，复由当地士绅集款落地重建，以庙基为私人输捐，费用为私人募集遂设保管办事处，函准官署备案有案，每值举行祀典，官署照例函知敝处襄助筹备官绅在两庙同时并举，故天津祀典独盛他邑，至于每年修缮亦例由敝处负责筹措，历尽困难，在从前官府，曾有将文庙处分或改作他处所之议，几经折冲，始克保有，今日虽属两庙，其实一地相连。而保管之权未能划分，兹天津县未明究竟，坚请划拨，敝处深惧今日放弃保管权，异日难免有妄行处分，甚或误认官产，强行变卖者印证以往，杜渐防微，未敢缄默，总之天津两庙为数百年来当地人士保管之公产，自应始终由当地人士保管之，既与官府所辖之普通庙产情形不同，又与其他地方官府保管之文庙财产者亦不同，故天津文庙保管问题，证之以往沿革情形及事实。①

天津孔庙管理办事处同时提出，可以出借县文庙，让天津县举行春秋两丁的祀孔仪式。最后无论是文庙的庙产归属还是祭孔，都依天津孔庙管理办事处所请处理。

然而，天津孔庙管理办事处在往后的十几年逐步失去了对文庙的真正控制权。此处所指真正的控制权是指文庙管理组织（包括洒扫社、与祭社还有后期的天津孔庙管理办事处），即独立于当时政府之外的组织。他们举行春秋二丁的祀孔活动，可以在一定程度上决定祭祀采用的议程，也可以规定祭祀时的管理办法，甚至可以以自身的名义发动社会力量，向社会各界募捐，岁修文庙。但是到了1940年前后，天津文庙管理办事处基本已经沦为政府管

---

① 《关于本处保管之东门内旧县庙未便划拨天津县管理并拟通融办法特别市公署的公函》，天津档案馆藏，档案号：J0001-3-003669-007。

理文庙的一个机构。一方面可以理解为天津文庙管理办事处在当地政府面前逐渐失去了自己对文庙的管理权,另一方面天津特别市政府已经将文庙的管理纳入自己的行政体系,或者说是重要的组成部分。

附:《孔庙保管办事处组织章程》①

第一章　总纲

第一条　本处定名为天津孔庙保管办事处。

第二条　凡关于孔庙之不动产及其他一切财产器物本处负完全保管之责。

第三条　本处负责修葺孔庙暨孔庙附属祠宇之责,并于范围以内得禁止其他团体之占用。

第四条　庙内隙地暨空闲房舍由本处充分办理文化事宜,但以与孔子学术有关者为限。

第五条　为发扬孔子学术暨办理文化事宜便利起见,得与天津崇化学会协同进行。

第六条　本处地址设于天津东门内孔庙。

第二章　事物

(一)礼乐事务

(甲)与祭

第七条　每年春秋举行乡祭一切筹备事宜。

第八条　每年圣诞,举行祭典并开会纪念一切筹备事宜。

第九条　每月举行朔望行礼事宜。

第十条　关于一切祀典行礼执事人员由本处协同崇化学会决定之。

---

① 转引自邵红《风雨飘摇中的坚守——民国时期乡贤与天津文庙》,第17页。

第十一条 凡来宾瞻礼者须遵守瞻礼规则，令定之。

（乙）乐舞

第十二条 关于乐舞练习由崇化学会遴选学员担任之。

（丙）陈列

第十三条 关于征集礼器乐器及其他陈列物品事宜，其征集规则另定之。

第十四条 庙内旧有暨所征集之礼器乐器并由本处装置陈列供人参观，但参观者应守参观规则，其规则另定之（前项陈列物品均标列说明，参观人员如有疑问，本处负解答之责）。

（二）种植事务

第十五条 利用庙内隙地种植树木花草，均以见于群经者为眼标列说明，藉备学者参观。

（三）工程事务

第十六条 孔庙暨孔庙所属各祠宇，每年于春季修葺之。

第十七条 孔庙暨孔庙所属祠宇如有损坏，应随时修补之。

第十八条 关于庙内每日洒扫事宜。

（四）讲演事务

第十九条 为发扬孔子学术起见，得举行学术演讲，主讲人员聘专家担任之。

（五）刊物事务

第二十条 凡关于孔子学术及国学著作由本处协同崇化学会随时刊布之，并边看定期刊物。

第二十一条 凡庙内旧有暨征集之陈列品并种植物等由本处摄影制版，随时披露。本处出版之定期刊物以供考证。

第三章 董事会

第二十二条 董事会负责促进各项事务暨监督办事处一切事宜责任，其事项列左。

（1）关于孔庙一切产款事项

（2）关于孔庙保管暨修葺事项

（3）关于孔庙暨办事处经费等事项

（4）关于孔庙物品之保存事项

（5）关于办理文化进行事项

（6）关于办事处办事人员之进退事项

（7）关于孔庙祀典参加人员之约定事项

（8）关于聘任专家讲演指导等事项

（9）其余重要事项

第二十三条　董事会设董事若干人，由董事会推选之。

第二十四条　董事会推首席董事一人，常川董事一人，值年董事二人。

第二十五条　董事会开会时，以首席董事为主席，首席董事因事缺席时，得推临时主席代理之。

第二十六条　董事会设秘书若干人，由董事会聘任之。

第二十七条　董事会议执事若干人，其资格须有董事会二人之介绍。

第二十八条　董事会设常川执事若干人，办理董事会一切事宜。

第二十九条　董事会每年开大会一次，每月开常会一次，如有特备事项，得开理事会议。

第四章　其他

第三十条　本处进行各项事务办理，会计、庶务书记等事项，酌用办事员及庙役。

第三十一条　庙内开放参观时间在每月第一星期日上午九时至十时，下午三时至五时。

第三十二条　中外学者暨公私团体等来庙瞻礼参观者须先期通知本处，以便接待。

第三十三条　本章程如有未尽事宜，得提出董事会修正之。

第二节 1923~1928 年文庙大修

一 文庙大修的背景及原因

清光绪三十二年（1906）十一月，时任刑部主事姚大荣上书请将文庙祀典升格。不久，国子监丞徐坊附议奏请，并引用"炎宋故事"，以高宗升文庙大祀后"学昌明，笃生徽国，发挥圣道，如日再中"为由，力促祀典升格，[①] 随后清政府将原本是中祀的祀孔典礼升格成为大祀，慈禧太后下旨称："孔子至圣，德配天地，万世师表，允宜升为大祀，以昭隆重。一切应行典礼，该衙门议奏。"[②] 祭孔升为大祀，文庙建筑的建置也应做相应调整，如国子监"使夹室两楹，与正殿七楹，通合为一，共成九楹"。[③] 光绪三十二年，孔子升大祀，由官筹款，府庙正殿改用黄瓦，今则巍焕如新，宫墙美富，系千万世之观瞻也。[④] 光绪三十四年（1908），《顺天时报》报道，"东门内文庙向有岁修之款，现经学界中人经理庙事者筹提的款备工估修，闻不日即行动工矣"。[⑤] 然而这次岁修并没有后续的报道，据目前掌握的资料，无论是天津府文庙还是县文庙都没有明确记载的岁修记录。

直到 1923 年，天津士绅开始着手重修文庙，距离上一次由政府出资修建天津文庙已隔近 20 年。

从关于 1923 年天津文庙大修的报道来看，"附近居民污秽作贱，迭经开会商议整理办法，并周历府县两庙实地履勘，见庙多年失修，县庙殿庑祠宇均已破败，地势卑泾，墙垣圮毁"，细观之，大修的原因有两个方面，一是文庙多年未曾修建，导致庙貌损坏；二是文庙

---

① 徐坊：《升孔子为大祀议案》，《直隶教育杂志》1907 年第 3 期。
② 朱寿朋编，张静庐等校点《光绪朝东华录》，光绪三十二年十一月戊申，中华书局，1958，总第 5607 页。
③ 《清朝续文献通考》卷九十八。
④ 《天津政俗沿革记》，载来新夏、郭凤岐主编《天津通志》（下），第 44 页。
⑤ 《岁修文庙》，《顺天时报》，清光绪三十四年三月廿四日。

因无人看管，使得庙貌不复尊严，甚至出现居民占用的情况。首先，文庙在清朝的最后一次修缮是 1906 年，当时只改了大成殿瓦的颜色，并没有进行大的修缮。就连京城国子监也是草草敷衍，以勉强合乎礼制，各州县就更难有精力完全依据礼制改建。而天津在 1917 年发生过一次较大的水灾，是百年一遇的特大水患，灾情极重。据灾后统计，此次受灾范围包括整个直隶，总计受灾面积为 38850 平方公里，被灾达 103 县，淹没村庄 1.9 万余，被毁房屋 8 万余处。其中重灾 40 县，人口 3703577 名，轻灾 61 县，人口 1908182 名，另有两县未报灾，事后统计总受灾人口 6351344 人。[①] 不仅如此，实则在 1915 年，天津已经出现过一次大规模的水患，其降雨量与 1917 年这次差别不大。因此，天津文庙的庙貌颓败得厉害，但也并非是受灾较重的地方。据《益世报》记载，"天津贫民教养院自被水后房舍倒塌颇多，管理刘辅卿前日已雇大船数只，将该院老幼贫民约计数百名，一律救出运送东门内文庙暂作留养之所"。[②] 可见，文庙在水患中还成为暂时收留所。

因此，未在 1917 年就开始重修文庙，原因之一是水患之后没有可以动员的社会力量。由于政府财政能力有限，无法筹集数量庞大的善款，导致天津政府向全国筹募善款，希望社会善心人士都慷慨解囊，社会资本基本用于应对水患造成的损失。[③] 1918～1919 年，社会的经济能力开始恢复，文庙并未在此时大修，可能还有一个与经济无关的原因，即当时社会舆论普遍将尊孔与复辟联系起来。早在袁世凯复辟之时，很多尊孔社团都表示支持，甚至是劝进，因此时至 1917 年张勋复辟之时，更是将尊孔和复辟联系在一起。当时，陈独秀就说："张、康虽败，而所谓'孔教会'，'尊孔会'，尚遍于国中，余皆以为复辟党也。"[④] 而张

---

① 天津市档案馆编《天津商会档案资料汇编》（三），天津人民出版社，1992，第 3391 页。
② 《益世报》1917 年 9 月 28 日。
③ 《熊督办布告优待捐助义赈办法文》，《益世报》1917 年 12 月 11 日。
④ 陈独秀：《复辟与尊孔》（1917 年 8 月），《独秀文存》第 1 卷，亚东图书馆，1922，第 167 页。

勋复辟前一直在天津活动，因此，多有人认为复辟和尊孔之间存在必然联系。"盖主张尊孔，势必立君；主张立君，势必复辟，理之自然，无足怪者"，"盖复辟尚不必尊孔，以世界左祖君主政治之学说，非独孔子一人。若尊孔而不主张复辟，则妄人也，是不知孔子之道者也"。① 张勋复辟失败之后，尊孔以及与尊孔有关的各种组织和活动遭受重创，削弱了尊孔的社会和人心基础，使尊孔言论越来越不为人们重视，"故安福部的议员通过以孔教为修身大本的议案时，国内竟没有人睬他们了"。②

1920~1921 年，华北五省又发生了大规模的旱灾，难以向社会筹措足够的资金。在相近的时间，阜城县也进行过县文庙的重修，但采用的是摊派的方式，"阜城县士绅以该县文庙自清同治年重修以后，年代久远日就倾圮，现值尊崇圣教之时，宜加修葺以崇观瞻，闻拟按亩收捐铜元一枚随粮带征，以期集成巨款庀材动工"。③

在这次大修之前，天津文庙与祭社的成员并未敢寄希望于政府出资。天津文庙在民国期间一直坚持祭祀孔子，并多有当地官员主祭，因此他们希望可以得到天津地方政府的支持。1920 年春丁祭孔，"曹省长率同阖坡文武官员到文庙致祭毕，与祭社执事员林兆翰等带领乐舞生四名，赴明伦堂茶座谒见省长，以执事员祭服不敷应用，请求添制二十二套，并乐舞生每年之奖章，亦请省长补助。曹省长当即允诺，而省长又以棂星门前原石狮一对，多被风雨侵蚀，拟饬工另做汉白玉大狮子一对，更换以壮观瞻"。④ 实际上，天津政府虽然重视祀孔，但不具备经济实力予以支持，而文庙大修耗资巨甚，需动员社会力量，故天津文庙的大修时间一再拖延，直到 1923 年方才出现了合适的重修时机。

---

① 陈独秀：《复辟与尊孔》（1917 年 8 月），《独秀文存》第 1 卷，第 167 页。
② 胡适：《新思潮的意义》（1919 年 12 月），载欧阳哲生编《胡适文集》第 2 册，北京大学出版社，1998，第 554 页。
③ 《兴修文庙之筹款》，《大公报》1918 年 10 月 4 日。
④ 《丁祭余闻》，《大公报》1920 年 3 月 22 日。

二 大修过程的始末

(一) 倡议人员和六次文庙修葺讨论会纪要

1923 年,天津当地士绅"以本埠文庙房间,以及泮池,年久失修,均已渗漏,破坏不堪,观瞻上难期美感。即尊崇之道亦不无遗憾,当由大众讨论重行修葺"。① 当时《益世报》对此事也有相关报道,"津埠官绅各界以城内文庙近来日渐荒颓,且入内游人太滥,时有损坏各物及花木等情事,实有失尊严,当即协商办法,以资保存古物"。② 如前文所述,水患之后的文庙虽然能够使用,但大量的灾民聚集在文庙周围(两次天灾之后,天津多了一万多难民留居),确实有碍观瞻。

1923 年的这次天津文庙大修由政警商学各界参与,主要负责人是天津与祭社的士绅。第一次整理大会与会者有 43 人,名单如下。

严修(字范孙)、赵元礼(字幼梅)、刘景琛(字渭川)、王仁沛(字莘农)、牛星彩、王子清、邓崇光(字振宇)、邓庆澜(澄波)、曹振纲(字幼占)、刘漱莹、金向辰、李士铭(字子香)、高星彩、苏兆爵(字朵笙)、纪联荣(字锦斋)、王筱舟、范安荣(字竹斋)、高凌雯(字彤皆)、华世奎(字璧臣)、游秉琳(字仲瑜)、陆寿恒(字颂南)、王守恂(字仁安)、姚若卿、徐世光(字友梅)、张泽湘、朱寿钧(字祝颐)、杨以俭(字敬林)、马仲言、张铁笙、华世馨(字少洲)、邹廷廉(字学勤)、李子明、林兆翰(字墨青)、黄葆光(字耀庭)、高月村、王益保(字君直)、李玉麒(少舫)、孙凤藻(字子文)、胡维域(字树屏)、王莲舟、王仁冶(字郅卿)、魏长忠(字信臣)、张松泉等。③

---

① 《关于修葺文庙之会议》,《大公报》1923 年 3 月 13 日。
② 《官绅保存文庙之会议》,《益世报》1923 年 3 月 13 日。
③ 《社会教育星期报》1923 年第 391 号。

　　在决定大修天津文庙之后，与祭社及其他邑绅举行了六次修建筹备会议。由于会议资料内容较长且多有重复，而且涉及的人员较多，因此，在这里不全文引用，只整理并概述六次会议的主要内容。①

　　第一次文庙整理大会的议题主要有：完善文庙日后的管理人员，包括设一警岗，两名全职管理人员；拟请求芦纲公所筹措常年费；开会的频率，即每月会议1~2次；第一批认捐名单；文庙与祭社会费变更。

　　第二次文庙整理大会的议题主要有：第一项是设常川司事一名和夫役两名，以及府县两庙警岗各一，所需费用由县公署芦纲公所并商业各团体量力协助；第二项是林墨青先生提议文庙种树的具体实施办法和经费来源；第三项是提议选举若干董事；第四项确定本会名称，严范孙先生提议本会名称可否暂用"文庙敬事会"字样，一时未能解决，假定用此名称；第五项是确定文庙的修缮内容及花费。

　　第三次文庙整理大会的议题主要有：第一项是拟定致告各团体的募捐函，并公推李继堂赴商会调查各同业公会地址、名称，以便依此发函；第二项是讨论大成殿大修的建置和细节；第三项是这次重修文庙连带修理县文庙附属建筑——节孝祠；第四项是设法恢复已经被居民侵占的明伦堂；第五项是落实之前提议的岗警到岗问题；第六项是建议给文庙安装电话，当时已议定；第七项是文庙电话簿内应用何字样，公议之后决定采用"文庙"二字；第八项是现阶段所需费用已经可以从收到的临时捐款中拨给；第九项是文庙捐款存入直隶银行；第十项是确定文庙记账制度，以及刻定文庙岁修办事处的公章。

　　第四次文庙整理大会的议题主要有：第一项是商议除府庙大成殿外其余主要建筑是否都落地重修；第二项是旧历四月初一日，即府县两庙崇圣祠两庑及名宦各牌位均先期移至府庙大成殿内；第三项是府

_____

　　①　六次会议内容均来自《社会教育星期报》，不一一注释。

庙照壁两旁之墙及礼门义路两牌楼凡脊顶上均一律用琉璃瓦，以壮观瞻，唯县庙仍照旧式；第四项是府庙照壁原与大成殿不正对，现拟取正；第五项是府庙崇圣祠进深向前推展三尺，月台宽窄应与房山取齐；第六项是庙碑年久难于起高，公议添砌石栏，并开沟孔为宣泄雨水之用；第七项是县庙名宦乡贤祠改为东西向，原先祠址辟为两角门；第八项是县庙大成门内左右矮房各两小间议定，即先年之老乐器库；第九项是县庙崇圣祠向后退一丈余；第十项是油活均一律用纯红色，不用彩画既省费用且端庄；第十一项是砖石凡非与制度有关，可以不用雕琢者概不雕琢，以示俭朴而昭大方；第十二项是此项工程即归原估工人承作，以期精实坚固不用再行投标；第十三项是监工人请曹健亭先生选派，并请朱祝颐先生随时查视，制度仪式是否合宜。

第五次文庙整理大会的议题主要有：第一项是募捐事项分头承担，另有各家认募详单；第二项是府庙旧日牌位书法凝重无须另换，府"棂星门"三字议定重写；第三项是油工用朱油，抑仍用彩画尚未议定；第四项是委托朱祝颐先生，凡影壁墙垣应行研究者俱绘图贴说以备参考；第五项是议另购地址为将来扩充节孝祠之用。

第六次文庙整理大会的议题主要有：第一项是府县两庙照壁及两旁缭垣向内退修，由东而西取直，照壁应与大成门大成殿成一行线对齐；第二项是牌位仍用旧有之牌位，唯至圣牌位四围所雕花样不甚大方，应如何修理由朱祝颐先生酌办，龛幛桌衣以红云缎为正格，但恐一时不易措备，且价亦甚昂，胡树屏先生建议以山东华丝葛织成云彩代之，可省价 2/3，拟请胡树屏先生向众绸商设法捐助；第三项，香炉烛台等五事共需 32 份，曹健亭先生建议拟以洋灰铁筋筑成外饰古铜色，以期坚固稳重，请朱祝颐先生代拟式样；第四项，祭器乐器应按照祀孔典礼所载之名物象数，于秋丁以前赶备；第五项是此次祭器乐器制备完全后应建筑一新式乐器库，库内空气宜流通，以防潮湿，屋顶须特别坚固以防渗漏，视乐器祭器之尺寸大小为各式长短广狭之箱箧，凡精细一类置诸四围，高处架楄粗重一类置诸地板之上，俾各物均有一定处所有条不紊，平时查点一望而知，届时取用举手可得；第六项是各殿门窗均用磨光玻璃只透光不透明，以取肃静；第七项是新庙落成应树碑以纪其事，曹健亭先生表示，恒源纱厂存有未用之石碑一通，可移来应用，请朱祝颐先生丈量旧碑尺寸核量是否合用；第八项是疏通院内暗沟宜向河防流水，请高星彩先生测量酌定；第九项是林墨青先生报名收支各款及现存数目，端阳节前工人需款不敷，曹健亭先生慨认；第十项是门上殿上之匾额，请华璧臣先生另写，其旧有者归文庙岁修办事处保存；第十一项是文庙落成以后由值年董事督理司事，役常川管理庙内事务，须筹设办事处所及司事夫役住室；第十二项是私一小学拟将北面一带平房改建成楼，南面旧讲堂拆去作为操场，并腾出魁星阁以南，现在教员之寝室让与文庙改建乐器库，应由私一小学召集董事自行会议。

结合六次公议内容，基本可以断定天津文庙这次大修公议拟定内容①如下：

设常川司事一名和夫役两名，以及府县两庙警岗各一；添置树木植被；提议选举若干董事；公议另购地址为将来扩充节孝祠之用；府庙照壁两旁之墙及礼门义路两牌楼凡脊顶上均一律用琉璃瓦，以壮观瞻，唯县庙仍照旧式；府县两庙照壁及两旁缭垣向内退修，由东而西取直，照壁应与大成门大成殿成一行线对齐；收回并重修明伦堂，以及各种关乎礼制庙貌的软装修，如神主牌位的雕花，油漆的颜色；祭器乐器制备完全后应建筑一新式乐器库。另外，电话局免费为文庙安装电话一部，电话号码为 2190。

（二）文庙修缮中的"复礼"诉求

从上述六次公议的记录来看，主要讨论的内容就是如何修缮文庙。从历代文庙的重建碑文来看，天津府县两座文庙一直被认为地势较低，因此容易积水，影响庙貌。所以文庙大修会议多次探讨文庙基址的问题。第二次会议之时，"周历府县两庙实地履勘，见县庙

---

① 六次会议议题多有变化重复，民国后期又有多次修缮，故这里概括的是确定落实的内容，以及经反复商讨，仍无法确定是否落实的内容。

殿庑祠宇破败已极地势卑湿，曹健亭先生建议非垫高基址，重新翻盖不可"。然而，后面的几次会议并未就府县两文庙是否要垫高基址进行讨论，转为讨论文庙这次大修需要依从何种礼制。"林墨青云大成殿外之月台应否按大祀制度改筑阶三成陛五出以昭美备，华璧臣先生云此制彼时国子监犹未能作到，津庙限于地势困难实多，若依制建筑则基址甚高，台阶多级，祭祀时升降亦颇不便，可从缓。"① 光绪三十二年祀孔典礼升为大祀，那么在建筑规制上文庙依礼就需要调整，原来该庙街门3间、大成门5间、大成殿7间、暨御碑亭14座皆覆黄瓦，其他建筑覆绿瓦。现拟改文庙所有建筑一律覆黄瓦。事实上，清朝将祀孔升为大祀，也就是和圜丘、方泽、祈穀、太庙、社稷、常雩一个等级，因此国子监应该是仿照太庙的建置来提高，太庙的建筑建置是"朱门丹壁，上覆黄琉璃，卫以崇垣，周二百九十一丈。凡殿三，前殿十一楹，阶三成，陛皆五出。一成四级，二成五级，三成中十一，左、右各九"。② 各地文庙依等级各降一级，天津文庙自1906年升祀修葺之时就将琉璃瓦改为黄色，因此，林墨青提出了是否采用"阶三成陛五出"的建置，但是由于天津文庙基址和占地情况所限，该提议并未在这次大修的公议中通过。

除了讨论关于文庙基址"阶三成陛五出"的礼制之外，实际上在诸多地方体现了天津文庙这次大修不仅是为了修缮庙貌，以备观瞻，还是邑绅们对于恢复文庙建置和祀孔礼制的诉求。《益世报》登载的关于天津文庙重修的理由是"以资保存古物"，那么修缮最主要的主体对象是文庙建筑本身，这样才是修复古建筑，但是"林墨青先生提议文庙种树办法必须满换新土，曹幼占先生云种树是否另筹款项，朱祝颐先生云李子香先生上次到会已允捐助树株，随时取用，不加限制"，③ 都将重点放在了文庙植被的添置上。

---

① 《孔庙整理大会议第三次记事》，《社会教育星期报》1923年第397号。
② 《清史稿·志六十一·吉礼五》。
③ 《孔庙整理大会议第二次记事》，《社会教育星期报》1923年第392号。

实际上，文庙种树并不是礼制的规定，但却有一种不成文的传统。例如，南雍植栽亦颇具特色。监内旧多植柳，"岁久根干甚巨，枝柯覆檐，春絮秋叶不胜扫除，其填积于瓦陇间者，霖雨以浥之，冰雪以凝之，瓦皆胶沍解裂，春暖融释，沁漏椽桁，皆朽，又不胜其修葺矣"，且"无坚真之操，非良材也"。宣德六年（1431）尽数伐去，易之以松柏。气氛之营造非一日之功，树种的选择也体现了国子监导学向上的良苦用心。庙、学依各自功能不同，植树亦有异。文庙用柏，"循其旧柳之所行列而植之，森然如青衿、童丁习乐舞于殿庭之间，秩然而有叙也，俨然如端人雅士听讲说于两庑之下，拱立而不乱也"。清朝国子监树木更多达 292 株，文庙基本以柏树为主，当与庙庭肃穆之气氛的营造有关，学宫则以柏、槐为重，间以桑、榆、椿等树木。[①]可见，虽然目前所见材料并没有说明此次种植的树种，但是从当下文庙种植树木的种类来看，大多是柏树。即 1923 年的天津文庙大修依惯例，在"庙"的部分多植柏树，而种植柏树的目的是体现庙庭之肃穆气氛。这也从一个侧面体现了文庙重修之本义，即恢复文庙原有的尊严。

恢复庙之尊严还可以从一项很特别的设置看出，文庙大修整理第一次大会中就提出，"因孔庙无人看管，附近居民任意污秽，特约集警绅商学各同志假东马路讲演所开会公议整理办法，到会者多人，严范孙先生建议拟请求警厅在孔庙棂星门外添一岗位，拟请求芦纲公所酌筹常年经费，……邹学勤先生建议雇妥役二人，在庙中常川看守兼管一切应办之事，李子香先生建议若专派岗位则费用甚多，不若将附近岗位移至孔庙花墙以外，既便照料亦可节省经费，华璧臣先生建议谓府县两庙一岗不能兼顾，必须特设两岗以专责成，林墨青先生建议此两岗位仍属警厅管辖，以一事权遇事可期爽利，杨敬林处长允许在庙中添置两岗专禁止居民污秽作践"；[②]而第二次会议提出，"公议文

---

① 参见沈旸《东方儒光——中国古代城市孔庙研究》，第 157～168 页。
② 《孔庙整理大会议第一次记事》，《社会教育星期报》1923 年第 391 号。

庙须有专人经管常川住庙拟设司事一员，夫役二名，预计常年费七百元之谱。又府县两庙各设一岗位亦在七百元之谱"。①

从以上材料可以清楚地看出，设立常川管理人员负责府县两个文庙的打扫看管事宜，那么又设不止一个警岗，其目的即是"专禁止居民污秽作践"。可见，这次大修文庙另有一个潜在目的，防止一般市民和"闲杂人等"进入文庙。析言之，文庙禁止居民污秽作践可能有两个层面的意思。一是防止文庙真的被闲杂人等污秽损坏，二是通过这种方式加强文庙岁修办事处对文庙的管理，即加大对文庙的控制。这两种原因并非截然分开，而是一个目的的两种表现过程。

据当时情况而言，确实存在文庙被占用和污秽的情况，"该院老幼贫民约计数百名，一律救出运送东门内文庙暂作留养之所。在1917大水之后文庙就被征用为救济所"。②前文也提及，由于20世纪20年代初华北地区屡发自然灾害，导致大量灾民涌入天津，而这些灾民有一部分就聚集在文庙附近。文庙岁修办事处的一些士绅对于文庙的修缮报有建构其原本神圣空间之意。帝制时期，文庙一般都是紧闭大门，给人的感受是"清净庄严，远非佛宫可拟"，即便想进去也出现过"贿门者，引以人"的情况。因此，在第一次会议之时，就提出了设立两个警岗，以确保府县两庙都无人可以随意出入。这一点可以从对1923年春祭孔子的祭祀要求上看出，"本年春丁祀孔，经地方绅耆议定，不准闲杂人等入内扰乱，以昭整肃。凡有成年之男子，及各学校之学生（须经管理员率领）愿随班行礼者，请于初五日至初七此三日内，前往西北城角文昌宫东社会教育办事处，索取与祭券（限定每券一人）。如系全体学生，须开请人数若干，发给特别券。其非管理员率领着，虽属学生，亦不准入内。此项办法，已由与祭洒扫社通告各界"。③综上，由文庙与祭社所代表的邑绅在加

---

① 《孔庙整理大会议第二次记事》，《社会教育星期报》1923年第392号。
② 《教养院迁入文庙》，《益世报》1917年9月28日。
③ 《春丁祀孔之与祭办法》，《益世报》1923年3月18日。

强对文庙管理权的同时，亦希望通过这种"禁止随意入内的方式"建构天津文庙的神圣性。

1923年的文庙大修包含重构文庙神圣空间的隐含意图，在修葺的诸多层面都有其体现。例如，第四次整理会议确定的十几项决议中，就包括："第三项是府庙照壁两旁之墙及礼门义路两牌楼凡脊顶上均一律用琉璃瓦，以壮观瞻，唯县庙仍照旧式；第十项是油活均一律用纯红色，无庸彩画既省费且端庄；第十一项是砖石凡非制度所关，可以不用雕琢者概不雕琢，以示俭朴而昭大方。"① 而最后一项内容就是曹健亭先生选派，朱祝颐先生随时查视，制度仪式是否合宜。

上述这几项修葺内容都关涉礼制，原本文庙是绿色琉璃瓦，但是在光绪年间升为大祀之后由政府出资将文庙修改为黄色琉璃瓦，大成殿主轴一线建筑都应为黄色琉璃瓦，且上面绘有符合清代风格的彩绘。但这次大修由于经费的问题，在第四次会议公议时决定不采用彩绘，而是使用红色素漆。因此，可以说前几次会议对于礼制的要求隐藏在其中，或者说对社会而言这次募捐修缮文庙只和建筑有关，而至第四次会议可以看出对于礼制的要求越发明显，但受限于经费，故而是尽量符合礼制，像彩绘这种耗费较多的礼制项目就公议选择从宜。然而，到了第五次会议公议之时，原本在第四次会议上已经议定之事又变得悬而未决，"油工用硃油，抑仍用彩画尚未议定"，可见天津文庙岁修办事处的士绅们对于是否用彩画实则多有争议，这才导致多次公议还一直悬而未决。

（三）文庙修缮的募捐款及花费

文庙岁修的经费来源主要依靠社会各界的捐赠，这次文庙大修的第一步就是向社会各界筹募善款。从几次整理会议记录来看，他们除了向整个社会进行募捐，还有一个目标募捐对象，即芦纲公所。如第一次会议记录里"严范孙先生建议拟请求警厅在孔庙棂星门外添一岗位，拟请求芦纲公所酌筹常年经费"。又如，第二次会议记录"公议

---

① 《孔庙整理大会议第四次记事》，《社会教育星期报》1923年第400号。

文庙须有专人经管常川住庙拟设司事一员,夫役二名,预计常年费七百元之谱。又府县两庙各设一岗位亦在七百元之谱,所需经费拟由本会函请县公署芦纲公所并商业各团体量力协助"。① 可见,在募捐之前,文庙岁修办事处的各人士已经将芦纲公所设定为募捐的主要目标。

芦纲公所,"自清代康熙间长芦盐运使于天津城内鼓楼东街南,僦民房为行署,嗣后改建衙署。商人乃于附近运署街北设立公所,举凡筹策公务以及配运输课诸端,咸齐集会议于此芦纲中。推举殷实商户有经验阅历者,谓之纲总。亦于是地督率司事,经理文牍、账簿等件,以为通纲办公总汇。厥后公所迁入运署东偏院,泊光绪庚子之难,运署焚毁。翌年,以同时被焚之县署旧址改修运署,而局势较隘,遂无地复置公所,乃迁移南斜街旧育婴堂分处房舍作为芦纲公所焉。其所谓滩盐公所者,光绪三十二年设也。芦商买盐与灶户直接交易,因设滩盐公所,需用经费,每引随交三分,由商领用。名曰公所,各商家公同设立之办公处也"。② 简单来说,芦纲公所是一个盐业的行会组织,而且芦纲公所一直参与天津的各种公共和社会慈善事业。例如,芦纲公所自康熙年间成立以来,就多次参与文庙重修。然而,1923年文庙重修,芦纲公所实际上只捐了1500元,从钱数来看,和文庙岁修办事处的要求颇有差距。

文庙岁修办事处报告:"截至阴历十一月底止,共合收入捐款二万八千九百四十五元九角。内有常年费七百五十二元。日前杨绅敬林、李绅子香、黄绅耀亭共送来之二百二十元亦均在内。除包工人已支去二万六千元外,尚余实存洋二千九百四十五元九角。"③

三　大修引发的争议

(一) 修缮文庙背后的文化象征

天津文庙于1923年的这次大修在社会上引起了一些争议。这些争

---

① 《孔庙整理大会议第四次记事》,《社会教育星期报》1923年第400号。
② 《天津政治论沿革》,来新夏、郭凤岐主编《天津通志》(下),第38页。
③ 《岁修文庙 捐款之总数》,《大公报》1924年1月7日。

议主要集中在两个方面——捐款和尊孔。实际上,这两个方面相辅相成,互为因果。天津文庙岁修主要的发起人如严范孙、华世奎、林墨青等先生,本身就是尊孔的拥护者,或言之,他们即是天津尊孔思想的代言人。例如,早在严修兴办劝学所之时,就提出了尊孔的思想。他们创办的《社会教育星期报》也从不掩饰其文化立场,为了这次捐修,该报登了多篇劝捐的文章,如:

> 上海朱锦初投潘尚书为家人,后其子泮游,入谢于公。潘曰:"汝子已系朝廷士子,可以门生礼见,勿复作主仆观也。"即捡其靠身文书还之。朱不胜感激曰:"荷洪恩,须当报效,庶慊微心耳。"潘曰:"我富贵已足,何赖于汝?"朱恳请不已,潘沉吟再四,乃曰:"现今文庙圮坏,汝能修葺,贤于报我远矣!"朱即独力营缮,颇称华焕,此事已过百余年,人亦无有忆及之者。顺治己亥科会元朱锦,亦上海人,官翰苑。至康熙壬子殁,临卒时,文庙正梁年久朽坏,亦以是刻崩殒,视其建造之姓名,即朱锦也,始知会元乃其后身。①

这篇虽是《社会教育星期报》引用,但是放在捐修文庙之时,难免让人有将文庙的捐修与福报联系在一起之感,当时"尊孔教为国教"之声未息,此举可能会让其他团体多有抱怨。

不仅如此,当时《益世报》登载了一篇文章,质疑政府向文庙拨款之事,这里有两点要说明,一是《益世报》是一份天主教背景的报纸;二是相关报道未见于《大公报》。报道内容如下:

> 津埠此次重修孔庙,本为邑绅等发起捐修,不意目下工程告罄,始经人侦查,所需工款,概从本县自治存款内提支,并调查

---

① 《朱胜典故》,《社会教育星期报》1925年530号,原出自赵世吉《寄园寄所寄卷下·驱睡寄》,大达图书供应社,1935,第226页。

拨款证据，系于十二年九月拨洋七千元，十一月拨洋一万元，十三年一月拨洋八千元，先后共拨洋二万五千元，现有地方某某团体，以自治经费，向不准挪作他用，齐知事擅自提拨，殊于将来自治进行有碍，昨在某处集议，将提起严厉质问。①

其质疑的焦点是县公署两次拨给文庙岁修办事处 25000 元，自治经费是否可以用来资助某一团体，这是否算是公器私用？其背后实际上是认为，如果官方出钱修理文庙，那么文庙和相关的组织就具有官办色彩，这样一来这个组织就与其他类似机构性质不同，甚至是有"独尊"之意，因此，在钱款质疑的背后隐藏着对于文庙在当时社会地位和价值的追问。

然而，据目前所掌握的资料，并没有显示这次质疑在社会上引起了多大反响，但是从天津文庙与祭社诸人在《社会教育星期报》的剖白中直言，因为尊孔颇受争议。由此可见，当时社会对这次劝捐修理文庙以及其组织性质还是多有争论。

（二）政府出资和经费拖延引发的乱象

这次天津文庙大修共募集捐款 95424 元。其中，绅商捐助钱款 68924 元，县公署两次拨银 25000 元，芦纲公所拨银 1500 元。② 可见，社会各界捐款占这次总数的七成以上，而芦纲公所实际上只捐了 1500 元。从当时的报道来看，围绕文庙修建款发生了一系列事情。当时《大公报》报道了一则新闻，说文庙因修建款未到位，使得包工四处讨要后续欠款：

本埠重修文庙经工人沈长富、张玉珍包修，现大工已经完竣，尚有零星工作未完，已经停工。该工头沈长富等，包作该工，已用去工料洋九万六千一百余元，除开工时收到三万四千五百元，

① 《修理孔庙用款之谬辖》，《益世报》1924 年 5 月 27 日。
② 《孔庙整理之报告（七）》，《社会教育星期报》1923 年第 400 号。

又收前省长曹锐，捐洋五千元，共收洋三万九千五百元。下欠六万余元。因曹锐病故。此项欠款，无负责者。禀请各机关，设法捐助，以资弥补。①

实际上，在该报道之前，工人沈长富已经到处奔走，并请政府裁夺：

（1925年3月）为包修文庙工款无着，恳恩提议设法捐募俾免赔累不堪，事窃天津文庙多年失修，经已故前省长曹（锐）提倡拆修，嘱长富等承办一切计，该项工程实在用去工料价洋九万六千一百六十五元七角，尚有零星工作未得报竣，以致停顿开工以来，共领文庙办公处洋三万四千五百元，共收前省长曹（锐）捐助洋五千元，二共收洋三万九千五百元，除收净欠洋五万六千六百六十五元七角，除去原估修小牌楼工料洋一千五百元，净欠洋五万五千一百六十五元七角，本年接修添购各料五千三百二十六元尚不在内，以上所用工料均有账目可凭，讵战事猝起，前省长曹（锐）因病逝，此项欠款无人负责。长富等包办该项工程，委系义务性质，作实开销垫办如此，巨款概由赊借而来，目下各项债权人相逼甚急，势难延缓，因思文庙为历代尊崇，人民瞻仰，事属公开，迥异私产，贵会有维持地方之责，恳请大发热诚，俯赐提议，设法捐助，以资弥补，该项目工程内有前省长曹（锐）捐助各料价洋估值四千九百五十元四角，此款不在估价之内，合并声明。②

1925年，"天津包工人沈长富、张玉珍等呈称为包修文庙工款无着，恳请提议设法捐募云，合并声明等情，当经提出评议会讨论议决转呈，君民两长核夺办理"。③ 由于沈长富、张玉珍的求告，天津市总

① 《请各机关捐款修文庙》，《大公报》1925年3月26日。
② 天津档案馆藏，档案号：401206800-J0128-3-008764-037。
③ 天津档案馆藏，档案号：401206800-J0128-3-008764-036。

商会代替临时组织文庙岁修办事处于 1925 年 5 月呈请直隶军务督办李芳辰与当时已经成为直隶省省长的杨以德（敬林），恳请设法募捐这笔欠款。同时，天津文庙岁修办事处也在努力求要当年认捐的欠款：

> 敬启者，窃查天津城内旧有府县两文庙年久失修，日久荒圮，前自民国十二年同人创识，募款兴修，当经鸠工庀材量加改造，所有款项全赖各方捐助，正在工作之际，（上年秋间）战事忽起，政局变更此项工程已过大半而款项为未收齐。原认捐款之人颇多散失，因此延搁，遂致停顿。统计公款除已付外，为欠五万三千余元。①

对照《大公报》的报道，所言之事相差无几，此事使文庙岁修成为当时的舆论焦点。然而，这个由工人再次发起的面向社会的劝捐，并未收到立竿见影的效果，半年之后，天津县的县长张燕卿提出补齐余款：

> 前省长曹锐，筹备重修文庙，工将落成，曹氏失败，旋即病故。文庙工款，无处支拨，曾经工头，向各机关呼吁，张县长燕卿，拟以张某之捐款补还，特于前日下午三钟，在教育局召集富户开会，到者三十余人，由县长报告，张某捐款五万元，补还文庙工款，赵君元礼极表赞成，到者亦多赞成。②

然而，张县长的钱并未立即到位，所以社会上也有人再次呈请筹款，希望能接修文庙：

> 省署前据天津宋国荫等呈请倡率筹款接修文庙，以完工成，

---

① 转引自邵红《风雨飘摇中的坚守——民国时期乡贤与天津文庙》，第 25 页。
② 《张县长筹还文庙工款》，《大公报》1925 年 9 月 18 日。

而遵圣教等情。闻业已据呈令行天津县知事张仁乐查核办理。闻张知事奉令后，行将着手筹募经费以便兴工接修。[①]

1925年10月，"张文祁等之海光寺地亩一案，纠纷已久，迄无结果。现经天津县知事呈报督办公署，劝令张文祁等出资修理文庙，即作此案结束。昨已奉到督署指令照准"。[②] 文庙岁修办事处得知县政府的打算之后，上书天津县公署要求将张文祁的捐输用于文庙大修："冒昧拟恳贵署即以劝捐张文祁之款，移助为修建文庙之用，此实关文化前途多所裨益，是否之处敬乞查核实行。"于是，天津县公署拟将这笔善款批准为文庙大修所用，并召开会议宣布，"文庙工程筹款一事由张县长在教育局召集会议，到会者多数，当经县长将张文祈等情愿捐输工款并与捐款有关之地亩纠葛一案，其一切详细情形当场宣布，到会诸公研究结果，全体签字赞成"。后又上书县公署陈明原委"惟决议之后并未正式记录无凭存案，旋即公同约定，由县长另备议决录一册，将是日决议情由叙录册首，再请诸公各自署名盖章以昭信守，此份当时全体决定办法，兹由县长将议决录备齐发下用，特送请台端查阅，即希签名盖章立交来人"。[③] 这笔钱款是否到账目前没有资料明证，然而之后又有报道说是由李芳辰（景林）督办饬财厅拨发巨款：

> 二十日李芳辰督办率同张同礼，秘书长及各听道赴东门外，东门外孔庙行秋祀祭丁之礼。祭毕李督当向各厅道等谓孔庙工程至今未完，殊非所以昌明孔教之道。现已饬财厅拨发巨款，刻期竣工。俟工事完毕，即于庙内设立图书馆博物馆以备学者参考，以为昌明孔教之辅。[④]

---

① 《津人请提倡接修文庙》，《大公报》1925年10月5日。
② 《张文祁地亩案已经解决　出资修文庙作为结果》，《大公报》1925年10月21日。
③ 转引自邵红《风雨飘摇中的坚守——民国时期乡贤与天津文庙》，第27页。
④ 《李督办兴修孔庙　令财厅筹拨巨款》，《益世报》1925年9月22日。

随着北伐战争的爆发，捐款和续修文庙之事最终在一片争议声中不了了之。

第三节　1934～1947 年天津文庙修缮

一　1934 年前后的文庙修缮

（一）1934 年前后文庙修缮之始末

1. 修缮的背景及原因

如上章所述，由于战争的爆发，修葺资金的波折，使得 1923 年开始的文庙大修实际上并未竣工。随后，北伐战争开始，"某军欲在文庙盖兵房，业经政务厅批准，其事甚急。壁臣约赵、杨二公及余拜会吴厅长蕴山，伊谓有吴某在，决不至此"。① 然而，1928 年，"庙中现驻军队并由以前患病之伤病，殿庑皆为占满，一时未易迁出，当经决议丁祭暂行停止"。② 同年，天津特别市设立，但新成立的政府仍没有解决文庙被占用的问题。完成文庙修缮之事自然也未在政府的考量之内。天津文庙与祭社一直打算重修文庙，同时也在为收回明伦堂而努力。1929 年，内务部制定并颁布《孔庙财产保管办法》，其中"孔庙财产之保管依规定：（甲）省有者、由大学区或教育厅保管之；（乙）旧府厅州所有者，由大学区或教育厅保管之，但其财产应办理旧府厅州范围内之教育文化事业；（丙）县有者由各县教育局保管之，其未设教育局者，由县政府职掌教育行政者保管之"③ 等条规定，各地都开始调查文庙庙产。由于《孔庙财产保管办法》颁布之时，天津的行政区划正处于变动之中，故天津教育局于 1930 年才开始清查文庙所属庙产及相关事务。但是由于《孔庙财产保管办法》造成多地文庙庙产之纠纷，使得天津文庙岁修办事处多有顾虑，因此并未遵照指示填表

---

① 严修自订，高凌雯补，严仁智增补《严修年谱》，齐鲁书社，1990，第 247 页。
② 转引自邵红《风雨飘摇中的坚守——民国时期乡贤与天津文庙》，第 27 页。
③ 《孔庙财产保管办法》，《教育公报》1929 年第 1 卷第 7 期。

配合调查。

　　基于此，天津县教育局局长刘宸章只好再次致函文庙岁修办事处，讲明调查缘由：

　　　　敬启者，案查河北省教育厅指令第六四八六号内开承表，查孔庙财产保管办法第三条规定，府县孔庙财产县有者由县教育局保管，该县虽有地方绅士组织文庙岁修办事处，局长应不能置身事外。再本处此次调查各县孔庙现状，以便分别着手保管，绝无其他用意。该县孔庙既经天津特别市政府调查有案，而对于本厅调查乃以未便再填，恐致两歧为□□可异，据称各节未免有所误会。该局长□□□□责无旁贷。仰即将原表索还，仍遵照先今，各令克日查添，具报以便汇案办理，请勿再诿延切切此令等因。查此案纯系调查性质，并无其他作用，再厅令责成敝局词意严重，相应函请贵处费神照添，以凭呈复，函纼公谊，此致天津文庙岁修办事处。①

　　为了这次调查，文庙岁修办事处特意召开常川董事会，商议如何填写。其背后目的是希望通过这次调查使文庙重修得以继续，或者在文庙几乎划归公有的态势下，文庙与祭社的士绅能继续保管文庙，并使文庙得到更好的安排和发展。因此，在这次调查中，文庙岁修办事处最为强调的是卞氏私立小学和私立第一小学校址原为文庙的明伦堂，实则属于文庙庙产，而且早在1929年文庙就依据《孔庙财产保管办法》的规定，拟交于崇化学会保管。② 然而，是年并没有执行，所以文庙岁修办事处再次强调此事：

　　　　敬呈者，前由天津县教育局转奉钧厅调查孔庙表三纸，现经遵式填毕，呈请鉴核，惟查天津文庙自明正统元年，系由左

---

① 转引自邵红《风雨飘摇中的坚守——民国时期乡贤与天津文庙》，第28页。
② 《本市文庙归崇化学会保管》，《益世报》1929年11月26日。

卫指挥使朱胜将自住住宅一所施为学宫，嗣后屡经绅富捐资修葺，建修维持不敝。迨至民国初年，栋宇欹斜倾圮，后经落地重修，此项工程纯由地方士绅募款，因立文庙岁修办事处经理其事，乃工事未竣，即被军队占据，以后乐器库当未兴修，其祭器乐器当清康熙年间乡贤达孟宗舜在江西知府任时，念及乡庙祀典阙如，捐廉韧办乐舞，除置购祭器、乐器外，复捐银六百两，交由县署拨典生息，专作乐舞经费不得移作别用，相沿贰百余年之久。自经庚子兵燹，所有祭器乐器散失殆尽，现时所有多为乡人集资购置及留有余斋主人乔氏捐助，此外并无古物之可言，年来以庙内屡被军队践踏，刻正署募款修理（俾臻完善），至于庙庑利用机关，方经士绅成立崇化学会，以提倡学术，并经市府批准占用有案，其庙中旧有会文书院占用，经士绅改设私立第一小学（明伦堂由卞氏设立小学校），所有文庙地址及修建各情形理合检同原调查表三纸具文呈送，鉴核备案，实为公便以上。①

在 1934 年修缮之前，文庙岁修办事处的诉求首先是保存文庙的房产，正如上文材料提及的明伦堂之事，进一步诉求是希望前任政府的承诺可以由现任政府兑现，即重修文庙，并通过大修将文庙明伦堂一带的房产整理修缮并重归于文庙。

然而，文庙大修所需的费用甚巨，虽在这个时期还有一些士绅为文庙捐款，但就钱款的数目来看所差甚远，尤其经历了上次大修认捐欠款的拖欠之后，更是不敢轻易再向社会募捐。文庙岁修办事处提出用当年乐舞生息的钱款移作岁修的费用，同时将上次大修文庙所募捐而来的常年费本金也用作修理费，甚至向 1923 年那次大修承诺捐款，而未兑现的捐款者催款，② 然而所得钱款并不足以修缮文庙，最后只

---

① 转引自邵红《风雨飘摇中的坚守——民国时期乡贤与天津文庙》，第 29~30 页。
② 例如天津文庙岁修办事处曾向芦纲公所和蔡虎臣推捐当日之承诺。

能略做修补。

1934年，蒋介石发起新生活运动，出版《新生活运动之要义》，推行孔孟之道的"固有道德"。5月15日，又制定了《新生活运动纲要》规定"新生活运动，就是提倡'礼义廉耻'的规律生活"，"以中华民族固有之德性——'礼义廉耻'为基准"。① 这固有道德实际上是对儒家文化的提炼。7月5日，南京国民政府第四届中央执行委员会，第一二八次常务会议通过孔子诞辰纪念办法。该办法决定，"一、纪念日期：八月二十七日。二、纪念日名称：先师孔子诞辰纪念"。从此孔子生日成为"国定纪念日"。② 因此，借由这次尊孔风潮，各地多有重修文庙之举。天津市政府在这一背景下再次着手修缮府县文庙。

2. 修葺的过程

1934年，天津市政府出面招标修葺文庙。"市政府以孔庙为津市圣迹之一，市民观瞻所系，因年久失修，以致外观零落。乃决定重新修理，以便市民尊崇瞻仰。工务局方面现已奉令将估修清册复加估计，并拟具投标章程。"③ 此次修缮中，"文庙修缮主要是修补及油饰，由永全公司中标承修。后经政府相关部门查阅，各牌位吊龛及门前牌楼等破损不堪，于是追加款项由另外一包商再做修补，这次大修又增加了30块牌匾，并将石狮子移至棂星门前，总计花费2932元3角6分"。④

同时，天津文庙岁修办事处积极活动，着手处理明伦堂之事。首先，天津岁修办事处呈请天津市政府。天津市政府准许了文庙岁修办事处的呈请，"内开一明伦堂属文庙宇舍一部，现因中央明令祀孔，并回复庙内旧观，其明伦堂部分自应一律交复"。之后，天津文庙岁

① 蒋中正：《新生活运动纲要》，《新生活周刊》1934年第1卷第4期。
② 《先师孔子诞辰纪念办法（二十三年七月五日第四届中央执行委员会第一百二十八次常务会议通过）》，《中央日报》1934年第320期。
③ 《市府重修孔庙　工务局制定计划招标兴工》，《大公报》1934年5月17日。
④ 转引自邵红《风雨飘摇中的坚守——民国时期乡贤与天津文庙》，第33页。

修办事处一直与卞氏小学进行沟通，以便其早日腾退占用多年的明伦堂。1935 年 9 月 15 日，天津文庙岁修办事处致函卞氏小学校董事会，内容如下：

> 敬启者，查明伦堂原为文庙宇舍之一，自民国二年经贵校商借应用，有前劝学所原呈碑刻，可以复案。现以选奉中央明令举行孔庙祀典，并恢复庙内旧观俾资瞻仰等用。敝处负保管之责，自应遵照整理所有文昌祠、魁星阁等处房舍，业经次第交涉收还其明伦堂部分，事同一律亟应一并恢复以重庙宇而待功。今惟念该项堂舍既经贵校借用有年，诚恐一旦收回或虽他筹校舍，敝处兼虑及此，当已代陈县政府筹拨前教育局房间，以备贵校迁移应用，业有成议。相应函请贵校董事会查照，倘荷赞同，仍希径由贵校呈请县政府筹拨该项房间，以便迁入，即将明伦堂腾还。是所至荷，此致卞氏小学校董事会。①

可见，天津文庙岁修办事处想借 1934 年国民政府恢复孔子圣诞纪念会之际修理文庙的愿望并没有真的达成。但在该过程中，天津文庙的庙貌也并非没有得到改善，如 1934 年为了更好地举行孔子诞辰纪念仪式，天津文庙曾被重修油漆粉刷。最为重要的是，明伦堂及附属建筑重新整修回归文庙，后被作为崇化学会的会址直到新中国成立初期。崇化学会重回明伦堂一事下文再述，此处不赘。

（二）1934 年前后天津文庙修缮的价值和意义

这次虽说是文庙修缮，实际上只有收回明伦堂这一件大事。在庙貌方面，只是略有粉刷、翻新，但是这次修缮对于天津文庙和文庙与祭社具有非凡的意义。

首先，天津文庙与祭社的士绅们在 1928 年之后多次提出修葺文庙，将之前未完的修缮工作进行到底，但是由于种种原因未能实现。

---

① 转引自邵红《风雨飘摇中的坚守——民国时期乡贤与天津文庙》，第 34 页。

国民政府推行的孔子诞辰纪念会给了他们一个很好的理由，天津士绅再次提出申请，因此有了这一年的简单修缮。但事实上，最重要的不是修缮文庙庙貌，而是借此收回一直被学校占用的明伦堂。民国2年设立的卞氏小学校，是在以严修为主要领导的劝学所的帮助下，借用当时已经闲置的文庙学宫——明伦堂开办的。之所以有此举，正如前所述，当时士绅推行新式教育否定的并不是庙学制本身，而是希望新式教育能补充进来。因此，在废除科举制之后，在一些士绅心目中，他们一手创办的新式小学实际上在当时被视作"庙学"在新的社会形态中的适应性延续，这也就是严修等人为什么会帮助卞氏小学校校长卞会昌借用明伦堂办学的原因。但自1923年开始，天津文庙与祭社诸人就想收回被占用的明伦堂，其真实的目的是希望建立自己所认可的"庙学"。实际上，这里隐含了这一群体对于"新式教育"的失望，此举也与这一时期出现的对西学的反思思潮吻合，天津与祭社诸人也正是在这一时期越来越明确地提出自己尊孔的文化立场。这次明伦堂及附属建筑的回归文庙，实际上使得天津文庙在形制上趋于完整。同时，也使其功能恢复到"庙学制"下的格局，即文庙举行祀孔典礼，明伦堂作为学宫传承、教授传统的儒家思想。

其次，这一系列修葺活动使得文庙与祭社获得了保管文庙的"新"身份，同时得到了国民政府的认可，成为保管文庙的"半官方组织"。

> 当经本府规定自本年　月份起，每月补助经费四百元，喝编送预算书连同请款凭单函送过府。[①]

文庙与祭社不但在市政府备案，还可以领政府补助，用以文庙保管的相关事宜，后文还会提到作为"新庙学"的崇化学会也在同一时

---

① 天津档案馆藏《孔庙保管办事处补助费》，档案号：0054-1-0283。

期向天津市政府呈请，希望可以获得资助。这一点对于天津文庙与祭社的士绅们非常重要，1929 年的《孔庙财产保管办法》使文庙与祭社失去了保管文庙的合法性，尤其在该办法中明确指出了文庙保管和当地士绅群体的关系问题，其目的就是要割裂文庙和士绅阶层。由天津文庙与祭社通过成立孔庙保管办事处，将同一群体转换成了不同的身份，并通过接受资助成为当地教育局的一个半附属机构。由档案中的记载可见，自孔庙保管办事处成立之后，天津市政府的文庙祭祀活动多与他们接洽、联系。

综上所述，1934 年前后天津文庙的一系列呈请修葺、收回房屋等活动，使天津文庙的建筑和功能形制趋于完整，也为重建士绅所希望的"庙学制"奠定了一定基础。天津文庙与祭社的士绅们有了新的合法身份可以继续保管文庙，这也是对《孔庙财产保管办法》的积极应对。然而，接受政府定期资助的孔庙保管办事处也在一定程度上失去了自主性。这点从 1947 年前后的天津文庙修缮中可见一斑。

二　1947 年前后的天津文庙修缮

（一）文庙修建的缘起

1946 年孔庙实况调查表保管状况一栏中表明："自民国十二年（1923）末重修以后，即未修葺，风雨侵蚀，庙貌残剥，在敌伪时经竭力维护，始克保有今日之状况，保管负责者乃由当地士绅组织之文庙保管办事处。"① 而这份调查表实际上也开启了民国时期天津文庙的最后一次大修。通过上文调查的记录来看，1934 年前后的那次修缮并未被算作文庙的大修，实际上，那次除了收回明伦堂之外，对于文庙的主体部分并无较大的修理，只是 1934 年之时，"为孔子诞辰、省府以奉中央令、与市党部联合在东门内文庙举行祀孔、内外部业经油漆一新、'德配天地'牌坊亦重绘颜色、鲜丽夺目"。因此，1946 年崇化

---

① 天津档案馆藏，档案号：40120688-J0025-3-003803-003。

学会以《孔庙财产保管办法》为依据，呈请保管天津文庙的天津市政府社会局修缮文庙。

　　查本市东门内文庙历五百余年，关系地方文献至为重要，在昔修理节孝祠及东西牌坊时，曾蒙慨助工料，地方父老每一论及，辄为称诵，本会设于文庙东偏旧魁星阁招生讲学，发扬民族文化，当七七事变，日寇以炮轰击文庙大成殿及影壁东西牌楼，各处均有摧毁，彼时目睹心伤，经集捐微金将影壁及两牌楼修复，其余如大成殿礼门义路及宫墙等，则无力顾及，而本会讲学工作虽在敌伪压迫下未尝中辍，故前奉主席蒋奖谕饬仍努力心理伦理建设，自应遵办，但默察文庙兴废关系心理伦理，綦切且要，而庙貌残破兼亦关系市容，尚能重加修葺，轮奂聿新观感斯兴，而人心风俗移易可期。①

崇化学会董事长　李金藻

　　保存档案显示，早在1946年崇化学会就提出希望能修缮天津文庙，当时天津市政府已经同意，然而困于战后资金短缺，"工程费估需一千七百五十美元，以该局及社会局均无此项概算，究应如何列支，并请□□等情到府，查本府本年度概算内无是项修葺费，宜缓至明年"。② 因此，1946年的大修工程不了了之。次年，崇化学会再次提出该要求，并等待天津市工务局的勘察和财政局的估价核算。随后，由于资金、工时等问题，天津文庙的大修分1947年、1948年两次修缮完成。

（二）1947年前后天津文庙修缮始末

　　1946年，天津崇化学会提出修理文庙之后，天津政府委派工务局勘察天津文庙修缮的具体事项，总共拟定了11项必须要修缮的内容，

---

① 天津档案馆藏，档案号：401206800-J0090-1-000864-001。
② 天津档案馆藏，档案号：401206800-J0020-3-000091-002。

主要包括大成殿主体，以及府县两庙整个的礼门义路部分。然而真正的修缮开始于 1947 年，根据档案记载的修缮方案，主要思路是节省经费，以及使修缮的效果尽量符合原貌。

表 3-4　1947 年天津文庙修缮部分及修理办法的说明

天津文庙需修部分	现状	修理方法
大成殿黄琉璃瓦顶	正脊内侧南瓦首尾相接处，及阳瓦与阴瓦相接处多有裂缝，均有渗漏情事	以白蔴刀灰将上列裂缝填实抹严、抹平（必要时将旧缝灰□剔出）俟干后涂与瓦用色铅油一道，以期美观
大成殿山花砖脊	山花板与砖脊接合不严，致两水沿山花板渗入殿内	以白蔴刀灰将砖脊之内侧衬平
大成殿垂脊兽头	前面左右垂脊兽头均掉下，现存崇化学会中	将兽头以二十号铅丝系于垂脊端，然后以一三洋灰砂浆嵌实
大成殿内穿插坊及替木	尽间复面穿插坊一棵与金柱离开，约寸余，坊下之替木亦下垂	用铁活二个相对卡于金柱及穿插坊上，以带螺丝之穿钉拧固之，坊下之替木于金柱之木榫内垫以铁板，另以铁马锯于穿插坊上

资料来源：根据天津档案馆藏档案整理，档案号：401206800-J0090-1-000864-001。

天津市政府令工务局会同社会局拟请，自本年度，事业岁出新兴建设工程费增建公共会所工程项下，拨交工务局 200 万元。① 其余由政府治款项中拨付。在议定费用来源之后，天津市政府决定招标觅商，招标比价之后决定由建国营造厂负责修缮。但实际上，天津政府实际的预算还是少于建国营造厂的报价。因此，为了节省费用，建国营造厂决定，修复用的琉璃瓦尽量用拆下的旧瓦。1947 年 9 月 10 日，天津市政府工务局和建国营造厂经商议后签订了修缮合同，对天津文庙展开修缮，并由天津市政府派人验收修缮成果。

1948 年，崇化学会再次呈请，希望天津市政府继续出资修缮文庙

---

① 根据天津档案馆藏档案整理，档案号 401206800-J0002-2-000845-005。

的礼门义路。同年，开始修缮礼门义路，在勘察之后，确定以千万元作为修葺经费。天津市政府工务局再次招标觅商，这次中标者为国华锦记，双方于 1948 年 3 月 24 日签订修缮合同。

表 3-5　1948 年文庙修缮部分及修理办法的说明及实际费用

项目	现状	修理办法	费用
礼门义路□□	府县文庙礼门义路之石□□凸凹不平，有塌陷，多松动	将□□石及垂带石完全起下，另以洋灰砂浆嵌实之	21795000 元
礼门义路台基之阶条石	多松动及塌陷掉落	将各台基阶条石均拆下，将土衬石上之台墙加以改筑或修理后，上以净灰砂浆，将阶条嵌固于台墙上	8136800 元
府礼门及县义路台基之临街拦土墙	府文庙礼门、县文庙义路之台基临街面之拦土墙（即陡板部分）损毁过甚	将该段拦土墙拆至土衬石上，另筑一二四洋灰混凝土台基	8453000 元
礼门义路台基之院内拦土墙	各礼门义路台基拦土墙之在宫墙内者多局部损坏	将各礼门义路之台基拦土墙详细检查，将破坏部分拆至土衬石上，以红砖及洋灰浆砌垒，外抹洋灰浆面	
各礼门义路之台基面	各台基面均原为洋灰砖多破碎，及凸凹不平	将台基面之洋灰砖拆下，择其可用者，以洋灰砂浆墁于台之两侧或中夹（宜采用对称形状），其余之无洋灰砖处以洋灰砂浆，衬平画格，尺寸与洋灰砖同	5812000 元
礼门义路木门	木门之顺带及门板下部多有损坏	按各门之实际情形，将顺带及门板均修补完整，并将修补处抹与门同色之油漆一道，又县义路之牌楼缺链钩一个，应添补	14940000 元

资料来源：天津档案馆藏，档案号 401206800-J0090-1-000864-041。

第四节　从天津文庙三次修缮看
天津士绅的文化权力

瞿同祖指出："士绅是与地方政府共同管理当地事务的地方精英，与地方政府所具有的正式权力相比，他们属于非正式的权力。……他们是惟一能合法代表当地社群与官吏共商地方事务与政治过程的集团。这一特权从未扩展到其他任何社群和组织。"[①] 在这里要说的是，文化权力不是一个成熟而既定的概念。在这里文化权力指的是，士绅这一群体，在文化层面上具有的权力，比如天津士绅在天津的民众普及教育、祀孔、号召捐款等方面体现出的能力和号召力。

一　天津士绅文化身份的重构与文化权力的维持

随着科举制的废除，士绅阶层也逐渐失去了自身的文化身份。尤其是新式教育兴起之后，士绅阶层的文化身份也逐渐被弱化，慢慢失去了自身原有的文化权力。在民国社会，对知识有了新的定义，不再是科举制下的传统儒家知识。新的科学知识甚至是西方思想都在冲击着原本士绅阶层的文化权力。究其根本原因，他们文化身份的弱化与他们失去了在地方社会代言道统的权力息息相关。因此，天津士绅要维系或重新获得因道统传承而具有的对地方文化事务的解释权力，就要在当时的社会中重建"道统"。毫无疑问，文庙自古以来就是道统的象征，因为在庙学读书，这一群体获得了最初的文化身份。从某种意义上来讲，天津士绅即是文庙和道统的代言人，换言之，文庙也是其文化身份的来源之一。因此，天津士绅重修文庙实际上意在当地社会重建自己的文化身份。只有借助文庙这一象征，才能在日趋平等化的社会中重新构筑一个文化空间，并重新获得文化权力。天津文庙对

---

① 瞿同祖：《清代地方政府》，范忠信等译，法律出版社，2003，第282~283页。

当地士绅而言有着特殊的意义，华世奎就曾在晚年作《乙卯三月重游泮水感赋十首》，并自注回忆文庙的诸多往事。① 从文庙组织的人员构成也可以看出，文庙与祭社的主要成员都曾在府学或县学读书，而后来的文庙岁修办事处的成员则除生员以外还有其他群体，比如受新式学堂教育的、留学回来的买办等，1923 年文庙修缮时虽然多有参与，但是后续的热衷程度远不如与祭社的那些主要成员。

因此，重修文庙在中国传统社会中的含义不仅关乎庙貌本身，更是具有重建一地道统之意。朱熹曾在《信州州学大成殿记》中明确指出，"惟国家稽古命祀，而祀先圣先师于学宫，盖将以明夫道之有统，使天下之学者皆知有所向往而及之，非徒修其墙屋，设其貌像，盛其器服，升降俯仰之容以为观美而已也"。所以在朱熹看来，修葺文庙不仅是为了庙貌、祭器的美观，还是通过文庙和祭祀孔子的释奠礼使社会明晓道统之所系。柯必德就曾言："作为一体多功能的机构，文庙既是一个根深于宇宙与人类社会秩序之中的道德训诫机构，同时它的存在也是为了满足一个泱泱大国的政治需要与地方精英的社会需求。"②

民国时期，天津文庙 1923 年第一次修缮时士绅们相当看重文庙的礼制，不仅要将庙貌颓败的天津文庙修缮好，还要尽可能地使文庙的建置符合传统社会的礼制。这本身就是对自身文化身份的重建。通过对礼制的规定，凸显天津文庙的道统象征。然而，从天津文庙 1923 年第一次重修的六次会议记录中可以发现，当时的天津文庙岁修办事处的诸成员在思想和文化认同上并不统一，这点从就重修规制的多次、反复讨论中可窥见一斑。如林墨青就多次提出按礼制修建的建议，而有些人则认为庙貌整齐即可。

对比天津文庙的三次修缮可以发现，关于 1923 年第一次文庙修缮的资金，天津文庙岁修办事处的士绅原本计划向社会募捐。但是除了部

---

① 华世奎：《思闇诗集》（卷下），天津人民美术出版社，2004。
② 〔美〕柯必德：《天堂与现代性之间：建设苏州（1895~1937）》，第 148 页。

分士绅的钱款到位外，大部分的捐款并未如期到账。在府县两级政府都资助的情况下，依然有 5 万元的资金缺口，但是从 1923 年第一次文庙修缮的筹备会记录来看，这些士绅并不担心钱的问题，并预计芦纲公所会常年提供经费给他们。但从实际捐款的数额来看，芦纲公所的表现并不突出。

1923 年文庙大修之时，邑绅还在极力维持自身的文化权力，并且得到了社会的广泛认可。因此，他们还希望通过重建对道统的认同，扩大自身的权力。虽然在民国时期，各地士绅的处境相似，逐渐丧失了自身的文化权力，有的甚至无心也无力维系自身的文化身份，但是天津士绅并没有失去对文化事业、公益事业的热情。例如，崇化学会的创立及经营，就是天津士绅对于当地文化，甚至说是"道统"重要的维系方式。崇化学会迁入天津文庙明伦堂本身，就有效延续了社会对于传统儒学的认同，同时也维系了士绅自身的文化权力。

二 官修文庙与天津士绅文化权力的消减

从 1934 年和 1947 年天津文庙的修缮来看，基本都由政府出资，尤其是最后一次文庙的修缮，其主要的流程是由崇化学会反复提请，天津市政府决议，再由下属的相关部门负责具体执行。与 1923 年大修的士绅查勘不同，1947 年文庙大修的查勘也是由政府的公务局责人完成的。这意味着孔庙保管办事处或者崇化学会对文庙如何修缮都失去了话语权。如前文所述，文庙的修建实际上是在叙述文庙这个符号所代表的内涵，即文庙的表征。用斯图尔特·霍尔的理论来理解："在某种程度上，我们给予事物意义是凭借我们表征它们的方法：我们所用的有关它们的语词，所讲的有关它们的故事，所制造的有关它们的形象，所产生的与它们相关的情绪，对它们分类并使之概念化的方法，加于它们之上的各种价值。"① 那么由天津市政府出资、主导修缮的文

---

① 〔英〕斯图尔特·霍尔：《表征——文化表征与意指实践》，徐亮、陆兴华译，商务印书馆，2013，第 4 页。

庙，实际上改变的是文庙原有的表征。

从天津文庙在民国时期的最后一次大修（1947~1948）来看，天津孔庙保管办事处或者崇化学会的士绅已经失去了对文庙表征的讲述权力。同时，通过建筑符号的重修及祀孔仪式合并构成的道统象征意义已经发生改变。从档案的记录来看，工务局的勘察只考虑了文庙建筑的损毁和修复，并未强调其礼制和文化含义。最初的勘察和估价中有宫墙一项，但是从 1947 和 1948 年文庙的修复办法和修复报价中并未见到，更没有提及在这个时期由政府添置祭器、乐器。此时文庙的祀孔典礼已经改为孔子诞辰纪念会联合教师节纪念活动，主祭的最高长官已经从市长、省长，改为教育局局长。而且，天津市政府向崇化学会提出，部分时间开放文庙供市民参观。相较之前，天津文庙与祭社对于文庙庙貌肃穆的要求显然相去甚远，更遑论天津市政府会考虑文庙礼制的问题。

天津孔庙保管办事处或崇化学会的士绅逐渐丧失了自身的文化权力，其原因可能有二，一是政府将文庙的象征意义纳入了自身的意识形态体系；二是士绅文化身份的丧失，使其失去了保有文化权力的想法。诚如徐茂明所言："科举制度的废除，意味着等级社会的结束和'平等化'社会的到来，但平等也就意味着社会大众知识观的转变，传统社会的儒学知识开始走下神坛，而与生活实践中日用之道平起平坐，知识的拥有者也不再是社会事务的当然指导者，而是与贩夫走卒平起平坐的知识匠人，他们掌握了在现代社会生存所必需的专业知识或专业技能，但丧失了传统社会士绅关注社会公共事务的理想和热情，即使部分知识精英仍以天下为己任，但这只是个人行为，而非整个群体的总体特征。"①

当士绅群体开始放弃自身文化身份的建构的同时，也就失去了曾经拥有的文化权力。从 1947~1948 年的文庙大修可以看出，除了呈请修理文庙，使其不再颓坏外，几乎看不到士绅群体对于天津文庙大修

---

①　徐茂明：《科举之废与江南士绅之蜕变》，《社会研究》2014 年第 4 期。

其他方面的参与。

文庙建筑符号是祀孔典礼中不可分割的部分，文庙修缮本身在传统社会就极为重要，是会被朝廷表彰的义举，甚至是为官的重要政绩。随着传统社会向现代社会的转型，士绅倡修文庙逐渐被国民政府的官修所替代。文庙所承载的文化内涵和象征意义进而也转为政府所有，当地士绅必然会因此失去建构自身文化身份和享有文化权力的最后途径。

第四章　民国初期至 1948 年天津文庙的孔子祭祀

第一节　民国初期至 1928 年天津文庙孔子祭祀的变迁

一　民国初期至 1928 年天津文庙祀孔仪式概况

1912 年 2 月 29 日，临时政府内务、教育两部通电各省举行丁祭。略谓："查民国通礼，现在尚未颁行之前，文庙应暂时照旧致祭，唯除去跪拜之礼，改行三鞠躬，祭服则用便服。"[①] 1912 年 9 月 13 日，教育部通电各省，全国各校届时举行纪念会，"查孔诞日，应以阴历就阳历核算，本年阴历八月二十七日，即阳历 10 月 7 日，自民国元年为始，永以 10 月 7 日为举行纪念会之日，请即通饬遵照"。[②] 然而 1912 年，天津文庙与祭酒扫社如期举行了祭祀活动。

本年夏历八月二十七日恭逢孔子诞辰，敝社照民国元年九月三日教育部令公布之学校仪式规程第一条举行纪念会。是日上午九钟会员齐集公同致祭，礼成之后即演讲圣迹，四处讲演所附设小学举办运动会，并接续奏演十番古乐、各种杂剧新戏、国技武术等等，种类繁多任人随便入览概不售票，其地方人民有愿随班

---

① 韩达编《评论纪年》，第 2 页。
② 《教育部致各省都督民政长电》，《政府公报》1912 年第 149 号。

行礼者，亦可按照所定时间只候排班，恐未周知，敬求贵报登入来函门内，俾便传播而光盛举，此颂著祺。①

1913 年 6 月 22 日，袁世凯"证以数千年之历史，中外学者之论说，盖灼然有以知日月之无伤，江河之不废也。惟民国以人民为主体，非任其自由信仰，不足以证心理之同。前经国务院通电各省，征集多数国民祀孔意见，现在尚未复齐。兹据尹昌衡电称：请令全国学校，仍行释奠之礼等语。所见极为正大，应俟各省一律议复到京，即查照民国体制，根据古义，将祀孔子典礼，折衷至当，详细规定，以表尊崇，而垂久远"。同年，又恢复了传统的祀孔时间，将公历的 10 月 7 日改为农历的八月二十八日。"乃者祀孔典礼，尚待规定，而旧历八月二十七日为孔子生日，应定是日为圣节，令各学校放假一日，并在该校行礼。"②

从某种意义上来讲，天津文庙并没有制定文庙的祭祀办法，只是从官方礼制下的祀孔变革为民间祀孔。清末天津文庙民间祭孔的情况，目前并没有见到详细记载的文献，但是通过"与祭社"和"洒扫社"的活动情况，可以推知一直有民间组织祭祀孔子，而这些人多是文庙的生员或者曾入泮学习。由于天津府县两庙一墙之隔，因此，春秋二丁公祭孔子多在府庙进行，而生员祭孔多是在县文庙。

自民国建立以来，政府对于祀孔的态度多有反复，故就某种程度而言，民国初期，天津文庙的祭祀孔子仪式从性质而言为民间祀孔。由于民国初期对于孔子存在截然相反的两种态度——"罢孔"和"尊孔"，导致这一时期天津文庙的祀孔不是要坚守礼制或是强调原本士人尊孔的表达，而是首先要保证祀孔仪式的延续。因此，1912 年的祀孔，更多地表现为祀孔仪式的纪念性和文庙的开放性。与以往祀孔仪式疏离于民众的特性不同，这次祀孔仪式并没有一味凸显祭祀孔子仪

---

① 转引自邵红《风雨飘摇中的坚守——民国时期乡贤与天津文庙》，第 85 页。
② 中国第二历史档案馆编《中华民国史档案资料汇编·第 3 辑·文化》，第 1~3 页。

式的神圣性，而是将其作为一个文化表征来顺应民国初期多变的祀孔政策，以便争取文庙被民众接纳和熟悉。

1914~1914 年，文庙多次举行盛大的祭祀活动。[①] 1914 年秋丁结束后，与祭社做了"秋丁乐舞费用清数"，从款目、预算数、实用数、盈亏数、说明等方面进行了统计。现只将秋丁乐舞花费事项做一统计：乐舞生银质奖章 140 枚，乐舞执事教师酬劳，乐舞生演习点心费，乐舞执事、学生胙肉，乐舞执事、学生丁祭前一日晚饭，乐舞执事、学生丁祭日点心，临时书记酬劳，另外还有杂项支出。"本年春秋两丁费用及购置各项共支洋一千四百十三元五角八分六厘。"可见，这次祀孔不但正常举行，还准备得颇为细致。1915 年，春秋丁祀如期举行，并恢复了乐舞。民国 5 年（1916）春丁后，与祭社将春丁乐舞费用统计整理成"谨将民国五年春丁乐舞费用缮具清折"呈请同人钧鉴。同年旧历八月初十日，富盛琥记"收到乐舞办公处还欠祭肉大洋五十四圆一角四分"。[②] 总的来说这段时期天津文庙祀孔并未中断。

表 4-1　天津文庙 1917~1928 年祭孔活动统计

年份	时间	主办	仪式	参与人员	备注
1917	秋丁	政府	释奠礼	阖城各官员及学校学生	有乐舞生
1918	春丁	政府	未详	道尹、警务处处长、县长、检察厅长、审判厅厅长及各官员	
1919	春丁	政府	释奠礼	阖城各官员等	
1919	秋丁	政府	释奠礼	仪官长芦盐运使丁乃扬、政务厅厅长陆长佑、陪祭官督军署参谋长刘启垣、天津镇守使赵玉珂、天津县知事齐耀城	与祭社诸人为执事

① 1914 年天津文庙祀孔演礼场景附录图 1 可见一般。
② 转引自邵红《风雨飘摇中的坚守——民国时期乡贤与天津文庙》，第 88 页。

续表

年份	时间	主办	仪式	参与人员	备注
1920	春丁	政府	释奠礼	全城文武官员	有乐舞生
1920	秋丁	政府	释奠礼	全城城官员	
1921	春丁	政府	祭祀	各道尹督率地方官	简单整修
1921	圣诞	与祭社	释奠礼	社会教育办事处约集各机关、各学校	行礼者约 300 人
1922	春丁	政府	释奠礼	省属领导及阖城官员	
1922	秋丁	政府	释奠礼	曹锐率僚属官员	与祭社为执事
1922	圣诞	与祭社	香祭	社会教育办事处会同学界	各种游戏讲演等项
1923	春丁	与祭社	释奠礼	各级官员和与祭社同人	
1923	秋丁	与祭社	释奠礼	面向社会和学校	江苏会馆（跪拜礼）
1924	春丁	与祭社	释奠礼	与祭社同人	江苏会馆（无乐舞）
1924	圣诞	与祭社	释奠礼	与祭社同人 50 余人	东马路讲习所
1925	秋丁	政府	未详	未详	
1927	春丁	政府	未详	所有天津文武各机关长官	
1927	秋丁	政府	释奠礼	未详	
1928	春丁	政府	释奠礼	全城文武官吏赴文庙上祭、与祭官吏及各校职教员学生	参与者约千人

　　资料来源：本表根据《大公报》《申报》《益世报》《社会教育星期报》天津市档案馆馆藏档案等笔者目前所见资料内容整理制成，此不逐一标注出处。

　　就表 4-1 统计内容可见，在民国建立之后（1920~1928），天津文庙并没有中断祀孔活动。

二　祀孔仪式主办者的变化

　　天津文庙在民国的祀孔可以分为四个阶段，1917 年以前是民间主导的祭祀活动，主要由与祭社主办，由民间士绅和商会参与，其仪式规模较小，例如 1912 年的孔子诞辰，所采用的就不是传统的致祭活动。民国元年并没有制定祀孔仪式，而举行天津文庙祀孔仪式的与祭社成员以前大多是天津庙学的生员，因此，可以推断他们采用的仪式应该还是释奠礼，不同的是"礼成之后即演讲圣迹，四处讲演所附设小学举办运动会，并接续奏演十番古乐、各种杂剧新戏、国技武术等等，种类繁多任人随便入览，概不售票"，可见，这次祀孔活动更像是一场借由祀孔活动扩展出来的"庙会"。但值得注意的是，1913年教育部批示说"丁祭为历代国家崇祀孔子之大典，……应依法律之规定，原非私人或私团体所能擅自举行"，但因"致敬孔子为人人心理所同，原情酌理，准发起人，借用国学，致敬孔子"。[1] 但是从与祭社的账目记录来看，直到1916年，都还是由与祭社负责举办春秋二丁的祭祀。从"天津县知事姒继先现因祀孔丁祭之期在迩，日昨派令工匠前往文庙修理油饰，以备届时文武官员与祭"的记录来看，到1917年天津开始由政府负责主办春秋二丁的祀孔仪式，且一直持续到1922年。

民国初期，不仅是天津文庙，其他地方也是由民间发起祭祀孔子。例如，1912年，在广州就举行了盛大的祀孔活动："粤省商团召集行商恭祝圣诞。7点钟时各团军及军乐队、公安会员、七十二行、九大善堂、总商会、孔圣会共数千人齐集商团操场，联赴广府学谒圣。……沿途观者均称羡不置。后又开会讲演，宣讲保存孔教。"[2]

据表4-1所见1921年（圣诞）~1924年（圣诞）这段时间祀孔仪式由与祭社举办，而非政府，事实上，1922~1924年，政府并非没有参与天津文庙的祀孔。恰恰相反，而是以一种更为密切的方式介入文庙祭祀。从1920年的春丁来看，"曹锐率同到文庙致祭毕，与祭社执事员林兆翰等带领乐舞生四名，赴明伦堂茶座谒见省长"，这说明与祭社和曹锟的关系并不像1923年文庙大修时那般亲近，需要合适的机会请求政府出资建设文庙。正如前章所述，因文庙大修，与祭社在某种意义上变成文庙祀孔之承办方。这种合作的方式并没因为曹锐的

---

[1]　韩达编《评孔纪年》，第22页。

[2]　罗检秋：《近代中国社会文化变迁录》(3)，浙江人民出版社，1998，第69页。

去世而有所改变。导致这种情况的原因有二，一是前文提到的关于团体祭孔的政令；二是天津文庙祀孔的维系在某种程度上依赖政府。如1925年"是日上午八钟，直隶省长王承斌，率集通城文武各官，在东门内文庙举行祀孔典礼"。①

综上所述，至1928年中央政府停祀孔子之前，1912~1916年为与祭社主办并主持祀孔典礼。虽然也有政府参与，甚至主祭人可能也是政府官员，但是与祭社是文庙祀孔的主导者，决定着文庙祀典的仪轨和活动，同时也是由与祭社具名相邀社会各界人士积极参与。

1917~1922年的祀孔典礼都是由政府和与祭社共同主办，政府捐助天津文庙与祭社，但是具体来说，在这一时期政府主要参与的是春秋二丁，而圣诞纪念会则是由与祭社主办。如1921年的圣诞纪念，"社会教育办事处约集各机关各学校，于是日上午十钟在文庙祝祭，前往行礼者，约三百人"。② 再如，1922年的圣诞纪念会，"社会教育办事处，会同学界，在文庙香祭。并在府县两学，布置各种游戏讲演等项。是日各界人士，前往致祭者络绎不绝"。③ 这两年的春秋二丁祀孔都是由政府主办并主祭，由此可见，当时的天津政府更注重春秋二丁，而与祭社则将圣诞纪念办成对外开放的宣传活动。

1923~1924年，由于当时的省长曹锐和警察厅长杨敬林积极参与文庙的祭祀和与祭社的捐修文庙中，使得政府和文庙的关系变得更为紧密。同时，由于文庙大修，这两年的祀孔仪式由与祭社主办，在江苏会馆、东马路讲习所等地举行。但政府亦有参与，只是难以判断政府的参与程度。但是就1923年文庙与祭社公布的支出来看，这一年的三次祀孔活动都是由与祭社出资的，基本可以认为是由与祭社主办，邀请政府参与。

1925~1928年的情况比较复杂。1925年初，奉系军队占用文庙，直到1927年南京国民政府成立，文庙才又开始由政府主办祀孔仪式。

① 《王省长祀孔之祭文》，《大公报》1922年9月27日。
② 《纪庆祝圣诞盛况》，《大公报》1921年9月29日。
③ 《庆祝孔子圣诞之盛况》，《大公报》1922年10月18日。

三　天津文庙祀孔仪式的演变

民国初期天津文庙祀孔仪式的变迁主要来自两个方面，一是对于仪式礼仪制度的诉求；二是祀孔仪式活动的改革。

天津文庙祀孔典礼在一直沿用释奠礼的方式，并且还持续在会馆或文昌阁进行原与祭社成员的朔望行香之礼。但《祀孔典礼》并没有详细规定各地方行政长官祀孔仪式和道尹知事祀孔仪式，因此，这一时期，天津文庙一直采用的是释奠礼，其仪轨相较《祀孔典礼》规定的总统致祭仪轨，略有简化。

民国初期，祀孔礼制服饰混乱，如"日前上午六时，教育总长范源廉代表大总统诣文庙大成殿，恭行释菜礼，七时礼成。是日范氏及陪祭人员皆服大礼服，行鞠躬礼。至九时半，为孔教会会员等举行丁祭礼，主祭者为梁鼎芬先生，服前清二品朝服，翎顶辉煌，陪祭者二人系孔教会员，服明衣冠章甫，又俨然春秋时代之儒者，是日同一祀典竟现出三种服制"。[①] 因此，在民国7年（1918）内务部又对祭礼服装进行了规定，"为通告事，本年三月二十一日举行春丁祀孔典礼，所有承祭、分献及执事各官，文职服大礼服，武职服军大礼服，有功章大绶者一律佩带。其大成殿陪祭及崇圣祠执事各官均服乙种常礼服"。[②]

（一）祀孔仪式礼仪制度的调适与重建

民国建元伊始，国民政府在是否祀孔的态度上一直暧昧不明，这就使得天津文庙与祭社的成员将关注点放在如何能坚持祭孔，并在这个过程中进行必要的调适。1912年，天津文庙与祭社发出通告，举办孔子诞辰活动，采用学校仪式规程第一条举行纪念会，并将祀孔仪式分为两部分，一是与祭社的祀孔致祭仪式；二是纪念活动。但这实际上是对文庙祭祀典礼的调适，即通过纪念活动淡化民

---

① 《祭孔之新花样》，《大公报》1917年2月26日。
② 《内务部通告》，《政府公报》1918年第768期。

众印象中祀孔仪式的帝制象征，使其能在新的社会制度下延续。也正因为该时期文庙祀孔仪式采用的礼制较为混乱，也为祀孔仪式在地方的存续埋下了隐患。当时，有些地方文庙仍沿用清朝礼制进行祀孔典礼，如武昌府文庙自民国以来已经残破，此时已由武昌知事请款照旧式赶修一新，黎元洪副总统、夏寿康民政长认为国体虽已改变，但圣教仍应尊崇。故在丁日秋祀之期，由地方官代表黎元洪到文庙致祭，"所有礼仪暂照前清制，各从祭人员均着长衫马褂、戴礼冠、穿乙种礼靴，不着制定西式公服"。① 但是，受民国初期孔教运动的影响，对于祀孔典礼褒贬不一，例如曾参加过国子监祀孔的鲁迅就曾讥讽过祀孔典礼，"汪总长令部员往国子监，且须跪拜，众已哗然。晨七时往视之，则至者仅三四十人，或跪或立，或旁立而笑，钱念敏又从旁大声而骂，顷刻间便草率了事，真一笑话，闻此举由夏穗卿主动，阴鸷可畏也"。②

析言之，针对当时是"尊孔"还是"罢孔"的混乱现象，需要选择一个合适的方式使其得以进行。实际上仪式变化的不仅是仪式本身，还有仪式所代表的文化表征之意。正是这种表征传达的差异使民国文庙祀孔产生了两种表达态度，一是"敬"，体现的是礼制的端庄肃穆，并以期通过这种仪式维护文庙及孔子的尊崇地位，即"往时，一邑祭典，祀孔尤严"③；二是采用天津文庙与祭社的方式，将祀孔仪式和文庙纪念活动分为两个阶段，面向大众开放文庙，以凸显孔子所象征的文化内涵，使文庙将原本的神圣空间转化为新的文化空间。

然而，这种调适的努力在民国多变的祀孔政策中难以贯彻始终。民国 3 年（1914）政事堂礼制馆规定了祀孔典礼，其中便规定了大总统祀孔仪、各地方行政长官祀孔仪式和道尹县知事祀孔仪式三章，但地方官员祀孔仪式的规定不够完善。《祀孔典礼》主要规定了祀孔的

① 《武昌》，《申报》1913 年 9 月 10 日。
② 《鲁迅全集》第十五卷，人民文学出版社，2005，第 80 页。
③ 《重修南川县志》卷五，民国 15 年铅印本。

程序，祭孔的仪程和一般祭神仪程无巨大差别，主要有斋戒、供张、辨位、迎神、初献、亚献、终献、送神、礼成几个步骤。礼制的新规定在某种程度上是对传统祀孔仪式的接续。从资料来看，直到1917年才由政府主办祀孔仪式。在这里要区别的是政府官员以个人身份参与祀孔不能算作政府举办和参与，比如天津有些地方官员本身就是原天津文庙的生员，参与朔、望行礼和祀孔原也有之。因此，这里认为的政府举办是由政府管理、出资、宣传、致祭的祀孔活动。但是《祀孔典礼》对于祀孔仪轨的规定不够完善，导致在具体执行之时，难依仪礼执行。不仅如此，在帝制时期文庙祀孔的固定时间除了朔望行礼之外，一般都在春秋二丁和孔圣诞辰。然而，民国时期，祀孔仪式的性质多有扞格，在原本的释奠礼中加入了纪念的意涵，或言之，在民国初期，将祀孔仪式改造为现代纪念仪式的尝试始终没有中断。这就为地方文庙执行祀孔礼制造成了困难。因此，各地方文庙都需要制定适合自己的文庙规制，同时又要符合民国礼制基本原则的祀孔具体仪轨。

随着政府对文庙的重视，天津文庙与祭社的士绅们开始希望通过文庙的礼制建设重提尊孔之事。与祭社也曾表达过自己的宗旨，即"提倡旧道德之与进化精神不抵触，相对的特重尊孔"，[①] 这里的旧道德大抵就是指传统的儒家文化，而尊孔正是其中重要的思想内涵。从现有的资料来看，天津与祭社虽然在组织成员上与孔教会天津分会无太多重合，但他们之间多有联系。所以，如果说天津文庙与祭社特重尊孔，必然会重视文庙的祀孔典礼。而这种重视的焦点应是在祀孔典礼的礼制和仪轨上。所以，在1920年以后，天津文庙与祭社开始关注文庙祀礼的仪轨。天津文庙与祭社曾就孔拜位的问题咨询过有关部门：

孔拜位是否仪同京师伏祈咨部核示以崇典礼而辨等位事，窃

---

① 《孔庙整理之报告（14）》，《社会教育星期报》1923年第409号。

前清旧制各直省地方官每年春秋上丁致祭至圣先师孔子向系入左门诣大成殿阶下甬道分东西序列，文武各以其次，惟读祝献帛爵饮福受胙，主祭官得升左阶至案前拜跪，余皆就阶下拜位行礼，光绪季业特升孔子为大祀，天子出入由殿左门，则改百官由右门出入，帝政时代君臣体制分明，固应尔也。

民国三年，前政事堂礼制馆规定祀孔典礼分为大总统祀孔仪、各地方行政长官祀孔仪、道尹县知事祀孔仪三章，定大总统拜位为殿门外阶上出入由左门，于地方长官及道尹县知事仪节只言同京师同巡按使，正祭官出入殿门由右不由左，而于拜位是否是亦设阶上，未有明文，伏思拜下为礼，所以示恭是以天子郊祀大典拜于二成而臣工并无设位阶上正中之制。大总统为一国元首，拜于殿外，已较旧制为谦，若百官由甬道而升拜阶上，似乎转邻于僭，况大总统出入由殿左门，地方长官以下由右不由左已明示行政官吏，不能与大总统抗礼，若拜位从同似于制礼，初衷不无抵触，究应如何办理之处，惟有恳祈俯赐咨，请内务部将地方行政长官及道尹县知事，祀孔拜位明确规定公布施行，俾崇典礼而辨等差实为，以公谨呈直隶省长曹。[1]

如前所述，《祀孔典礼》是民国 3 年（1914）颁布的，而上述咨询发于 1920 年。同年，曹锐修订《祀孔典礼》，制定出符合天津情况的《春秋丁祭礼式》（其中拜位图见附录图 2），这七年间天津地方政府多次进行春秋二丁的祀孔活动，省长曹锐也多次担任主祭，但是在这个过程中并没有产生礼制上的困惑，可见，这一时期礼制的要求并不是重点。或者说在这一时期还会或多或少进行礼制的简化，以此消弭尊孔与帝制，甚至是尊孔与复辟之间"可能存在的联系"。相较《祀孔典礼》的仪式，《春秋丁祭礼式》要简化得多，比如取消了复杂的献礼部分，但是明确了主祭官的礼仪，也就是对林墨青上文咨礼的

---

① 《津绅呈清明定地方官祀》，《社会教育星期报》1920 年第 264 号。

一种回应，如"主祭官就位，主祭官由大成门阼下升午阶就位北向立"。同时，三献礼之前加了鼓乐。[1]

1923年秋丁，"主祭陪祭分献各宦，自省长以下，均到会馆敬谨行礼。忠义节孝两处，仍在原祠内行礼云。再每年丁祭皆着祭礼服，行鞠躬礼。今年因在事前曾奉部电有行跪拜礼之规定。故此次所行者为跪拜礼"。[2] 除了跪拜礼和鞠躬礼，天津文庙与祭社的成员在祀孔典礼的礼制上更为关注祀孔舞乐。

1914年秋丁结束后，与祭社做了"秋丁乐舞费用清数"，从款目、预算数、实用数、盈亏数、说明等方面进行了统计。"乐舞生银质奖章140枚，乐舞执事教师酬劳，乐舞生演习点心费，乐舞执事，学生胙肉，学生丁祭前一日晚饭，学生丁祭日点心，临时书记酬劳，另外还有杂项支出。"[3] 由此可见，与祭社1914年有祀孔乐舞，但是1917年秋丁，"天津文庙乐舞，自民国三年秋丁，益臻完备，惟琴瑟埙篪排箫各种乐器，有多年失修者，有陈设而不能演奏者，盖无人传习也……内务部乐舞教员，能吹埙篪排箫等器，本处林君墨青，特于四月间赴京。因京师警察厅习艺所所长张向庚先生绍介，得刘云亭、文玉亭、何东泉诸先生同意，允为传习，乃烦该所代作埙篪排箫各五种……张聘卿诸先生赞助尤力，……李竹林先生教授琴瑟，先生肃精音律，尤善弹琴，对于文庙乐舞，非常热心，将久不发音之琴瑟，均依律吕，审定和叶，按日教授，来学者皆本埠私立第一小学校各生，并承其校长张星六，教员刘子之、梁绳武、尹益三、陈星彩诸先生热心指导，得以演奏娴熟，秋丁之日，衣冠俎豆，礼乐咏歌，其盛为向来所未有"。[4] 所以，1917年不是乐舞教习活动，也不是为了祀孔乐舞的恢复，而是为了使乐舞仪式臻于规范和完备。同年，天津文庙与祭社还表明了有为祀孔乐舞筹款之意。

---

[1]　曹锐修订《春秋丁祭礼式》，民国9年版。
[2]　《补志秋丁祭祀之情形》，《大公报》1923年9月17日。
[3]　转引自邵红《风雨飘摇中的坚守——民国时期乡贤与天津文庙》，第88页。
[4]　《纪天津孔庙秋丁乐舞之完备》，《社会教育星期报》1917年第111号。

天津文庙乐舞，创始于前清康熙年间，邑先辈孟谓石先生。先生讳宗舞，系前清顺治己亥进士，……，在常州府任时，念及天津文庙仪章缺略，特捐廉创办乐舞，除置购乐器外，复捐银六百两，禀官立案，发当生息，每年息银一百零八两，归为春秋两丁乐舞之用，不得移作别项公款，此创始者之实在情形也。……谨按孟氏乐舞息款，自前清庚子年，经各当商向官府请求，已由一分五厘减至七厘五毫，每年共交银五十四两。及遭壬子之变，复经各商请求官府，更减至三厘七毫五丝，每年共交银二十七两。并查此项乐舞在前清光绪三十年，由孟氏合族禀官立案，移交与祭社经理，至今仍然，惟年年必须另筹款项，方可举办云。[①]

如前所述，虽然天津文庙一直关注乐舞甚至超越了释奠礼仪程本身，但是到了 1924 前后，天津文庙与祭社（文庙岁修办事处）[②] 更加注重乐舞的恢复和建构，而这也是天津文庙与祭社建构礼制凸显祭孔和文庙地位的具体体现。

天津文庙与祭社特意在 1923 年 3 月去北京国子监学习礼制，观摩礼器乐器。"天津文庙与祭洒扫社同人，因天津孔庙工程，准于秋丁告竣，拟藉此春丁时期，委员赴京参观北京春丁人士对祀孔之礼乐器数，与夫升降进退之仪容。以便届时仿效，以臻完美。"同时，还致函国子监来确定具体内容，"天津文庙于民国十二年重修时曾经派员参观国子监礼器，乐器，当经依式仿制，惟香案公案尊爵桌等，尚未一律制就，兹为郑重祀典起见，特王君斗瞻前往贵处参照香案等各式绘成图样，或拍摄以便仿制而备应用，事关祀典务希派员指示一切"。[③] 在上述内容确定之后，他们请求政府为天津文庙添置礼器、乐器。

---

① 《天津文庙乐舞之创始》，《社会教育星期报》1917 年第 82 号。
② 为了方便行文，在这里不区分文庙时期各组织名称，因为成员几乎一致。
③ 《与祭社委员赴京观礼》，《大公报》1924 年 3 月 10 日。

"于民国三年（1914）由钧署拨款添置修理，但彼时止将就应用未臻美备也，去岁天津绅商会议捐赀重修孔子庙，不日即可落成。当此庙貌聿新之际，自应将祭祀乐器购置完全，以期礼明乐备，似不宜仍前简陋，致贻美哉，犹憾之讥。是以本年春丁以前，敝社同人公决派送寿彤、朱寿钧、薛万选三人赴京先到内务部领券、届演礼之期入孔子庙随同观礼，并调查祭器、乐器等，见其制造合度器物数目迥不同。窃谓天津密迩京都，孔子庙又为他邑观瞻所系，拟按照礼制馆所刊祀孔典礼之所规定如数添购，方为正常办法。"① 又如，"所有事宜，概从简略，冀节省经费以为购置祭器、乐器之用"。②

（二）天津文庙与祭社对文庙纪念活动的改革与调适

"孔子诞日为纪念日通行全国，一体遵照，并于是日举行纪念时演述孔子言行事迹以志景仰，经国府会议议决，照办仪式不必规定。"③ 由此可见，首先，规定要进行孔诞日的纪念活动；其次，国府并未规定孔诞日纪念活动的仪式及具体活动。如果说1912年前后的春秋二丁的丰富活动是对丁祭在天津文庙可以存续的调适，那么自1920年开始，在天津文庙与祭社开始建构礼制之后，仍然在孔诞纪念日举行丰富多彩的活动。这本身就是祀孔活动的改革，而这种改革实际上是对文庙在科举制废除后尴尬处境的一种积极应对。

科举制废除之后，文庙只负有儒家文化中的祭祀孔子之能。而对于祀孔是否为宗教也存在颇多争议，因此，对于文庙的功能定位在清末也多有讨论，如"各处文庙，祀典虽革，仍可改设学堂，犹是弦歌之地。至于春秋释菜，虽不必由地方官举行，然当地绅民，苟欲仍前致祭，亦不必禁"。④ 即便保留文庙的祭祀也难以再维持其夕日的荣光。可见，文庙的转型势在必行。宋代曾有大臣上书建议向公众开放文庙，结果其奏折被驳回，其人被发配三千里。社会清平之时，自然严格贯彻执行此禁

---

① 转引自邵红《风雨飘摇中的坚守——民国时期乡贤与天津文庙》，第74页。
② 《圣诞节纪实》，《社会教育星期报》1924年第422号。
③ 《教育公报》1916年第3卷第11期。
④ 《策西教以救亡论（下）》，《申报》1902年3月18日。

令；但是到了清末，别说百姓祭孔，空置的文庙甚至成了"不法之徒混杂其间，窝娼聚赌"① 之处。与其如此，不如将文庙合理开放，故有些地方，"凡有敬神可赴文庙演唱，永不准再在当街搭台"。②

因此，天津文庙与祭社在孔子圣诞纪念活动上，不仅举办了宣扬孔子事迹的演讲，同时还举办了多种活动。如，1921 年"夏历八月二十七日恭逢孔子诞辰，敝社已约妥宣讲员、军乐队、十番昆曲、武士会学生运动会、天然演严氏蒙养园及朝阳观私立蒙养园等到庙举行纪念会，已函请贵报登载宣布。兹普育女学蒙养园亦经敝社请妥加入纪念会中"。1923 年圣诞纪念会，举行了"社会教育办事处会同学界，在文庙香祭，并在府县两学，布置各种游戏讲演等项。……府学崇圣祠，武士会演武技。大成殿，各小学学生游戏。东庑悬挂圣迹图，西庑讲四书。乡贤祠，理化试验戏法讲演，照壁前。社会教育办事处，演新戏。（县学）大成殿，踢毽、抖空中。东庑中华书局，陈列书画。西庑商务印书馆，陈列地图、仪器、教育画、动物模型等物。大成门学生体操。名宦祠设有木质标本、鼓楼模型。乡贤祠，灯谜"。③ 从文庙与祭社举办的活动来看，涵盖了文艺、科学、娱乐、教育等方面，同时还有文墨标本的展示陈列活动。通过这些活动，可以看出文庙与祭社的宣传所针对的群体非常宽泛，但从归类来看，主要有三个方面，一是科学教育，二是大众娱乐，三是传统文化教育。这些活动确实促进了对文庙的宣传，并推动文庙向公共文化空间的功能转化，而且通过字画的展示，将更多的文人士子聚集在文庙。

如前所述，在文庙举行的大众活动多选在孔子纪念圣诞日，这其中虽然不无政府提倡在文庙举行演讲以及将文庙作为大众教育的普及场所的作用。时至 1923 年，文庙的纪念活动不再局限于孔子圣诞纪念会，已经扩大到孔子的春秋二丁。如，1923 年春丁祀孔之时曾征集字画墨迹，"本年旧历二月初九日为春丁祀孔之期，敝社循照向章，除

---

① 《示惩侮圣》，《申报》1901 年 12 月 12 日。
② 《鹭江杂录》，《申报》1895 年 4 月 19 日。
③ 《庆祝孔子圣诞之盛况》，《大公报》1922 年 10 月 18 日。

在庙中讲演设备开通民智各事项外，并拟征集津邑先正字画墨迹如对联屏幅横幅挑山等类（手卷册页及不便悬挂各品不征）悬诸壁间，俾资展览，凡愿出借者请于是日上午九钟送至文庙借悬半日至下午五钟为止。或本主自来照顾或烦友人代为照顾，悉听尊便。由敝社备一午餐，若派听差人役则各给饭银半元，并望于旧历正月二十九日以前，开示名目件数及藏主姓名住址交天津西北城隅社会教育办事处记册，俾得预备地势临时悬挂，惟诸大收藏家赐教焉"。①

虽然，字画展之前也多次在孔子圣诞纪念活动中举办，但是到1923年春丁登出该启示之后，又旋即登报取消，具名为社会教育办事处总董林兆翰谨启。

> 敬启者，因近年孔道衰微，人心侈肆，思有以提倡而发达之，每遇春秋丁祭、圣诞令节，设法引导中下级普通社会人入庙观光，俾瞻仰宗庙之美，百官之富，意在使妇孺皆知，故特创设讲演陈列部，荷蒙绅者捐款以助推行，明知事近俚俗，缘别具一种苦心，不得已也。日前，在东马路陈讲演所，延请本邑绅者开孔庙整理大会议，幸承诸公忠告，谓孔庙重地宜肃静不宜热闹，宜庄庄严不宜开放，凡招集游人之办法，名为尊崇实属亵渎等语。兆翰既闻正论则此后提倡发达之法，自宜另作筹划，当日由会中议定，以本年春丁为始，概不许闲杂人等入庙。除成年男子及各校管理员率领学生，必须携有与祭证，方许随同行礼，其余均不准藉视礼为名混入庙中，以昭整肃而防扰乱。事经大众公决，所有关于讲演陈列各事项应即一律取消，特此声明，即希公鉴。②

从上述材料中可以清楚地看出天津文庙与祭社成员对文庙的各种努力和应对，以及其间的心路历程。文庙之所以开始增加各种活动，确是

---

① 《社会教育星期报》1923年第388号。
② 《朔望两次上香》，《大公报》1928年4月2日。

因为要提倡孔子之学并将其保存发扬，故希望引导中下层普通社会人人庙观光。此举明知违背文庙作为士人精神圣域的整肃之貌，但系不得已而为之。1923 年春丁开始，文庙与祭社就已经开始了对文庙的整理。

> 本年春丁祀孔，地方绅者议定，不准闲杂人等入内扰乱，以昭整肃。凡有成年以上男子及各学校之学生（须经管理员率领）愿随班行礼者，请于初五至初七此三日内，前往西北城角文昌宫东社会教育办事处索取与祭券（限定每券一人）。如系全体学生，须开清人数若干发给特别券。其非管理员率领者，虽属学生，亦不准入内。①

第二节　1928~1948 年天津文庙祀孔仪式

一　1928 年停祀孔子训令下的天津士绅乡祭祀孔

1927 年前后，在全国都在争论孔子诞辰纪念典礼应该是用旧历，还是新历之时，大学院发布 169 号训令，于 1928 年 2 月 18 日明令废止祀孔典礼，训令引起多方不满。1928 年 8 月 6 日，何健就呈请国民政府内政部，要求定孔子诞日为纪念日，在他看来："中国以道德信义为治，崇孔道而隆孔祀，垂数千年。总理在时，至为服膺敬重，固常见诸言论刊在遗书者也。国人信仰总理，即当以总理之心为心。对于数千年立国之根本精神，何容忽视！"② 国民政府内政部下发训令，"本部前经会同大学院呈覆国府奉达核议鲁涤平、何健等电，请明定孔子祀典一案。拟请以孔子诞日为纪念日，通行全国一体遵照，并于是日举行纪念时，演述孔子言行事迹，以志景仰；经国府会议议决照办。仪式不必规定，等因奉此，除通行外；特电达，即悉照办理"。③ 于

---

① 《春丁祀孔之与祭办法》，《益世报》1923 年 3 月 18 日。
② 何健：《呈请中央明定孔子祀典之鱼电：民国十七年八月六于衡阳清乡会办行署》，《国光杂志》1935 年第 8 期。
③ 《定孔子诞辰为纪念日》，《安徽教育行政周刊》1928 年第 31 期。

是，安徽省在 11 月 8 日补行祀礼。"民国十七年（1928）……停止祀祭……耆绅罗先闿、彭清黎、王寿慈等，首先函请政府恢复孔子祀典，……有陈朝爵、王之平等，函电力争，终无挽于停祀之念。于是孔道学校，约集士绅，创设民间祭祀，须臾酿资三百金，饩羊告朔，聊胜于无，足见三代直道，自在人心。政府闻之，亦且惕然生感，前主席沪庵鲁公，今主席芸樵何公，咸遣人达意，欲加入民众祭祀，并循例由财厅拨发祭款三百金，官民合办，共得六百金。趋跄俎豆，乐备礼明，开从前未有之盛，而鲁何二公，又发电中央，据理力争，遂得大学院令，以孔子诞日为纪念日，演讲二小时，通电直省遵行，虽未能即行恢复春秋丁祭，而诞辰纪念，从此发轫，尚为不幸中之幸。"[1] 然而，遵令补行的省份并不多。天津文庙与祭社一直想维持丁祭孔子，因此，与祭社在 1928 年 3 月中下旬发布公告，明确是年的祭孔性质、地点，同时恢复了之前多次兴废的乐舞。

　　一、1、绅祭，2、祭县庙，3、主祭陪祭均在私立小学校客厅休息。
　　二、公推邓澄波、华海门、卞养吾、李华甫本年值年，出面知拟约请戴育三、杨芝华等位为新值年。
　　三、恢复乐舞。

　　敬启者，本年祀孔典礼除遵章敬谨筹备外，兹经公同议定，应添祭县庙，以资周备，而崇盛典。务请执事于夏历二月初七日上午八点半钟准到，合即通知，敬希查照是祝。[2]

　　然而，天津文庙与祭社很快就又发布了一则公告，取消了祭礼的乐舞：

---

① 任福黎：《乙亥夏历孔诞祭祀纪念册》，孔道学校，1937。转引自罗玉明《20 世纪 30 年代湖南尊孔祀孔活动述评》，《湘潭大学学报》（哲学社会科学版）2008 年第 1 期。
② 转引自邵红《风雨飘摇中的坚守——民国时期乡贤与天津文庙》，第 95 页。

公启者，阴历二月初七日乃春丁致祭至圣先师孔子之辰，准上午九钟行礼。预于二月初四日下午准四钟演礼。凡我同人理宜敬谨将事，届时务望早临，以便分任执事，用襄盛典。现拟仍按去年秋丁办法在庙中权宜祭祀，除乐舞设而不作外，其余一仍旧典，特此。奉闻即希查鉴是幸，敬颂公祺。[①]

同年的秋丁并不如春丁顺利，因此，天津文庙与祭社诸人于9月2日商量是否要进行秋丁祀孔仪式：

敬启者，兹定于旧历七月十九日（星期日）下午准四钟假私立第一小学校客厅会议本年秋丁应否举行乡祭礼，届期务请驾临，公同解决以昭慎重，专此奉达，务希注明必到字样是盼所切祝。[②]

上述会议如期召开，最终决定停止该年秋丁，同时用朔望行香礼代替：

敬启者，前因丁祭之事，原于旧历七月十九日开会，是日值阴雨，到会者仅十人，鉴以停止丁祭，既有明文在先，地方长官当然不祭，而本社同人凡在学校有职务者，自必照常理课不能放假，然执事者人不敷用，且庙中现驻军队，并有以前患病之伤病，殿庑皆为占满，一时未易迁出，当经议决丁祭暂行停止，顾念本年秋丁之日，恰逢八月朔日，与祭社照例拈香，虽然祭礼暂停，而朔望拈香之礼不废，为此达知。原随同行礼者，请于八月朔日早八钟半，在私一小学延接室斋集，准于九钟行礼，逾时不候，单到即乞书知。[③]

---

① 转引自邵红《风雨飘摇中的坚守——民国时期乡贤与天津文庙》，第96页。
② 转引自邵红《风雨飘摇中的坚守——民国时期乡贤与天津文庙》，第96页。
③ 转引自邵红《风雨飘摇中的坚守——民国时期乡贤与天津文庙》，第97页。

之后，又制定了朔望行香的仪轨：

> 再此次按照朔望行礼办法，只用香炉表敬，在月台下行礼，不入殿中，凡丁祭所用之牲牢礼器以及祝帛均不设备，合并声明。[①]

前页引文中画线部分明确显示，虽然在 1928 年有"仪式不必规定"的孔子纪念诞辰，但是天津政府没有像安徽省一样进行孔子纪念仪式。从 1928 年文庙与祭社发布的多份公启来看，天津文庙与祭社诸人将祀孔仪式直接定性为民祭，他们称之为"绅祭"和"乡祭"。这种形式就是天津文庙与祭社诸人一直坚持的朔望行香，即乡祭礼。

1928~1934 年，天津文庙与祭社是否继续举行乡祭礼祭祀孔子，从天津文庙与祭社成员那里也可见一斑，"十年前（1929）废丁祭，社中执事人仍前朔望轮流拈香"。[②]

另据，文庙岁修办事处与文庙洒扫社向其他士绅和教育界人士派发了民国 23 年（1934）甲戌八月圣诞的通知单：

> 夏历八月二十七日同人等拟按照朔望拈香办法致祭先师，订于是日午前八钟在私一小学校客厅齐集，恭诣文庙行礼，并瞻仰补修后庙貌是荷，单到敬乞。[③]

结合上文所引与祭社诸多公启，可以断定 1930~1934 年，天津士绅一直在圣诞和春秋二丁进行朔望行香的乡祭礼，而天津文庙与祭社

---

① 这两份未注明年份的公启保存于天津文庙，转引自邵红《风雨飘摇中的坚守——民国时期乡贤与天津文庙》，第 97 页。据该书作者研究"此两份公启未标注时间，但军队占用文庙在 1925~1933 年期间，再根据万年历推断，这一时期，八月初一为秋丁日的有 1923 年和 1928 年，旧历七月十九日星期日的有 1925 年和 1928 年，只有 1928 年符合两个条件，因此断定此公启为 1928 年发布的"。

② 华世奎：《思闇诗集》（下卷），第 65 页。

③ 转引自邵红《风雨飘摇中的坚守——民国时期乡贤与天津文庙》，第 99 页。

的士绅在何种程度上参加了 1934 年天津孔子圣诞纪念会，没有资料确证，但可以认定这次纪念会是官方显示自己政绩的活动。如前所述，在该典礼上的讲演完全是按国民政府的规定执行，因此，可以猜测除了政府所请的学界教育界诸人外，民间士绅在这样的典礼中难有地位。从表 4-2 中也可以看出，在这一阶段的天津文庙的祀孔仪式完全是官方祀孔，是公祭性质的国家典礼，正如国民政府规定，孔子像摆放的位置"应置于总理像前之案桌上"。① 据《大公报》记载，1935 年，"废历八月二十七日为孔子诞辰，本市绅耆高凌雯，华世奎等拟在文庙举行乡祭礼。城南诗社陈诵洛等二十余人，亦拟假李琴湘宅，举行孔诞庆祝会"。②

由此可知，在天津停祀孔子期间，天津文庙与祭社诸人以及天津其他士绅坚持在县文庙或者会馆、家里举行朔望行香礼，而在国民政府规定要在每年公历 8 月 27 日举行孔子圣诞纪念会之后，并没有积极响应，或是参与其中。加之，前章已经分析，天津与祭社士绅对于文庙的重建和保管在 20 世纪 20 年代之时已经有重建文化认同之意，通过该群体对于国民政府孔子诞辰纪念会的态度来看，士绅们并不认同这一仪式。当然也有可能，文庙与祭社诸人没有身份可以参与到孔子诞辰的纪念会之中，但就这些人的社会地位而言应是不至于如此。例如天津沦陷后，伪天津特别市市长高凌霨③，实为天津文庙与祭社的高凌雯之弟，故该可能性其实较小。那么，其主要原因应是对于 1934 年实行孔子圣诞纪念办法的不认同。

二 1934～1948 年天津文庙祀孔仪式概况

1934 年，国民政府将孔子圣诞日定为国家纪念日，全国各地纷纷

---

① 《转知规定孔子诞辰纪念会置像及唱歌事项》，《广东省政府公报》1934 年第 275 期。
② 《天津琐闻》，《大公报》1935 年 9 月 20 日。
③ 高凌霨，天津人，光绪甲午（1894）科举人。其兄高凌霄，同治癸酉（1873）科举人，光绪庚辰（1880）科进士。其老住宅门上有"太史第"匾额，即凌霄得第时悬上的。四兄高凌雯，光绪癸巳（1893）科举人。到了 1939 年，高凌霨的伪河北省省长职位也失掉，于 1940 年逝世。

响应。天津文庙也于 1934 年重启官方祭孔仪式。1937 年，天津沦陷，但是天津的祀孔仪式却没有因此停止，在伪政府的主持下继续举行祀孔典礼，仪式仪程也重新规定。1945 年，日本投降之后，天津祀孔仪式又依南京国民政府的规定，继续举行。

表 4-2　1934～1948 年天津文庙祀孔统计

年份	时间	主祭	仪式	参与人员
1934	8 月 27 日	于学忠	纪念大会	省市各属高级员司、五十一军部官长、省会公安局各科长各分局长、中央各机关官员各大中学校校长教员、本市名流士绅等
1935	8 月 28 日	邓庆澜（代程克）	新旧结合办法	各机关、团体、学校
1936	2 月 25 日	萧振瀛	新旧结合办法	各局主任以上职员
1936	8 月 28 日	张自忠	释奠礼	市属各局局长、各大学校代表，各机关职员、各小学学生
1937	3 月 21 日	张自忠	释奠礼	市属各局局长、各大学校代表，各机关职员、各小学学生、崇化学会
1937	8 月 27 日	张自忠	释奠礼	各机关长官、各大学校长、各团体代表
1938	3 月 6 日	高凌霨	纪念大会（乐舞）	各地方长官、"友邦"机关机关长
1938	10 月 2 日	潘毓桂	纪念大会（乐舞）	各地方长官、"友邦"机关机关长
1939	3 月 21 日	潘毓桂	未详	各地方长官、"友邦"机关机关长
1940	3 月 15 日	温世珍	释奠礼（三牲）	市内中央署及省属各机关，以及"友邦"机关、本市耆绅、社会团体
1940	9 月 11 日	温世珍	释奠礼（三牲）	市内中央署及省属各机关，以及"友邦"机关、本市耆绅、社会团体
1941	3 月 28 日	温世珍	释奠礼（三牲）	本署暨所属各机关主任以上人员
1941	9 月 26 日	温世珍	释奠礼（三牲）	本署暨所属各机关主任以上人员

续表

年份	时间	主祭	仪式	参与人员
1942	3 月 25 日	温世珍	释奠礼（三牲）	本署及所属各机关主任以上人员
1942	9 月 11 日	温世珍	释奠礼（三牲）	所有主任以上人员
1943	3 月 10 日	温世珍	释奠礼（三牲）	本署及所属各机关主任以上人员
1943	9 月 6 日	王绪高	释奠礼（三牲）	本署及所属各机关主任以上人员
1944	3 月 4 日	张仁蠡	释奠礼（三牲）	本署及所属各机关主任以上人员
1944	9 月 20 日	张仁蠡	新式礼仪	本署暨所属各机关主任以上人员、教育界人士、驻津日本军官等
1945	4 月 5 日	张仁蠡	春季祀孔	政府机关科长以上、所属各军派员、中小学校校长、馆长等
1945	9 月 28 日	周迪平	秋季祀孔	政府机关科长以上、所属各军派员、中小学校校长、馆长等
1946	8 月 27 日	教育局	先师诞辰纪念大会	市属各机关绅商学各界代表
1947	8 月 27 日	教育局	先师诞辰纪念大会	市属各机关绅商学各界代表
1948	8 月 27 日	教育局	先师诞辰纪念大会	市属各机关绅商学各界代表

资料来源：本表根据笔者目前所见天津市档案馆所藏档案、《大公报》、《益世报》整理制成，未免烦琐，此不逐一标注出处。

首先，这里的释奠礼不是传统古礼的释奠礼，其仪程更接近于1920年的《春秋丁祭礼式》，因此只要是具有三献礼仪程及有祭品的仪式，这里就定义为释奠礼，而符合1934年南京国民政府颁布的纪念办法的仪式则为纪念大会，其仪式名称与颁布的规定相对应。其次，从表4-2可见，大部分年份祀孔的仪式选择的是释奠礼。其中1936年比较特殊，在孔子圣诞之日，先后在文庙举行了两次祀典，一次是纪念会，一次是释奠礼。自1946年开始，由天津市教育局主办先师诞辰纪念大会，主祭人未具，直至1948年天津解放之前。

三 1934~1937年天津举行的孔子纪念典礼

天津再次举行官方祭祀是在1934年。国民党中央执行委员会第一、二、三次常会准蒋介石、戴传贤、汪兆铭、叶楚伧四委员提出的

"以八月二十七日为先师孔子诞辰纪念日一案"，决议"通过，定为国定纪念日，交国民政府明令公布，并交宣传委员会拟定纪念办法"。①之后，天津市政府举行了盛大的孔子纪念典礼。"本省奉中央令，联合省党部扩大举行。此在天津为恢复祀孔后之第一次，故省府及各界，均郑重将事，典礼亦极为隆重。上午九时，各机关团体学校及军警各界，纷至东门内文庙，参加典礼者，省府方面，事前颁发入门证，凭证入场，以资识辨。所有与祭公务人员，均遵令服用藏青色制服，文庙内部陈列太牢及礼乐等事，中悬党国旗，及总理遗像，其前为主席台，台下为与祭各界公务人员，各按部位，甚为整齐，入门为签到处，大门内外，由警队分别警卫，……首由于主席（于学忠）报告纪念意义，依次由张伯苓，魏鉴，王韬演说，十时散会，兹志经过如次。"②是年，天津政府严格遵照国民政府的相关规定，如孔子诞辰纪念的宣传大纲主要规定了三点：一是孔子生平事略；二是孔子之学术思想；三是总理之革命思想与孔子之关系。在规定中还详述了具体内容，如"我国文化之昌明，渊源甚早，经孔子之发扬，益形灿烂。总理之革命思想，固多激发于时代潮流，而孕育于固有文化者，亦殊伟大"，③等等。

　　1934年孔子诞辰纪念仪式由于学忠④主席做主要报告，并按上述宣传要点阐明。首先，他说明了国民政府纪念孔子的意义：今天是我们先师孔子降生2485年的诞辰，亦就是孔子没后的第2412年，国民政府规定从本年起，全国都于每年这一天举行纪念典礼，表示全国一致尊崇孔子的意思。但是尊孔不仅在形式，需要了解孔子的精神，遵从孔子的依循，希望今天来此举行纪念的，都能注意到实际的尊崇。现在鄙人来把我们所以要纪念孔子的意义略说一说，孔子承尧舜禹汤文武周公之后，一统相传，救世化民，垂教百世，我国今日的文化可以说全出孔子所赐。自孔子没后二千多年以来，国人一向称为先师，

---

① 《先师孔子诞辰纪念办法》，《中央周报》1934年第320期。
② 《全市各机关代表昨举行盛大祀孔典礼》，《益世报》1934年8月28日。
③ 《孔子诞辰纪念宣传大纲》，《中央周报》1934年第323期。
④ 1932～1935年，于学忠出任河北省政府主席。

几乎没有一人不知道尊崇孔子的。政府所以特定纪念办法，通令全国一体郑重举行，要使大家仍知道尊崇孔子，师法孔子，挽回浇风，激励末俗。其次，于学忠又讲述了孔子"一以贯之之道"和孙中山思想的内在联系：孔子以仁爱立教，仁爱即是博爱，他讲正心诚意修身齐家治国平天下的道理，不仅限于一国，还主张世界大同，这全由博爱而来，总理发挥革命思想，成功革命事业，亦正是本着孔子的学说，以博爱为宗。一，总理自己说过，"为爱人才革命"，又说"中国的正统思想，由尧舜禹汤文武周公，传至孔子而绝，我的革命思想，来发扬光大的"；二，总理常引孔子所说的智仁用，对军人训话，说这虽然是三个字，实归本于一个仁字，智是知，仁勇是行仁；三，我们研究总理的遗嘱，随处可以见到与孔子学说相发明的理论，《礼记·礼云》篇"大道之行也，天下为公，选贤与能，讲信修睦，故人不独亲其亲，不独子其子，使老有所终，壮有所用，幼有所长，鳏寡孤独废疾者皆有所养，男有分，女有归，货恶其弃于地也，不必藏于己，力恶其不出于身也，不必为己用，是故谋闭而不兴，盗窃乱贼而不作，故外户而不闭，是谓大同"尤其为总理所注重。演讲时，他常把这一章反复解释，并且常常把"天下为公"四字，或这章全文，写给人家，有人说这章书便是三民主义的根据，总理的最终目的，原来只在世界大同出于孔子的凭证，我们信仰总理，崇奉党义，历行党治，自然更不能不尊崇孔子，纪念孔子，师法孔子。[1]

之后，张伯苓做了《中国五病》的演讲，讲了尊孔与中国文化复兴之间的关系。

1935 年，天津特别市政府于 8 月 27 日在文庙举行纪念会，由程市长以及市属各局长及市府全体职员出席祭祀，而且"文庙内部昨经布置就绪、主席台设大成殿阶上、中悬孔圣遗像、两旁陈列古制礼乐之器、惟古乐因无人演奏、决改以市府军乐队替代"；同时，又再次重申祀孔典礼，"开会仪式已规定：（一）全体肃立，（二）奏乐，（三）

---

① 《全市各机关代表昨举行盛大祀孔典礼》，《益世报》1934 年 8 月 28 日。

向孔圣遗像致最敬礼，（四）主席报告纪念孔子之意义，（五）演说，（六）唱孔子纪念歌，（七）奏乐，（八）礼成"。① 据《益世报》对此的报道，"各机关小学均休假一日，全市一律悬挂国旗，市府当局，并于昨晨九时，在东门内文庙入殿，举行祀孔典礼，一切仪注，事前由广智馆妥为布置，大成殿内孔子牌位之前，陈列祭品太牢牛、少牢猪羊三牲，簠簋俎豆诸事，并列琴瑟等乐器，高烧红烛，殿门交叉国旗，石级之上，左右陈列钟声埙篪等乐器、旌羽等舞器，罗列整齐。参加人员均由东礼门出入，庙内由公安局派保安队值岗，各界参加者五百余人。由教育局长邓庆澜代表程市长（程克）主祀，……由市府乐队奏乐开会，全体行三鞠躬最敬礼，继由邓庆澜报告纪念孔子之意义，后由刘孟扬演说，即行摄影礼成，至十时许散会"。② 综合两份报道来看，其基本仪式应该是三献礼的祭品和祭器乐舞器陈列于旁，但是并没有进行三献礼仪式，议程则采用纪念会规定的礼仪，如《大公报》所记。值得一提的是，在1935年举行孔子圣诞纪念会之前，对于该用何种仪程多有争论，并咨询良久，《大公报》之前有多次报道，因此，礼制定下来之后，也报道了一番。可见，仪程难定的原因该是在如何整合新旧祀孔典礼仪式的问题上。

1936年，天津市的祀孔典礼不同于1934年8月27日举行的孔子诞辰纪念典礼，而是恢复了春秋二丁的祀孔典礼，如1936年春季：

> 津市长萧振瀛于昨晨六时率所属各局主任以上职员，举行祭孔典礼，各机关亦多派代表参加。各员于五时半集齐，先由承祭官市府秘书长施骥生率同分献官刘冬轩、刘玉书、常鸿钧、李吟秋、李在中、张冀军、吕复、齐璧亭、李书由及陪祭官陈宝泉等致祭于崇圣殿。仪毕，复由主祭官萧振瀛率同分献官等及陪祭官李廷玉、刘家鸾等举行正式大祭于大成殿，与祭者共千余人，仪

① 《今日孔诞 全国各地举行纪念会 曲阜有隆重祀典》，《大公报》1935年8月27日。
② 《津文庙昨晨隆重纪念孔子》，《益世报》1935年8月28日。

式隆重，旋礼成摄影散会，次第还出。当日午前九时起，由各校学生陆续分班拜祭，直至下午三时始毕，先后共及二万余人。①

同年，天津的秋丁祀礼更为隆重，也更接近传统的祀孔释奠礼。

> 津市府以明日为孔子诞辰纪念，决于明晨五时，举行隆重之祀孔盛典。昨特派专员刘佑民，将东门内孔庙大成，崇圣各殿，布置打扫一新。应用之太牢牛，少牢羊猪等三牲祭品，今晚即陈献各殿。主祭官由市长张自忠担任，承祭官为市府秘书长马彦翀，分献官（即陪祭者）为教育局长凌勉之，社会局长李在中，财政局长傅正舜，公安局长程希贤，工务局长王学智，及教育界名流陈宝泉，吕复，李书田，齐璧亭等。至明晨祀典仪式程序，亦由市府拟定。主祭官张市长，定今日下午四时偕陪祭官等，在孔庙预演礼节。又市府昨已通令所属各机关，明日一律休假一天，全市商店并悬国旗志庆。②

通过《大公报》报道的天津两次祀孔典礼来看，1936年天津的祀孔典礼已经恢复使用释奠礼，但是与同年的春丁不同，"本年春丁祀孔，用九跪十二叩古礼，此次诞祭，则已变通"，③ 行鞠躬礼。而且天津文庙与祭社也积极参与其中。

> 公启者，阳历八月二十七日（即旧历七月十一日），乃至圣先师孔子诞辰，市府通知，准于是日黎明五时，接照春丁仪式举行隆重祀典。预于阳历八月二十六日下午四时，会同主祭分献、

---

① 《平津祭孔 昨晨分别举行》，《大公报》1936 年 2 月 26 日。
② 《平津两市 明日隆重祭孔 平市由宋哲元主祀张市长今午演礼》，《大公报》1936 年 8 月 26 日。
③ 《平津昨晨祭孔 宋委员长张市长主祭 各机关学校放假一日》，《大公报》1936 年 8 月 28 日。

陪祭各官员演礼，凡我同人届时务望早临，以便分任执事，用襄盛典，特此布闻，单即请书知。[①]

与祭社虽然参与了 1936 年的活动，但是从报道的名单来看，参与者并非是与祭社的核心成员，如上文中的陈宝泉，为文庙岁修办事处的董事，是崇化学会的发起人之一，但从华世奎的诗注中，曾言"比年逐渐恢复丁祭，庙中祭器及一切陈设迭遭兵乱损失大半，近经陆续修补至今年春丁府庙灿然大备矣，乐舞亦复旧观"。[②] 而上文的报道并没有提及乐舞一事，显然华世奎等人并没有参与是年的祀孔典礼。

1937 年，抗日战争全面爆发的前夕，天津举行了自 1928 年废祀以来，最为隆重的春丁祀孔典礼。

晨五时起，陪祭官、与祭者、观礼者、陆续于晨光熹微之中到庙。主祭官张市长，亦于五时半偕马秘书长等人入庙。六时起，先祭崇圣祠，承祭官马彦翀。分献官为市府科长段中藩、李涛、潘玉书、缴文龙、行礼如仪。至六时四十分，礼成退班，继祭大成殿。主祭张市长，分献官公安局长李文田、财政局长傅正舜、教育局长凌勉之、社会局长李在中、工务局长王学智、市府参事边洁清、陪祭官陈宝泉、市属各机关绅商学各界代表，按次排立，崇文学会会长华璧臣等，亦均莅场观礼。私一学校乐舞生一百六十人，着童子军黄色制服，分持乐器旌旄羽籥干戚，且歌且舞，至为肃穆庄严。开十余年来津市祀孔之新纪录，八时礼成退班，主祭官及全体参加祀孔人员，在大成殿前合摄一影，按去年萧振瀛市长任内，举行祀孔时，曾行三跪九叩礼节，本年则以鞠躬代替。[③]

---

① 《益世报》1936 年 8 月 25 日。
② 华世奎：《思闇诗集》（下卷），第 65 页。
③ 《津市文庙　行礼情形》，《大公报》1937 年 3 月 22 日。

由报道可见，1937 年春丁天津祀孔典礼的礼制仪程是最为完备的一次，多年不曾参与其中的与祭社、崇化学会的核心人员也积极响应。乐舞的恢复对于祀孔典礼有着不一样的意义，一如前文所论述，天津文庙与祭社的士绅多次筹备乐舞、祭器和礼器，以期能使祀孔典礼更符合释奠礼的礼制。

天津文庙与祭社诸人在文庙祀孔过程中有一心态值得玩味，在帝制覆灭之时，当时尊孔和罢孔思潮起伏，多有龃龉，文庙祀礼将如何变化难以推断。早期是天津与祭社的士绅们首先违礼，将各种文娱活动引入文庙，在春秋二丁之外举行圣诞纪念活动，但是随着北洋政府尊孔意图的明确，以及天津地方政府对于天津文庙和祀孔的重视，使得与祭社诸人燃起了修建文庙、重建文庙文化象征地位的希望，并在之后践行多年。然而，国民政府成立后，很快就废祀孔子，与祭社如同清末士人般举行乡祭和朔望行香礼，延续祀孔。后来蒋介石规定了孔子诞辰纪念办法，孔子诞辰成为全国性的纪念日。

天津士绅重建文庙，不仅出于庙貌的观瞻，还有重建其代表的文化符号之意。而这文化符号不仅是文庙自身的，亦是士绅们的，文庙代表着道统。祀孔仪式的兴废，关乎的不只是仪式的存续，就如同废祀时，天津文庙与祭社的士绅们依然可以向社会发出邀请，号召社会各界人士参与绅祭、乡祭，这时变化的只是文庙的礼制，一如天津士绅在民国初年进行的各种变通和调适。1934 年的孔子圣诞纪念会，不仅改变了祀孔仪式的礼制，同时也改变了其文化内涵，而新建构的文化内涵不是士绅们所认同的文化，不能成为天津士绅文化身份的象征，更不是这一群体的集体记忆。正如 1934 年规定的不仅是礼制，还有宣传的内容，将孔子与孙中山思想进行对接，无论这样的纪念孔子仪式如何举办，参与多少人，都不再是当初的文化意义，因此，天津文庙与祭社的一些保守士绅并没有参与其中。从参与其中的陈宝泉的教育履历或可成为佐证，陈宝泉曾为京师同文馆的预备生，后又被严修送到日本弘文学院师范科留学。可见，陈宝泉并未在天津儒学受过教育，

这可能是他与严修、华世奎、林墨青等人的文化认同有差异的原因
之一。

四　1938~1948年天津祀孔典礼仪程的多变

1937 年，天津沦陷。同年 8 月 1 日，由汉奸高凌霨出面主持的天
津市地方治安维持会成立。12 月 17 日伪天津特别市公署成立，办公
地点选在中山公园，高凌霨为伪河北省省长兼伪天津特别市市长。
1938 年 1 月 17 日，潘毓桂①任伪天津特别市市长，高凌霨仍任伪河北
省省长。1938 年 2 月 24 日，临时政府发布祭孔令：

> 至圣先师孔子诞辰实当夏历之八月二十七日，在昔儒宗推稽
> 至密无或爽差。乃近十年来，释菜释奠均行废止，而诞降月日更
> 复强行牵附，殊失崇敬本旨，嗣后仍以夏历八月二十七日为先师
> 诞辰，并恢复春秋上下两祭，与祭人员一律着乙种礼服行跪拜礼，
> 一切礼仪乐章祭品等项，悉遵成案，敬谨举行。其各地长官各就
> 所在致祭以期阐扬圣教一道同风。②

1938 年，3 月 14 日，伪天津特别市市长潘毓桂转发上述公告，并
决定于 1938 年春丁举行孔子春祭典礼。主祭官为当时的伪河北省省长
高凌霨，崇圣祠的承祭官为当时伪天津特别市的市长潘毓桂。

同年的秋丁则由潘毓桂任主祭官，省秘书长陈啸戡任崇圣祠承祭
官。1939 年，伪天津市特别市公署成立了"天津特别市筹备春丁祀孔
办事处"，参事张厚谷为处长，总理春丁的各项事宜。③ 在礼仪方面，
依 1938 年祀孔令，祀孔仪式仪轨采用释奠礼，并设有乐舞。实则，在

---

① 潘毓桂（1884~1961），字燕生，河北省盐山县人。清末举人，日本早稻田大学法科毕
　业，1938 年 1 月 17 日任伪天津特别市市长。1945 年抗战胜利后，潘毓桂被国民政府以
　汉奸罪逮捕。
② 《临时政府令：一则（祀孔令）》，《市政公报》1938 年第 6 期。
③ 天津档案馆藏，档案号：401206800-J0001-3-010744-002。

1939 年，重庆国民政府将孔子圣诞定为教师节，并制定了纪念办法。只是当时伪天津政府听命于汪精卫的伪政府，所以并未遵令改为教师节。

　　实际上，这一时期天津祀孔的仪程发生了多次变化。1941 年，汪伪国民政府修改了《孔子诞辰纪念办法》，"一、纪念日期：九月二十八日，二、纪念名种：先师孔子二千四百九十三周年诞辰纪念，三、孔子事略，四、纪念仪式：是日休假一天，全国各界一律悬旗志庆国民政府特派大员至曲阜致祭，各省市县长官率同所属各机关各学校各团体等代表齐集各该地孔庙致祭（驻在地无孔庙者改在礼堂）举行纪念典礼，五、宣传要点：讲述孔子生平事略，讲述孔子学说，讲述国父孙中山先生革命思想与孔子之关系"。① 同时又规定了祀孔仪式的新秩序，"先师孔子诞辰纪念秩序单（民国 30 年六月）：一、全体肃立，二、奏乐（有钟鼓者钟鼓齐鸣），三、唱国歌，四、向国旗及孔子遗像（或牌位）行最敬礼，五、奏演乐舞（未备乐舞者从略），六、主席报告纪念孔子之意义，七、演讲，八、唱孔子纪念歌，九、奏乐（有钟鼓者钟鼓齐鸣），十、礼成"。② 这次汪伪国民政府规定的祀孔礼仪的仪轨与 1938 年恢复古礼的思路相去甚远，反而更接近 1934 年的孔子诞辰纪念办法。同样用新式礼仪，同样将祀孔典礼和国家公祭形式结合起来。翌年，伪天津特别市公署颁布并实行了"先师孔子诞辰纪念秩序单"，并根据天津的情况，进行了部分修订，使其更为细致，"一、春季典礼开始——奏乐，二、主祭者就位，三、陪祭者就位，四、全体肃立，五、唱国歌，六、向先师孔子行最敬礼，七、默念（一分钟），八、献花——奏乐，九、恭读祭文，十、主祭者领导全体陪祭者呈历代圣贤祠致祭，十一、向历代圣贤行最敬礼，十二、献花——奏乐，十三、主祭者领导全体陪祭

　　① 赵正平、陈群：《为改定先师孔子诞辰纪念办法及其秩序单》，《内政公报》1941 年第 16 期。
　　② 赵正平、陈群：《为改定先师孔子诞辰纪念办法及其秩序单》，《内政公报》1941 年第 16 期。

者回大成殿，十四、主祭者献词，十五、唱孔子纪念歌，十六礼成——奏乐"。① 从天津1942年执行1941年的孔子圣诞纪念办法的情况来看，主要在纪念会的仪程上进行了适当的调整。比起训令中的新秩序，天津的祭祀仪程将传统的释奠礼以及1938年的纪念办法与1941年的纪念办法结合，或者说更像是将两种仪式进行某种嫁接。1941年，汪伪国民政府颁布的《为改定先师孔子诞辰纪念办法及其秩序单》中，实际上是规定了纪念日期的，即公历9月28日，但伪天津特别市公署并未遵令改变礼制及行礼日期，仍在夏历春秋二丁举行。例如，"民国三十年（1941），市长谕九月二十六日（即夏历八月初六日）上午八时（新）在东门内文庙举行秋丁祀孔典礼，所有本署暨所属各机关主任以上人员均须一律着常礼服（蓝袍青褂），前往参加"。②

天津新旧祀孔礼仪的转变发生于1944年，通过当时往来的公函来看，原本伪天津特别市公署原定是在公历9月20日：

> 中华民国三十三年（1944）九月二十日，即夏时八月初四日丁亥，主祭官天津特别市长张仁蠡敬率僚属谨致祭于至圣先师孔子，曰维先师德隆千圣，道冠百王，揭日月以常行，自生民所未有，属文教昌明之会，正礼节乐和之时，辟雍钟鼓，咸格荐以馨香，泮水胶庠，盖致严于笾豆，兹当仲秋□率舞章，肃展微忱，韦彰祀典。③

同时，该年祀孔典礼的乐舞生由小学校的学生担任，④ 训令中还提及要筹备祭品，包括三牲，其中牛一头，羊三头，豕三头，⑤ 同时还有给乐舞生的福胙肉。⑥

然而，接到伪华北政务委员会教育总署的文件之后，将祀孔日期

---

① 天津档案馆藏，档案号：401206800-J0001-3-007753-03。
② 天津档案馆藏，档案号：401206800-J0015-1-00510-017。
③ 天津档案馆藏，档案号：401206800-J0001-3-007753-005。
④ 天津档案馆藏，档案号：401206800-J0001-3-007753-002。
⑤ 天津档案馆藏，档案号：401206800-J0001-3-007753-003。
⑥ 天津档案馆藏，档案号：401206800-J0001-3-007753-025。

改为公历的 9 月 28 日，"演礼按照新颁秩序办理，所有前规定承祭官暨分献官陪机关等人员一律改为与祭者届时着制服长角靴或系裹腿参加与祭"，[1] 后在礼服的规定上又变更为"有科仪官应即改为典祭者，服装以着制服为原则，常礼服（蓝袍青马褂）亦可"。[2] 参加这次祀孔的还有当时日本驻军及官员，如 1944 年甲申秋丁祀孔典礼观礼名单中就有"藤冈司令官、田中高级参谋、松仓大佐、井上少佐、松井大尉等"。[3] 实际上，自伪天津特别市政府成立之后，在祀孔的礼制方面并没有完全遵照 1941 年的规定，也没有使用之前的纪念办法秩序，而是再一次规定了更为细致的仪程：

一、鼓初严；二、鼓再严；三、鼓三严；四、秋季典礼开始——奏乐；五、主祭者就位；六、陪祭者就位；七、与祭者各就位；八、全体肃立向先师孔子行最高敬礼：一鞠躬、再鞠躬、三鞠躬；九、默念□，默念开始，默念□；十、献花——奏乐：1. 一鞠躬（主祭者仪式），2. 司花者恭送花，3. 主祭者受花，4. 恭举□□案上瓶内；十一、后位；十二、全体向先师孔子行一鞠躬礼，一鞠躬；十三、恭读祭文：1. 一鞠躬，2. 读祭文；十四、复位；十五、全体向先师孔子行一鞠躬礼，一鞠躬；十六、主祭者领导陪祭者至历代圣贤祠致祭；十七、向历代圣贤行最敬礼，一鞠躬、再鞠躬、三鞠躬；十八、献花——奏乐：1. 一鞠躬（主祭者仪式），2. 司花者恭送花，3. 主祭者供花，4. 恭举供于案上瓶内；十九、复位；二十、向历代圣贤行一鞠躬礼，一鞠躬；二十一、主祭者领导陪祭者回大成殿；二十二、主祭者西南向；二十三、主祭者献词；二十四、复位；二十五、唱孔子纪念歌；二十六、礼成——奏乐；二十七、摄影。[4]

① 天津档案馆藏，档案号：401206800-J0001-3-007753-014。
② 天津档案馆藏，档案号：401206800-J0001-3-007753-017。
③ 天津档案馆藏，档案号：401206800-J0001-3-007753-016。
④ 天津档案馆藏，档案号：401206800-J0001-3-007753-026。

　　然而，在1945年春祭，伪天津特别市公署又一次修订了释奠礼的仪程，相较1944年的仪程，在仪式主体流程大致不变的情况下，按传统礼仪设置了典仪官、引赞等，同时在流程上也做了细节上的修订，如在鼓再严之后，增加烧烛、焚香，侍从奉盥奉祝巾的仪式环节。同时在议程秩序中，明确规定了主祭官由东阶升等。① 关于阶升方位的问题，从1914年，民国第一次制定礼制就有的争议，先不论1945年的这份秩序表所规定的是否符合礼制，就其内容来看，无疑是向传统祀孔释奠礼的靠近或者说是在尽力整合新式礼仪和古礼，使其尽可能统一于1945年的仪式。

　　自1938年开始，天津文庙与祭社参加天津的祀孔典礼，并担任执事人。崇化学会迁入文庙后，讲习科会员与学会董事们加入与祭社任祭孔大典执事，如1938年春丁、秋丁祀孔，学会董事有华世奎、徐兆光、高彤皆、王斗瞻、王莘农、赵聘卿、杨子若、郑菊茹、金浚宣、胡峻门、王新铭，王伦阁；毕业于讲习科的学会会员有龚望宾、单金铨、阎子玛、章邦宪、顾象枢、李金校、邢春淇、杜金铭、林泽身、郭霭春、谢宗唐、郭恩霖、石永茂、骆寿先、周克礼、樊汇川、李世超、郑庆瑶、严仁泽、邓中林；另外还有初级讲习学员分担执事之责。② 关于这份名单并未见到其他的原始材料可以进行证明，但是从保留的档案中可以看到，1940年秋丁，邀请与祭的本市绅耆名单中，列有华壁臣、高彤皆、姚品侯、王纶阁、严季聪、王吟笙、李琴湘、胡峻门、王革农、郑菊如、华海门、任孝庭，并为这些人制作了祀孔典礼的门证。③ 伪天津特别市公署在做祀孔预算时，与祭社的费用都列在其中，如民国33年（1944）祀孔第一次预算与祭社费用为3500元，之后又做了第二次预算，将与祭社的费用从3500元调整到4000元。④ 1945年与祭社的费用，却减少到1000元，还注明了包含的内容

① 天津档案馆藏，档案号：401206800-J0001-3-008463-017。
② 邵红：《风雨飘摇中的坚守——民国时期乡贤与天津文庙》，第165页。
③ 天津档案馆藏，档案号：401206800-J0001-3-003665-012。
④ 天津档案馆藏，档案号：401206800-J0001-3-007753-025。

拾房产及杂费，先不论费用增减的原因，但就费用本身来看就可知天津文庙与祭社确实参与其中。实际上，天津文庙与祭社的费用减少可能与其参与程度有关：

> 本府是项典礼即改于九月二十八日上午十时在文庙举行，并预于前一日（即九月二十七日）下午五时演礼，所有引赞各人员由本府派员担任。相应函达查照至前由贵处转发之入门证应一律收缴，并附函名。此致文庙办事处。①

可见，民国 33 年（1944），天津文庙与祭社不仅参与祀孔典礼，还是主要承办者，而至民国 34 年（1945），天津文庙与祭社只是从事打扫、整理等工作，因此，费用才会降低。想来，只做洒扫整理之事，也说明 1944 年执行新的礼仪秩序之后，天津文庙与祭社已经失去了执事者的位置和参与演礼的价值。

1945 年 8 月，日本侵略者投降之后，天津孔子圣诞纪念的时间和仪程转用 1939 年重庆国民政府教育部颁布的暂行办法。教育部部长陈立夫曾拟定"每年八月二十七日为教师节，既以表彰圣德，亦以振奋群伦"，"后由中央核准，命令公布在案"，并"拟定教师节纪念暂行办法及先师孔子诞辰与教师节合并纪念秩序单，理合检附各一份"，② 又将纪念日期定为公历的 8 月 27 日。《先师孔子诞辰与教师节合并纪念秩序单》（学校单独或联合举行时均适用）规定："一、全体肃立；二、奏乐；三、唱党歌；四、向国党旗、总理遗像孔子遗像行三鞠躬礼；五、主席恭读总理遗嘱；六、主席报告纪念孔子及教师节之意义；七、教育行政机关代表致慰劳辞；八、讲演；九、学生或学生代表向教师及导师致敬（学生与教师导师相对立，学生向教师或导师行一鞠躬礼）；十、学生家长代表向学校致谢辞；

---

① 天津档案馆藏，档案号：401206800-J0001-3-007754-001。
② 中国第二历史档案馆编《中华民国史档案资料汇编·第 5 辑·第二编·文化》，第 581~582 页。

十一、唱孔子纪念歌；十二、唱教师节歌词；十三、奏乐；十四、礼成。"①

抗战胜利之后，天津政府于1946年举行了盛大的先师孔子诞辰与教师节合并纪念会。

> 二十七日为孔子诞辰，又为中央规定之教师节，津市各机关特于今日放假一日，市府教局并将分别举行孔诞纪念会及教师运动大会。先师孔子诞辰纪念大会，于今日上午九时在东门内文庙举行，各机关主任以上人员及各团体代表，各学校教职员等均将参加。由张市长主席，领导行礼后，并将讲述孔子生平事迹及言行学说。各机关首长及各学校校长并将讲演。社会局已将会场布置妥当，当日并将开放文庙，任人瞻仰。又尊师大会将于十一时在中国大戏院举行，仍由张市长主席，届时杜副市长，市党部邵主委，教育局郝局长，社会局胡局长，各机关，学校代表均将出席致词，并由学生代表向教师献花致敬，学生家长向教师致谢词等项目。同时市立各社教区民众教育馆，亦于是日举办宣传大会。②

民国36年（1947）天津市教育局也根据1939年颁布的教师节纪念办法举行孔子诞辰和教师节联合纪念活动，《大公报》对此进行了报道：

> 今日孔子诞辰，各机关学校均将放假一日，并悬旗庆祝。纪念典礼将由杜市长主持，今晨九时在东门里文庙与教师节纪念会同时举行。会间并将表扬本市中小优良教师，并由中小学学生代

---

① 《战时教育法令（八则）：（甲）法规：先师孔子诞辰与教师节合并纪念秩序单（学校单独或联合举行时均适用）》，《进修》1939年第11期。
② 《今日纪念孔子诞辰，文庙中召开盛会》，《大公报》1946年8月27日。

表献花。各社教机关及学校等，亦将分别举行演讲，游艺，恳亲等集会，以资纪念。[1]

由报道可见，民国36年的教师节的部分纪念活动也在天津市府文庙举行，而不是像民国35年的孔子诞辰纪念活动在文庙举行，而教师节的纪念活动在中国大戏院举办。如果说1946年的教师节纪念活动和孔子诞辰的活动实际上分成两个部分，换言之，是两个独立部分的纪念活动，合在8月27日这一天分地点举办，那么1947年的活动因天津市教育局规定的孔子诞辰纪念暨教师节典礼实施办法，将文庙举行祀孔典礼及教师节纪念仪式，作为整个纪念会的一个步骤，[2]而彻底降低了祀孔大典的地位并削弱了其价值。虽然天津在1948年还举行过一次祀孔典礼及教师节纪念仪式，但就仪式象征和文化意义来看，早在1947年就已在实质上结束了天津的祀孔历史。

第三节　天津祀孔典礼演变的原因及意义

一　天津祀孔典礼演变的双重动力及士绅的抵触

本章将民国时期的天津祀孔仪式分为两个阶段，第一阶段是1928年，国民政府停祀之前，第二阶段是1934年南京国民政府下令举办孔子诞辰纪念会到解放之前，于天津来说是到1948年。无论是在哪个阶

---

[1] 《今日孔子诞辰各界庆祝教师节　上午九时假东门里文庙举行》，《益世报》1947年8月27日。

[2] 参见天津档案馆藏，档案号401206800-J0110-1-001002，具体内容如下：一、本为多鼓励教师服务精神，融合师生感情，唤起社会尊师概念。二、关于本局应举办事项：1.于8月27日九时在东门内文庙举行祀孔典礼及教师节纪念仪；2.表扬本市著有劳绩之教师；3.举行教师座谈会，讨论训导学生运动方针；4.其他。三、关于各级学校及教育团体纪念教师节应举办事项：1.讲演孔子及历代师儒之言行或关于教育学术；2.恳亲会；3.教师联谊会；4.学生慰劳教师游艺会；5.成绩展览会；6.其他。四、本办法自公布之日实施。

段，天津文庙祀礼实际上存在双重力量，一是官祭，二是绅祭，后者也可称为民祭或者乡祭。实际上，这两方都指向一个目的——祀孔。这也就是整个民国时期天津始终没有中断祀孔仪式的原因和保障。就某种程度而言，天津文庙的祀孔仪式是在这一前提下进行建构与调适的。

民国初期，各地文庙都面临着如何定位的尴尬境地。然而祀孔仪式和文庙又是不可分割的一体两面，尤其是在庙学制瓦解之后，祭祀孔子的仪式是文庙得以维持自身功能和价值的唯一途径。文庙在民国曾被改作多种用途，但无论哪种文庙文化象征的价值和意义最终都被消解。因此，天津士绅在当时政府态度不明朗的情况下，先对文庙的祀孔典礼进行了适应性的改革，将原本的古礼改成古礼加文娱活动，使当时的文庙重新出现在人们的视野之中。天津文庙与祭社的士绅实际上扩大了祀孔仪式的象征意义，将文庙从疏离于民众的状态中解脱出来。希望通过"仪式+节庆"的方式，重新建构天津市民关于文庙的集体记忆。"仪式和庆典通过把扩张的情境制度化而保证了文化的意义的传播。"[1] 无论是在天津还是在中国其他地方，文庙都不是百姓日常流连之地，且无关百姓的日常福祉。吕思勉就曾说："所谓府州县学，寻常人是不知其为学校，只知其为孔子庙的。所以有人疑惑：'为什么佛寺、道观，都打开了门，任人进去，独有孔子庙却门禁森严?'"[2]

天津士绅的这种调适在民国初期表现为消解文庙的神圣性，同时也消除了人们对于文庙原继有的集体记忆，其中包括帝制、旧道德、复辟、孔教，等等。这一时期，天津有成立孔教会分会并进行了活动，但是目前没有见到资料能明证天津文庙与祭社和天津孔教会存在密切联系，只是有资料表明其他省市的孔教分会来津，文庙与祭社曾招待并领其参观天津文庙。由此可见，天津文庙与祭社的士绅们只想保留

---

① 〔德〕扬·阿斯曼：《有文字的和无文字的社会》，王霄兵译，《中国海洋大学学报》2004年第 6 期。
② 吕思勉：《中国通史》，上海古籍出版社，2009，第 238 页。

其文化意涵，而非宗教面向。换言之，其所谓的"尊孔"是人文性质的"敬"，而非宗教性质的信仰。至 1928 年，南京国民政府下令废祀孔子之后，天津文庙与祭社的士绅采用绅祭（乡祭）的方式延续天津的祀孔仪式。1934 年，通过《先师孔子诞辰纪念办法》之后，天津士绅并没有像民国初年那样，通过调适自身以参与到纪念活动中来。这一现象，实际上促使我们思考一个问题，天津文庙的士绅曾经在仪式和纪念活动上做过诸多调适与应对，但是面对国民政府的孔子诞辰纪念活动，却表现出抵触的心理。那么他们延续的是什么，抵触的又是什么？

在回答这个问题之前，不妨先讲述下另一个促进天津祀孔典礼演变的动力——官方举办的祀孔典礼。正如前文所述，无论是官祭，还是民祭，实际是在一个目标之下的延续和努力，但其中的价值取向却大为不同。如果说民祭是对祀孔仪式的文化内涵和道统的象征意义的调适，使其形成新的社会记忆，从而给文庙以"新"的定位的话，那么官祭孔子实际上是对祀孔典礼的消费。"仪式是符号权力集中运作并发挥效应的最佳场域。在人类社会漫长的历史过程中，仪式从来都与权威以及特定的权力关系密切相关。"① 要借助祀孔仪式所蕴含的价值为己所用，所以也会促使祀孔仪式一直举行下去。祀孔仪式所蕴含的政治、文化等内涵于各地方文庙而言是一致的，为什么在天津可以一直被"利用"，而在其他地方，诸如前文提及的陕西、上海，于民国初期就早早停祀。推测这与天津的地理位置有着密不可分的关系：既地处京畿之地，又非前朝首都。这就可以使祀孔仪式的内涵既可以凸显，可以被"利用"，又不会像北京等地的祀孔典礼具有国家层面的象征意义。

官方要利用祀孔仪式，必然要对其进行改造，否则便无法使其自己的意识形态接轨，改造前，需要对其认同，即认同仪式本身的文化

① 石义彬、熊慧：《媒介仪式，空间与文化认同：符号权力的批判性观照与诠释》，《湖北社会科学》2008 年第 2 期。

内涵。所以，在政府认同祀孔仪式之时，便和天津文庙与祭社的士绅们形成了在同一目的下的"共同努力"。然而，在"利用"改造阶段，就必然使其为自身的要求服务，这也就解释了刚才提出的问题，士绅因何抵触。士绅要延续的不是仪式本身还有仪式所蕴含的文化含义。所以，在进行祀孔典礼之后，便可以举办各种文娱活动，士绅们还会持续完备祀孔典礼的乐舞。但是当1934年，国民政府欲将仪式仪程和其中的文化内涵都改变之时，士绅就开始抵触祀孔典礼。

综上所述，天津祀孔典礼的演变与天津官祭、民祭两个不同的动力有关，其共同的目的都是让仪式延续，但是其中的诉求和采用的方式存在较大的差别。

二　天津祀孔仪式演变的意义

仪式是"一系列正式的、具有可重复模式、表达共同价值、意义和信念的活动"。道格拉斯则认为，"仪式是社会秩序的某种象征"。利奇认为，"仪式就是那种社会都能够接受的，个人与群体之间恰当的关系体系"。[①] 所以，仪式所承载的含义必须通过仪式展演才能被彰显出来或传承下去。民国时期，社会动荡、政权变革频繁，又有多次战争，使得很多地方的祀孔仪式都已经中断，然而正因为天津官祭孔子和民祭孔子的双重动力使其在民国亦得以延续，仪式展演所具有的积极功能也得以延续。仪式过程不仅是一种具有价值内涵的展演形式，同时还能作用于人们的心理，产生特定的影响，比如对一种价值观的认同，或者是一种潜在社会秩序的建立。这可以使参加仪式的人对仪式所象征的文化内涵有一个充分的认同与内化，从而有助于达成每次官祭孔子所说的"事关一地教化"的作用。特纳就曾认为，仪式可以解决冲突，加强合作与认同，扩大仪式主办体的名声。[②]

从前文的梳理也可以看出，虽然政府对于文庙祀孔典礼有全国性

---

① 李育红、杨永燕：《文化独特的外现形式——仪式》，《广西社会科学》2008年第5期。
② 李育红、杨永燕：《文化独特的外现形式——仪式》，《广西社会科学》2008年第5期。

的规定，同时也详细制定了相关的仪程制度。但天津文庙自行制定的祀孔典礼仪程一直在进行各种调适，在没有明确规定之时延续传统，在有明确规定之时进行可以接续传统，又能符合政府训令的调整，这种情况一直持续到民国末期才终止。事实上，仪式的变迁往往和所承载的文化变迁是一致的，或者说仪式的变迁是文化变迁的反映，然而，天津祀孔仪式的演变，却有另一番景象。祀孔仪式在国民政府用来展演自己的意识形态之前，有其固有且稳定的内涵，所以民国时期的祀孔仪式变迁呈现出更多被动的，以及被迫的调适，正是因为这种人为的改造和利用，使天津祀孔仪式呈现出抵触与适应交替出现的现象。若将这种现象放到更大的视野中进行审视，就会发现仅说祀孔仪式在民国时期的变迁是政治对于符号的利用并不充分，这里不仅有利用同时还有承续，包括仪式的仪轨，以及所承载的内涵。

不可否认，天津祀孔仪式仪程的演变并不能实实在在的作用于当时的社会生活。但是有一点值得注意，无论是官祭孔子还是民祭孔子，持续的仪式展演实际上增强了天津士绅阶层的文化认同。而他们对文化的延续，确实地作用于当时的社会，如崇化学会的创立，以及围绕着文庙和祀孔仪式进行的各种传统文化活动。从现有的资料看，无论是哪个时期的祀孔，其主要参与者除了政府官员、当地士绅之外，人数最多的群体实际上是学生或者是教育界人士。无疑，天津祀孔仪式的持续展演，对社会文化的保存有着极为积极的作用。

第五章　儒家文化认同的重建

——天津文庙的"新庙学"

第一节　从社会教育办事处到"新庙学"

一　民国时期天津士绅的文化教育组织

中华民国成立之初，时任教育总长的蔡元培提出，"久在欧洲，眼见各国社会教育之发达，深信教育之责任，不仅在教育青年，须兼顾多数年长失学之成人。故草拟官制时，于普通、专门二司外，坚持设立社会教育一司"。[①] 他说："学部旧设普通教育、专门教育两司；改教育部后，我为提倡成人教育、补习教育起见，主张增设社会教育司。"[②] 社会教育司掌事务如下："一、关于通俗教育及演讲会事项；二、关于感化事项；三、关于通俗礼仪事项；四、关于文艺、音乐、演剧事项；五、关于美术馆及美术展览会事项；六、关于动植物园等学术事项；七、关于博物馆、图书馆事项；八、关于各种通俗博物馆、通俗图书馆事项；九、关于公众体育及游戏事项。"[③] 这便拉开了民国时期社会教育的序幕。此后，各地纷纷成立负责社会教育的机构。

天津社会教育办事处于 1915 年成立，系天津社会教育的专门机

---

① 陈学恂：《中国近代教育史教学参考资料（中册）》，人民教育出版社，1987，第270 页。

② 高平叔：《蔡元培教育论著选》，人民教育出版社，1991，第 707 页。

③ 朱有瓛编《中国近代教育史资料汇编·教育行政机构及教育团体》，上海教育出版社，1993，第 111 页。

构。在当时直隶行政长官朱家宝的倡议和委托下，由林墨青在天津西北城角的文昌宫东口，设立天津社会教育办事处，并亲自担任总董。社会教育办事处不仅是教育机构，还兼具管理和倡导社会教育的责任，其在成立之初就设定了多个教育机构，以针对社会不同人群。社会教育办事处开幕后成立之机关有：（1）风俗改良社；（2）艺剧研究社；（3）演说练习所；（4）音乐练习所；（5）天然戏演习所；（6）半日学校总处；（7）半夜补习学校总处；（8）露天学校总处；（9）武士会；（10）国货维持会。上所列者，为现时着手进行之种种，其余应设之机关，尚在筹备中。① 天津社会教育办事处创始的宗旨是通过知识和道德的培养，使社会开明。② 然而，天津社会教育办事处定位较为模糊，从当时报纸的记载上来看，其在现实中的职能只有两部分，一是管理，"社会教育办事处于二十六日通知四宣讲所令，知照附设初等小学校各学生，现因本所款项不足，酌量议定自本年月起（即阴历丙辰年正月）每月向学生各收取学费小洋一角，以资接济，除禀请县公署核准"；③ 二是创办报纸宣传倡导社会教育，在实际作用上更像是《社会教育星期报》的编辑部，发布征稿通知等。

　　1927年，天津社会教育办事处"业于年前十二月二十日交由，前任县教育局长华芷枰先生接收，原地址现已改为天津广智馆"。④ 民国10年（1921）初，广智馆由天津士绅发起，"以天津卫华北重埠，商业繁兴，亟应成立广智馆机关，藉资提倡实业"，⑤ 于是"天津教育界林墨卿诸君约集同志筹设广智馆。以广开民智为宗旨，故定名广智馆。现已在社会教育办事处设立筹备事务所"。⑥ 后经林墨青等人四处筹募物品，募集捐款，虽惨淡经营，但是仍于民国14年（1925）正式开幕。迨至民国17年（1928），林墨青辞去天津社会教育办事处的职

---

① 《报告》，《社会教育星期报》1915年第1号。
② 《说社会教育》，《社会教育星期报》1915年第1号。
③ 《收纳学费理由》，《大公报》1916年1月28日。
④ 《广智馆星期报》1929年第690号。
⑤ 《天津志略》，载来新夏、郭凤岐主编《天津通志》（下），第179页。
⑥ 《筹设广智馆之先声》，《大公报》1923年7月11日。

务，专心办理广智馆。后"蒙当局拨款补助，又蒙各界热心赞助，赠送物品，馆中任人入览，不惟补学校教育所不及，即工商各界，一般妇孺，俱能有所观摩，增加智识也。广智馆内部设有董事会，计有董事严范孙等七十五人，均当代名流"。[1]

除了上述两个社会教育机构之外，天津文庙与祭社的主要成员还成立了两个民间文化教育组织，一是国文观摩社，二是存社，用以教化乡里，昭明国学。

国文观摩社，由林墨青先生于 1927 年创办，与崇化学会同时成立。该社的宗旨纯为研习国文，互相观摩。先由乡耆严范孙、高彤皆、华壁臣、刘幼樵、王仁安、赵幼梅、李琴湘、杜子丹，杨子若诸公，义务上课；同时，一些暂时旅居天津的耆宿也参与其中，如顾寿人、孙念希、韩补青、金纯之、朱燮辰、王纬斋、刘云孙、张玉裁、周兰生诸名士，也非常乐意参与到国文观摩社的教学中来。该社规定每年教授课文 24 次，学员凡年在 16 岁以上，畅通文理，有志观摩者，得随时报名与试。不收学费，佳卷酌给奖金。择尤付印，分送传观，自民国 18 年（1929）春，"乃敦请高彤皆先生，专任主课。学员前后统计月达数百人，其成绩特优，经该社认为合格者，并得介绍进入崇化学会讲习，以资深造。识者以为国学界之曙光，洵不诬云"。[2] "天津国文观摩社为本市研究国学之唯一机关，隶属天津广智馆。"[3] 国文观摩社为崇化学会挑选、输送了大量的优秀学生，可以说国文观摩社是天津崇化学会的预科和补充。同时，国文观摩社隶属天津社会教育处，这一点从"天津社会教育办事处国文观摩社暂行停课看，俟另行组织就绪，当即登报达知"[4] 的报道可见端倪。下文为国文观摩社的招生简章：

---

① 《天津志略》，载来新夏、郭凤岐《天津通志》（下），第 197 页。

② 参见《天津志略》，载来新夏、郭凤岐《天津通志》（下），第 363 页。

③ 《国文观摩社明日在文庙考试》，《大公报》1934 年 9 月 1 日。

④ 《广智馆星期报》1929 年第 690 期。

名称　　　国文观摩社。

地址　　　报名在文昌宫东社会教育办事处，考试假地西马路讲演所，出榜在办事处外。

宗旨　　　以研究国文互相观摩为宗旨。

组织　　　拟请津外名宿轮流评阅，另有姓字清单。

资格　　　崇化学会讲习科曾经报名者，曾入四书补习班者，合于中等学校程度，年在十八岁以上有志研究国文者均可报名应试。

额数　　　暂以一百名为限（拟分为两班），开首两次考试作为甄别，如不足额，定期续考。

课期　　　间一星期一次，除阴历年前后停课四次，全年共作文二十四课时间星期日上午自九钟命题（日常时酌量提前），十二钟收卷。

考试　　　订于十一月六号（星期日）即旧历十月十三日。

会费　　　第一个月先交一元（注册费、课卷费、印刷费各项零费均在内）以后每月交八角均收大银币，倘交费后两次不到即认为告退，另补他人，所交会费概不退还。

（附则）

一、报名从见报之日起至考试前一日止，务望书明姓名年龄资格详细地址，先交第一月会费，现银一元，掣付收据，考试之日凭收据领取课卷。

二、考试时许其随手携带书籍，但不得过多。

三、篇幅不知长短，但文不满二百字者不录。

四、所取前列学员，如主课有当面发落之语，订期招集。

五、所取试卷择优付印，凡与考者无论取录与否，皆各得一本以资观察。

六、每次试卷由社中代为保存，届半年开大会一次，师生互相讨论并资比较。

七、如有特别佳卷酌给赠品，由主课批定。

八、最优者得随时报送崇化学会。①

天津存社由林墨青先生于民国 10 年（1921）创办，实际上只为征诗之用；其后加征经义史论各文，在严范孙先生的捐资下兴办。民国 15 年（1926），经周熙民先生，天津存社请由官款辅助。长洲章式之先生义务上课。每月征文两次，"一时钜制鸿篇，衰然成帙，乃以经费不继，旋告停辍，嗣经蔡虎臣先生首为捐资，赓续微文，暂分春夏秋冬四季征集一次"。② 课题均在《广智馆星期报》内披露，征集的手续委托广智馆代为办理。评选出名列前茅的卷子，给予一定的奖金，并将这些优秀的卷子随《广智馆星期报》汇印，送予应征者。

通过上文学社的介绍，不难发现这些学社都是由文庙与祭社的成员组织创立，且负责学社的授课、经营。这些学社多在与文庙相关的书院或是文昌阁等地办公，性质属于国学或者传统文化的普及和教学组织。故而，观之颇有重复之感，下文就对这些学社的关系和性质进行梳理，以便明确这些学社和崇化学会之间的关系。

二 崇化学会的成立

崇化学会创始于 1927 年，结束于 1951 年，是华北地区规模最大、办学持续时间最长的民间国学组织。崇化学会的发起人主要有林墨青、华世奎、王守恂、刘嘉琛、高凌雯、严范孙等。

（一）崇化学会创立之初衷

崇化学会创立的初衷有二，一是提倡旧道德，传承儒家思想，二是保存天津文庙。崇化学会成立之初的宗旨是以研究中国历代学术，及经史古文等学，取名为"崇化"，其义为"崇化者，盖取汉

---

① 《社会教育星期报》1927 年第 627 号。
② 《天津志略》，载来新夏、郭凤岐主编《天津通志》（下），第 362 页。

诏崇乡党之化，以砺贤才之意也"。① 这是崇化学会自拟的宗旨，而其他人则评价其为"严范孙、华世奎、林墨青、赵元礼等，为保存旧有文化及旧道德起见，组织崇化学会，以研究旧文学旧道德为主要工作"。② 这里的旧道德在当时主要指传统儒家文化中的忠、孝、仁、爱、义等，还包括名教、礼制等。民国时期新旧道德之说由来已久，有些人提倡新道德，有些人则以进步和西学之名义抵制旧道德。但当时的人们将尊孔与旧道德联系在一起，或者说认为旧道德来自孔子，"非谓孔教一无可取，惟以其根本的伦理道德，适与欧化背道而驰，势难并行不悖"。③ 由此可见，崇化学会建立的初衷是保存旧道德，而且从文庙岁修办事处自白的宗旨中就有"提倡旧道德"和"特重尊孔"两点。

当民国 12 年（1923），严范孙先生亦文庙殿宇倾颓，联络士绅捐款兴修，并议创办崇化学会阐扬国学，并负保管之责。由此，崇化学会在设想筹备之时，就负有保管新修好的文庙的职责。从创立崇化学会的初衷来看，其原本就是要作为天津文庙的一部分存在，这也解释了为什么崇化学会要回到明伦堂。

（二）崇化学会发起人和学会简章

1927 年，从捐启看，发起人有 29 人，即"赵俊卿、蔡成勋、周登皞、言敦源、卢靖、杨庆鋆、徐世光、张聘三、倪道杰、赵德珍、杨以俭、胡维域、刘荣、杜克臣、魏信臣、王子青、朱余斋、赵品臣、王仁沛、金钺、卞耀昌、刘嘉琛、高凌雯、王守恂、华世奎、李金藻、赵元礼、林墨青、严范孙"。④ 后又有周云、章瑞亭、张鸿卿、王仁治四人加入崇化学会发起人。天津文庙保存着一份 1933～1936 年"发起人姓名"的手写名册，包含了以上 33 名发起人。⑤ 民国 17 年（1928）

---

① 《天津志略》，载来新夏、郭凤岐主编《天津通志》（下），第 362 页。
② 《组织中之崇化学会》，《大公报》1927 年 8 月 1 日。
③ 陈独秀：《答佩剑青年》，《独秀文存》第 3 卷，第 48 页。
④ 《捐启》，《社会教育星期报》1927 年第 608 号。
⑤ 转引自邵红《风雨飘摇中的坚守——民国时期乡贤与天津文庙》，第 117 页。

春，正式开学。由严范孙先生，假以本宅蟫香馆，为学会讲习地点。在严范孙先生逝世后，即由该会杜董事克臣，筹借特别三区二经路楼房一所，于民国18年（1929）夏，该会遂迁。

崇化学会的简章，如下：

名称：崇化学会

二、地址：暂借南关下头杜宅

三、宗旨：讲求国学补学校所未及为宗旨。学会招集会员研究专门为定则，开办伊始会友未集，特先设讲习科为造就。会员张本会章程另订。

四、讲习科之组织

（甲）主讲一人，由董事会礼聘。（乙）董事三十二人，凡发起人皆为董事，常川董事十五人，由全体董事内推举，再由十五人内推举首席董事一人，保管基金董事二人，其余十二人轮流值日，任期均一年，得连任。（丙）司事一人，经理账目、文牍、庶务，由董事会遴选。书记一人，缮写兼保管文件，由董事会遴选。

五、科目：（甲）义理，（乙）训诂，（丙）掌故。上三门如学有门径者可自定一书为日课，博求他书参考，作为札记。如系初学，义理门以四子书，训诂门以诗经注疏为日课之本，掌故门应以九通为源泉，然非先从事于正经正史，亦属茫无头绪，且入手之初亦鲜简而得要之书，可作为日课，定本此门应俟甄试后再定应设与否。

六、入科资格：年十六岁以上三十岁以下国文通顺能作至四五百字以上者。不拘省籍，暂不收学费。

七、课程：学生自课另用日记簿记月日所课书何处起何处止，及参阅何书有所得有所疑即类记于下，日记分甲乙两册，一星期呈阅。如第一星期甲册尚未批出即用乙册写日记。诸生如有为诗古文词者，亦可将近作呈阅，但每月每人不得过两艺。

八、时间：下午二钟后为讲习时间得延长至四钟五钟余，可在家自习,愿在会者亦听其便。

　　九、考验:日记用积分法,每两月命题,另课一次,以凭试验。

　　十、毕业:以能知门径渐有心得为程,以后即作为本会会员。

　　十一、数额:少则三十人,多至四十人为限。①

　　1937 年,天津沦陷,崇化学会只得停办。华世奎等人为当时形式所迫,调整了崇化学会的办学方向和方式,开办国学讲习科,"兹为预储国学专修科学生资格起见,改设国学讲习科,以备升入专修科,并可造就师资为他日中小学读经教员之预备"。

(三)　崇化学会的经费来源

　　崇化学会成立之初就规定不收取学生费用,截至 1932 年,崇化学会已经开办四年,招收的学生不下六七十人。至此,崇化学会的费用就成了主要问题。按当时政府对社会团体的规定,崇化学会的经费来源主要是向社会募捐。

　　我国自三代以来,文化之盛虽经时局变迁而一线绵延,卒未中断,近今议论则以顺世界潮流为职志,聪明才力群注于科学之一途,惩忘既久,荒陋日多。而东西国学人之来游中土者,转能窥见经史大旨,与夫政治民俗根柢所在,谓足以救物质文明之穷用,是研究东方文化之说一时云起,气机鼓励莫为而为。同人等以为他人我先已成事实,及早补救较易为功,悉心体察为当。今所亟应从事者部类至多,而以训诂学、义理学、掌故学三门实为发扬国学之途径。拟参仿从前宁波辨志文会,上海求志书院成法,延请专门宿儒按期命题寄卷分校,并定期讲授经义,俾在校非在校,学人兼习分习一听其便。取汉诏"崇乡党之化,以砺贤才"之意,定名崇化学会。俟有成效再图推广,开办之始,借天津社会教育办事处办事地点。惟是办理此举,凡修脯奖金与杂项为数

----

① 《崇化学会简章》,《社会教育星期报》1927 年第 617 号。

不赀，非筹集巨款作为本金难期持久，用是粗述大要，就商于当代深识远见之君子。如谓可行，请予赞同并书认捐基金若干，以示提倡，斯文之幸，吾国之光也，专启布陈惟祈公鉴。

发起人：赵俊卿、蔡成勋、周登暭、言敦源、卢　靖、杨庆鋆

徐世光、张聘三、赵德珍、杨以俭、胡维域、刘　荣

王仁沛、金　钺、卞耀昌、刘嘉琛、高凌雯、王守恂

华世奎、李金藻、赵元礼、林兆翰、严　修①

同时，崇化学会向社会发出了募捐书，希望通过汇集社会的力量，使国学得以传承和发扬，其内容如下：

敬启者，窃同人等鉴于国学日微，将有道丧文敝之惧，爰于去岁发起崇化学会为童年储师资，为学子谋深造，俾国学略存一斑。当蒙褚督办捐助基金五千元，以资提倡，嗣经陆续募集，总计将万金。惟兹事体大，一切设备及修脯奖金杂项等费在筹款，约略计算至少非有基金五万元，难以举办。奉仰台端热心公益，如蒙广为劝募，俾得早日观成，不特斯文有幸，而起衰继绝之功，同人等亦感无涯涘矣。附上捐启一扣，尚希垂察专此奉步。②

从上述捐启的内容来看，已往有了万元的捐款，其中最大一笔应是文中提及的褚督办，而这个褚督办是时任直隶军务督办兼省长褚玉璞。一本崇化学会捐款册籍上还记录了"褚玉璞捐洋五千元，寓居天津的江西督军蔡成勋不但捐出两千元的巨款，又为学会捐赠《十三经注疏》一部，《相台五经》一部，《经苑》一部和《五史》一部"。除

① 《捐启》，《社会教育星期报》1927 年第 590 号。
② 《社会教育星期报》1927 年第 608 号。

了"文庙与祭社"的同人，当初给天津文庙大修捐款的个人和商号亦多有捐赠。

崇化学会回归文庙明伦堂之后，首席董事华世奎向天津市政府呈文，希望政府能拨款补助：

> 敬启者，窃查本学会于民国十六年，由已故严绅修倡议开办，曾呈明旧省长公署、前教育厅暨县公署有案。当经招考生徒，延师讲授，迄今已历九载，学员成绩，有将著作呈送国府审查，予以资格准应高等文官考试者，其余程度大率与之相埒。但开办之初，风气闭塞提倡人少，故应考未多。今者识时之士皆知国势至此，非尊圣无以救亡，非读书无以止乱，于是东南各省此行彼效，莫不以提倡国学为目前要图。本会开办在先，根基已立，自应亟筹扩充之方，经同人开会议决，于本会讲习科外附设初级讲习科以为毕业升班之预备，其有志向学而未能入讲习科者，更设学术讲演会，使之按时听讲，如此则程度深浅合宜，藉收普遍之效。惟本会经费向由士绅捐集，来源无多，延聘讲师购置图籍刊刻会员著作，在在需款挹注无方，为此恳请贵府酌就市库拨给常年补助经费，俾资进行。庶本会九载之经营不致中辍，且后来发展必有可观。所有本会请款补助情形相应函请贵府查核备案，并准予拨给经费，赐示遵领，至为公便。此致天津市政府。
>
> 天津崇化学会董事长华世奎①

天津市政府收到呈请之后，很快回复："兹规定，自本月（1935年9月）起每月补助经费六百元……希即照数编选本月份预算书四份函送过府，以便能饬拨发为荷。"② 可见，崇化学会迁入天津文庙明伦堂之后，其经费来源除了向社会募集之外，还有来自政府的拨款，

---

① 天津档案馆藏，档案号 4012-06800-J0110-3-001767-003。
② 天津档案馆藏，档案号 4012-06800-J0110-3-001767-003。

其性质也因经费来源的改变而有所改变。时隔两年，"七七事变"之后，天津沦陷，崇化学会拒绝接受伪天津特别市政府的资助，长达8年。

（四）崇化学会讲习科及授课内容

崇化学会开办之初，学员初集，开设预习班，根据学员程度，制定讲习方针。又敦请江苏硕儒章式之先生为主讲，其科目设义理、训诂、掌故各门。讲授内容主要摘自《论语》《孟子》《礼记》，此外还有《诗经》和《易经》。

具体来讲，1935 年秋，崇化学会迁入文庙明伦堂之后，增设初级讲习科，兼办学术演讲会。演讲会由四位讲师任课，杜箴予讲授《中国初期经学史》，郭霭春讲授《两汉经学史》，石松亭①讲授《古文概论》，骆颐儒讲授《孔子学行述史》。1945～1948 年讲师及所任课程：郭霭春教授《左传》《史记》《汉书》；龚作家讲授《孟子》《尔雅》《易经》，兼授书法课；郑菊茹教授《论语》《诗经》；杜箴予讲授《尚书》；张德孙讲授《礼记》；郭泽之讲授《孝经》；俞品三讲授《说文解字》；裴学海讲授《音韵学》；王斗瞻讲授散文兼写作课；卓星槎讲授骈体文；寇泰逢讲授唐诗；宋向元讲授《国学概论》；李晴川讲授《地理》；齐通侯讲授《英语》；赵佐尧、程云卿共同讲授体育课，上课内容为武术等。②

课文写作的体例主要有"论""说"等，也有"述义""释义"等阐释性的文章，同时还要求学员必须写"书后"的读书笔记。崇化学会讲授的内容与清末时期天津儒学的内容大致相同。

这实际上就是传统社会中实现"教化人伦"的具体方式，也是庠序的作用和价值，例如，历史上就有"取《左传》《公羊》《穀

---

① 石松亭，名永茂或永懋，字松亭，1927 年始在崇化学会学习，多次获得奖学金，自 1935 年起在崇化学会任教，其《论语》研究被视为当时研究的巅峰之作。附录图 3 为其在崇化学会学习期间所做的笔记。

② 根据曾在崇化学会读书的李炳德先生提供的资料和回忆内容整理。《周易》一门课的任课老师为何人，老先生已经遗忘了。

梁》《礼记》《周礼》《仪礼》《尚书》《毛诗》《周易》，任通一经，务取深义奥旨，通诸家之义。试日，差诸司有儒学者对问，每经问义十条，问毕对策三道。其策皆问古今理体及当时要务，取堪行用者"。所冀"数年之间，人伦一变，既归实学，当识大猷。居家者必修德业，从政者皆知廉耻，浮竞自止，敦庞自劝，教人之本，实在兹焉"。①

1928 年，崇化学会制定了《崇化学会讲习科讲授办法》，规定了讲习科的诸多制度，还设有奖惩办法：

一、从旧历正月二十四日起，每值星期三、星期六下午二钟至五钟为主讲指授时间，地址假文昌宫西严宅。倘有不能到者，必须预先请假。

二、借社会教育办事处阅览室为学员自习地点，其书籍只能在室阅览，不得借出。

三、每月课文札记均须按规定日期呈交，不得缺课。课文札记以六十分为应得分数，缺课者扣除，逾期者酌扣。

四、课文每月两次，星期六日领题，次日必须缴卷，领题缴卷仍在社会教育办事处，全年日期另有详单。

五、札记每月定交两次，每逢课文领题目即为交札记日期。

六、课文札记积分多寡每季结束一次，优者酌给奖金。②

三　崇化学会与各文化教育组织性质和职能比较

天津的这些学会发起人基本一致、参与人高度重合。故表5-1对这些国学教育组织之间的关系及各自的性质和职能进行简单梳理，以期能将其间关系探究明晰。

---

① 《旧唐书·列传第六十九》。
② 转引自邵红《风雨飘摇中的坚守——民国时期乡贤与天津文庙》，第 129 页。

表 5-1 民国时期天津国学教育组织统计

名称	初创时间	资金来源	活动内容	性质	备注
社会教育办事处	1915	政府出资	下设（1）风俗改良社；（2）艺剧研究社；（3）演说练习所；（4）音乐练习所；（5）天然戏演习所；（6）半日学校总处；（7）半夜补习学校总处；（8）露天学校总处；（9）武士会；（10）国货维持会	社会教育及管理机构	
广智馆	1921	捐资、政府出资、及门票收入	陈列物品，讲解	陈列馆及管理	
国文观摩社	1927	捐资	教授国学	国学教育	需纳会费
崇化学会	1927	捐资	教授国学	国学教育	后期政府补助
存社	1921	捐资	初期，只征诗，翌年兼设了经义史论课程	文人诗社	

资料来源：本表根据《天津志略》《社会教育星期报》《广智馆星期报》制成。

在上述五个团体中，最早成立的是社会教育办事处，由当时的市政府出资兴办，据有半官方的性质，其经费来源也多半来自政府，之后社会教育办事处的部分功能被广智馆取代，最后直接由广智馆接管。1927 年同时成立了两个国学组织——崇化学会和国文观摩社，国文观摩社受社会教育办事处（广智馆）的资助，同时其还向崇化学会输送学员，而存社则是和社会教育办事处（广智馆）存在一定的隶属关系。

综上所述，当时天津士绅兴办如此多性质相近的教育团体，目的有三，一是寻求延续传统庙学的合适方式；二是复兴儒学，重构对于儒家思想的文化认同，甚至是在寻求一种对未来中国有意的文化建设之路径；三是移风易俗，教化乡里。

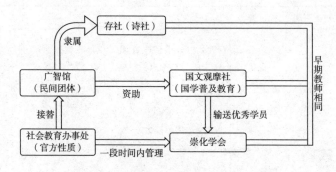

图 5-1 民国时期天津文化教育组织关系示意

第二节 崇化学会的价值及其影响

一 作为"新庙学"的崇化学会

(一) 崇化学会实为"新庙学"

早在唐以前人们用"庙学"指文庙与学校的合成体,文庙在建置上一般都是学校建筑群的门户或门庭。唐人称"庙学",可以援引韩愈《处州孔子庙碑》为例,如说"惟此庙学,邺侯所作"。① 显然,庙学在帝制时期是官学,是国家政教体系中的一个重要环节。民国建立后,庙学自然也就失去了官学的地位和属性,这同时也导致了庙学制的瓦解,以及庙学的消失。因此,这里提出的"新庙学"实际上是指具有传统意义上庙学特性的教育机构或者团体。就其本质和特性具体来说,"新庙学"是依附于文庙的教育团体,其次其讲授和宣扬的是儒家思想,传承的是儒家文化,不仅如此,同时还借助教育教化乡里,在当地起到一定的移风易俗作用。民国时期的"新庙学"本身不再具有官学的属性,多为民间团体和组织。

基于上述对"新庙学"的理解,崇化学会在创建之初,实际上就属于"新庙学"的范畴。换言之,天津士绅创立崇化学会之初,仿照

---

① 卢国龙:《唐代庙学与文化共相》,《世界宗教研究》2013 年第 3 期。

的就是传统庙学，或者说希望能起到庙学的部分作用。崇化学会的创办者，多为文庙与祭社的士绅。换言之，即文庙保管组织的成员创办了一个宣扬儒学的大众教育团体。尽管，崇化学会建立之初，并未在文庙的明伦堂，甚至在当时不知道何时能迁入明伦堂。

学员奖励机制方面，崇化学会与传统庙学一脉相承。比如，传统庙学需要通过考试才能进入其中学习，正式的学生由政府出资，学生可获得资助，崇化学会亦是如此：八成以上者八卷，第一奖十二元，以下各十元。魏思霖八十八分，石永茂八十七分，骆寿先八十四分，黄德功八十三分，李忠锐八十二分，阎子玛八十一分，周克礼八十一分，于象贤八十分。七成以上者六卷，各奖八元。王禄申七十五分，陈召棠七十五分，王仁镜七十五分，苗祝明七十二分，陈承翰七十二分，许世芳七十分。六成以上者四卷，各奖六元。①

教学内容方面，教学内容主要是四书五经等儒家经典，这点与传统庙学基本一致。从学生的成果来看，更是与之前的生员和儒者的著述无异，如骆寿先著自1927年入会，著有全部《论语》札记、《诗经》札记、《左传》札记。章邦宪自1929年入会，著有《论语》《孟子》札记各二卷，《尚书》《礼记》《札记》各四卷，《诗经》杂记六卷，读《汉书》札记十二卷，《汉表校议》八卷，《两汉职官表》八卷。邵葆源自1930年入会，著有《大学》札记一卷，《论语》札记两卷，《孟子》札记四卷，《左传》札记两卷，《通鉴》札记两卷，等等。如果将其和方志中的儒行对比，其一致性会更加明显。

移风易俗方面，崇化学会早期一直在天津社会教育办事处的会刊《社会教育星期报》上登载澄明风俗的文章。比如《天津丧服略说》，即针对当时社会上的风俗乱象或是有争议之事展开论述，还将天津与北京等其他地区进行对比，以正风俗。当时，《社会教育星期报》收到大量有关礼俗的稿件，既有询问，也有讲解礼俗，俨然成为正风俗革乱礼的阵地。

---

① 根据《广智星期报》整理。

综上，对比崇化学会和传统"庙学"，不难发现，崇化学会实际上是庙学"庙以崇先圣，学以明人伦"理念的延续，其办学方式借鉴了庙学传统。但是由于社会和政权的变迁，庙学制已经不复存在，因此具有这种性质的教育团体实则是当时依附于文庙的庙学，故可称为"新庙学"。

（二）回到文庙明伦堂与"新庙学"的确立

崇化学会成立之初，是在严范孙家中的蟫香馆授课。1929年，崇化学会向当时的市政府提请，想迁入文庙。文庙岁修办事处"以利用孔庙余地举办文化事宜，饬由教育局经管办理图书美术等馆等因，查旧省县两庙前由地方绅者集资重修，彼时即经筹议，藉以发达文化，爰创办崇化学会阐扬国学，奈文庙内尚未完全竣工，即被军队占住，以致学会未能迁入，现仍借用他处房间，按学会计划应设讲学之堂，藏书之所，以及主讲休息，董事会议员司办公，学员会课寄宿等室，因庙中余房甚少，方恐不足分布，既牌位归并一殿，腾出房间较多，正合应用，是本市士绅对于孔庙余地筹设地方文化事项，业有定议在先，……请贵政府俯准仍照士绅原议以庙内余地作为崇化学会讲学处所"。[①] 可见，在1927年，崇化学会初创之时，就已经与政府商议，以发展文化事业训令为依据，将文庙余地作为崇化学会的教学地点。

当时的《益世报》对此也有明确记载，"本市城内孔庙，前市政府因准内政部咨改为孔子庙，将神位移奉，拟利用庙址组设美术图书等馆，兹闻文庙岁修处，以庙内向由崇化学会附设庙内，设处保管，现市府已仍准该本在内，现图书馆将另觅地址"。[②] 实际上，由于当时文庙明伦堂被占用，崇化学会未能在1929年迁入文庙，故在与天津市政府交涉后，迁入由常川董事杜克臣筹借三区（今河东区）二经路天津行商公所一处楼房作为校舍。

1935年，在天津文庙岁修办公室和天津特别市政府的努力下，崇

---

① 《训令·据文庙岁修办事处请以孔庙余地仍照士绅原议作为崇化学会讲学处所令行汇案重加核覆令，第三八一五号》，《天津特别市教育局教育公报》1929年第17期。
② 《本市孔庙》，《益世报》1929年11月26日。

化学会终于迁入文庙明伦堂，在形式上完成了自身"新庙学"的建构。是年，不仅崇化学会迁入明伦堂，还和之前已经更名为孔庙管理办事处的文庙岁修办事处整合，"与孔庙保管办事处，合办学术讲演会。……学术讲演会科目，计分经学、史学、文学、修身四种"，[①] 并重新制定了新的崇化学会简章，其内容如下：

第一条　　本会定名为天津崇化学会。

第二条　　本会会址设于天津东门内孔庙。

第三条　　本会宗旨在研究历代学术源流得失，发扬固有文化，而尤以身体力行为原则，凡研究事项与应守规程均另定之。

第四条　　本会设主讲一人，主持全会教务，会员若干人。

第五条　　本会主讲由董事会礼聘师儒充任之。

第六条　　凡本会会员以在本会讲习科毕业或国学已具常识经董事会审查通过者为合格。

第七条　　凡会员得就性之所近另行专修一科，实于所学有所发明及合时用者，由主讲鉴定后得用崇化学会名义编成丛刊问世。

第八条　　本会为预备会员起见，先设讲习科并附设初级讲习科学术讲演会，其章程均另定之。

第九条　　本会设置董事会决议监督一切重要事项，其章程另定之。

第十条　　本会设事物主任一人，指导会计、庶务、文牍、书记、图书管理员等事务人员执行一切重要事项。事务主任由董事会就常务董事中公推之。

第十一条　　本会经费由董事会筹募并请官厅补助之。

第十二条　　本会为办理文化事宜得协同天津孔庙保管办事处进行之。

---

① 《崇化学会阐扬国学增设初级讲习科组织学术演讲会》，《大公报》1936 年 1 月 28 日。

第十三条　　本章程如有未尽事宜，得由董事会决议修正之。[①]

同年，崇化学会制定了"崇化学会扩充计划"，其中第四条为"迁入文庙已有确定地址，先与文庙办事处合办学术讲演会，将观摩社加入，并添字课，一方面听讲，一方面学文学字，讲演时间在星期一至星期五每晚规定两小时，拟约霭春、葳予担任，标题先以经史及崇祀文庙圣贤为范围，豫拟纲目，清主讲核定，将来讲毕一题即成一种小丛书，与商务印书馆商议出版"。[②]

据曾在崇化学会读书的李炳德老先生讲述，"1927年9月11日讲习科开考，考场设在祀礼第一小学，考生63人"。这里要说明的是，当时占用明伦堂的就有私立第一小学，换言之，第一次开考，考场就设在明伦堂。

（三）崇化学会与祀孔仪式

自崇化学会迁入天津文庙明伦堂之后，积极参与文庙的祀孔活动，下文是当时天津《大公报》关于此事的记载。就目前所见的资料来说，对崇化学会祭孔的记载并不多见，但是依然可以从一些其他的资料上推断：崇化学会祭孔并非是在迁入明伦堂之后，自成立之后就多有参加。

孔子诞辰，原为夏历八月二十七日，年来虽经中央改定按照国历举行；而于夏历举行的仍复不少；尤其是，广东连年均按夏历举行，本市的崇化学会和国学研究社：这两个团体，所讲的，所习的，无非是些孔子的学说；所以他们均遵守孔子"行夏之时"的这句话，当然是按夏历举行了。并闻天津市教育局长李琴湘先生，亦于是日晨，在私宅举行祭孔的典礼，演古乐以助余兴。国学研究社，举行典礼的时间，原定为是日早晨；后来因为牵就

---

① 转引自邵红《风雨飘摇中的坚守——民国时期乡贤与天津文庙》，第170页。按：此崇化学会简章与1946年档案附录的简章在文字上有出入，但条目内容基本一致，虽未见到邵红书中原件内容，但鉴于时间上更早，故引用该版。

② 邵红：《风雨飘摇中的坚守——民国时期乡贤与天津文庙》，第167页。

服务社会，和白日求学社员起见，临时改为午后五时。仪式虽甚简单，具体而微，仍不失为隆重。主祭者为李实忱先生，分献者，为郑菊如、钟蕙生两先生，与祭者，除金潜斋，王维辰，孟昭芳，靳潏卿，裴学海，陈慰苍诸位讲师以外，社员约有百数十人。通赞，为迟维贤先生；引赞，为曹耀奎先生；分赞为陈隽如，谢宗棠两先生；读祝，为李邦佐先生；司帛，为龚王宾，顾象枢两先生；司箧，为韩少苏先生；司爵，为刘子常先生；司豆，为周铁铮先生。来宾观礼者，不下数十人。颂歌时，颂至"孔子！孔子！大哉孔子！孔子！孔子！大哉孔子！"全场空气极为紧张。礼成后，由李实忱先生训话，大致谓："孔子诞辰，到处举行庆祝，何以这样热烈？由于孔子的道德学问的伟大，实在有着人向往的价值。吾们虽不称为孔门弟子；但是吾们相信是私淑孔子的人；希望大家，以孔子之心为心；以孔子之道为道；以孔子之学为学；勉励毋怠！"等语，约七时尽礼而散。①

1929年以后，文庙岁修办事处董事为陈宝泉、赵德珍、邓澄波、赵元礼、王贤宾、华凤阿、华世奎、高凌雯、张寿、刘嘉琛、王守恂、杨鸿绶、李金藻、高增奎、严智怡、王仁沛、林兆翰等。17位董事中有赵德珍、赵元礼、华世奎、高凌雯、刘嘉琛、王守恂、杨鸿绶、李金藻、严智怡、林兆翰10人为崇化学会发起人兼常川董事。而文庙岁修办事处一直参与文庙祭孔，尤其当政府不祭祀孔子之时，其一直坚持举办祀孔典礼。1928年，南京政府停止祀孔大典，是时，华世奎等人呼吁恢复文庙朔望行香之礼。"华世奎以文庙每逢朔望，向例有人上香。庚子以来，久已中辍。兹拟纠集同道，设法恢复，日前致函与祭洒扫社，征询意见，经该社总董林墨青据情商诸严修等，对于华氏建议，极表同情，并于昨日发出通函云：公启者，旧例文庙，每逢朔望日期，由我同人恭诣上香，历有年所。自庚子兵燹以还，迭逢世变，

① 《国学研究社祭孔志盛》，《大公报》1935年9月25日。

遂致中辍，仍应恭诣上香，以昭虔敬。兹拟朔望拈定轮流值事名次，草单纸呈阅，数年前复欲重整，旋因重修庙宇，此举暂行停止，现在工程略已完备，同人佥谓朔望虔敬。"①

辅以上述报道，可以推断崇化学会诸人一直都不同程度地参与祀孔，只是时至 1935 年，崇化学会的师生已经将春秋祀孔，甚至可能是朔望行香作为自身的职责。如此，才是崇化学会真正回归明伦堂的表现，同时，崇化学会具有了"新庙学"的属性。

二 "新庙学"与儒家文化认同

（一）"新庙学"的创立与当地士绅的变通

在谈论"新庙学"与文化认同之前，需探讨一下天津文庙"庙"与"学"的关系。如前章论述，自科举制瓦解之后，天津士绅就一直力倡兴学，从清末民初的劝学所开始代表"学"的教育机构和代表"庙"的文庙组织一直分分合合，即划清职责又在有些时候相互合作，甚至将职责合一，劝学所和早期的"文庙与祭酒扫社"即是如此。创立者、参与者，以及祀孔、保管天津文庙的职责也多有重叠。实则，这种情况本身就是天津士绅希望通过改革学制、教学等内容，使庙学符合新的社会现实。事实上，民国初期，天津士绅确实兴建了多所学校，促进各种形式和层次的教育，但可能都不是他们想要的样子。民国初年，天津创办的社会教育办事处具有官方机构性质，与此同时几乎是同一群人创建了更具有民间教育场所性质的广智馆。在成立广智馆的同时，他们还成立了存社，实际上是这些人的诗社，原本就是文人诗性的体现。存社成立之后，逐渐加上了国学讲解，换言之，将征诗、品诗的文人诗社变成了具有国学普及性质的社团，并利用当时社会教育办事处的会刊《社会教育星期报》来推广和普及，甚至在上面刊载点评指导的内容。② 广智馆虽被创立人谦称为惨淡经营，实际上

---

① 《朔望两次上香》，《大公报》1928 年 4 月 2 日。
② 参见《社会教育星期报》"存社徵诗"栏目。

每月不乏人参观，或者说"正常营业"。①

之所以改变存社的性质，实际上不是因为广智馆无法起到普及教育的目的，而是广智馆无法实现士绅心中真正的教化理想。其实这不仅是天津士绅独有的问题，而是当时社会思潮反复的具体体现。清末中国积弱，时人将强国的希望诉诸西方教育，以期开启民智。但后来发现，新式教育也不能救国强国，又开始强调国学的重要性，就如同"新旧道德"之争。这些天津士绅在教育理念上亦有双重诉求，一是教育普及，二是实现自身的文化认同。他们中间很多人都是在庙学受的儒学教育，如高凌雯是清光绪癸巳举人；华世奎 1879 年入泮，1885 年拔贡；刘幼樵是 1885 年光绪乙酉的举人。所以，这些士绅又在 1927 年创立了崇化学会，同时还成立了国文观摩会。就这两个学社的性质来看，国文观摩社面向有一定国学基础的成年人，实际上是国学的普及教育，起初还收取会费，后来虽然停止了，但和崇化学会不收学费，考试成绩优异者还有奖金可以领取的模式完全不同。相较而言，国文观摩会是具有普及性质的初级国学教育，而崇化学会则是家境普通者的精英教育。细想之，这种需入学考试、成绩优异有奖金、不合格者劝退的模式在某种程度上借鉴了庙学的生员制度，可以说是变相的廪膳生。不仅如此，从崇化学会讲授的内容来看，也和原本的庙学教育如出一辙。

不仅如此，崇化学会其中一个重要职能就是保管文庙，这里实际上存在一个如何定义"保管"的问题。如前所述，天津文庙从清朝起就有洒扫与祭组织，之后多次更名，人员也有变更，但是始终肩负着保管文庙的职责。至民国中后期，保管文庙的不仅是文庙管理办事处，还有崇化学会。在士绅心中，与祭社或文庙管理办事处起到的不过是文庙洒扫户的作用。文庙本身具有的涵泳一方文脉，传承道统的文化作用，不仅是由文庙庙貌的壮观来实现的，更是由其中的文化传承、祀礼佾舞，以及对传统儒家思想的信奉来承载的。基于此，保管文庙更适合由崇化学会来完成。

---

① 《广智馆七月份总计：阅览人数、牧品件数》，《广智馆星期报》1935 年第 334 号。

这里还有一点要提及，1929年崇化学会申请迁入文庙明伦堂之时，并非不知道明伦堂被小学占用，之所以行此举实则是为了保护文庙不被其他文教机构占用。1929实行的《孔庙财产保管办法》中规定，"但其（孔庙）财产，应办理旧府厅州范围内之教育文化事业"；"孔庙地址，应充分利用，以办理学校，或图书馆，民众学校等"；同时还规定，"地方绅士，不得藉故占用孔庙财产，其原设有礼乐局等机关者，应视其有无价值分别存废"。① 基于这样的现实，将崇化学会作为"新孔庙"中的"新庙学"再合适不过了。

综上所述，从天津士绅的创社意图以及努力方向不难发现，崇化学会实际上是原本庙学在民国社会的一种延续和调适，具有传承儒家思想文化的作用，并在对于文庙和孔子态度多变的民国肩负起保管天津文庙的职责。不得不说，"新庙学"这种方式对文庙和文庙所承载的文化象征有非常积极之作用。

（二）"新庙学"在建构儒家文化认同中的积极作用

《礼记·学记》云："古之王者，建国君民，教学为先。"直到元始三年，"立官稷及学官。郡国曰学，县、道、邑、侯国曰校。校、学置经师一人。乡曰庠，聚曰序。序、庠置《孝经》师一人"。② 这时才使教育惠及乡里，同时完善了地方教育制度。而此时，有关于"学"的记载和制度的完善，却没有"庙学"的记载，庙学的雏形或始于东晋孝武帝年间。③《文献通考》载，太元元年（376），尚书谢石陈之曰："立人之道，曰仁与义，翼善辅性，唯礼与学，虽理出自然，必须诱导。故洙、泗阐弘道之风，《诗》《书》垂轨教之典。敦《诗》悦《礼》，王化以斯而隆……今皇威遐震，戎车方静，将洒玄风于四区，导斯民于至德。岂可不弘敷礼乐，使焕乎可观！请兴复国学，以

---

① 《孔庙财产保管办法》，《教育部公报》1929年第1卷第7期。
② 《汉书·平帝纪》。
③ 关于孔子庙进入学校的时间，黄进兴、高明士二先生均倾向于东晋孝武帝年间，参见黄进兴《优入圣域——权力、信仰与正当性》和高明士《东亚教育圈形成史论》。

训胄子；班下州郡，普修乡校。"①《孟子·滕文公上》说，"设为庠序学校以教之。庠者养也，校者教也，序者射也。夏曰校，殷曰序，周曰庠，学则三代共之，皆所以明人伦也"。现在已很难具体了解这些学校的教育内容，或许三代礼乐相沿革，教学内容也是动态发展的，并非一成不变，但教学的根本目的则一脉相承，都在于"明人伦"，也就是《尚书·洪范》所说的"彝伦攸叙"，以伦理形式培养社会的归属感和秩序认同。从功能的角度大致说来，所谓庙学可以界定为以教学的形式推动信仰和文化的传承以及传播。② 而这里的文化和信仰实际上就是儒家文化，而孔子也认为其道源于三代。自唐代以来，庙学制度建立，唐太宗贞观四年，"诏州县学皆作孔子庙"。自《大唐开元礼》规定庙学礼制和教学内容以来，直至清代几乎没有大的变化。尤其从宏观角度看，讲授内容——儒学，这一点来看几无变化。因此，可以说"庙学"实际上是文化和信仰传承的重要载体。有学者认为其是"地不分南北，庙不论狭广，都在同时举行同样的仪式，表达同一种信仰。这样的文化共相，无疑会让人产生强烈的文化归属感"。③

按照乔纳森·弗里德曼（Jonathan Friedman）的观点，"如果'文化认同'是一个种属概念，指的是给定人群的一组有特征的属性，我们就能说，体验到的由个人携带在血液中的文化认同，可以说是众所周知的族群性。它不是被实践的，而是内在固有的，不是获得的，而是先赋的。在最强的意义上，它是用种族或生物遗传的概念表达的。在较弱的意义上，它被表述成传统，或者是每个个体都可以学习的文化遗产，在个体行为的层次上，它确实是清晰可辨的。后者是西方最普通的族群性的概念。这种属性最弱的形式是指'生活风格'或生活方式，它可能有，也可能没有传统的基础"。④ 那么按照上面的定义，

---

① 《宋书·志第四·礼一》。
② 卢国龙：《唐代庙学与文化共相》，《世界宗教研究》2013年第3期。
③ 卢国龙：《唐代庙学与文化共相》，《世界宗教研究》2013年第3期。
④ 〔美〕乔纳森·弗里德曼：《文化认同与全球性过程》，郭健如译，商务印书馆，2004，第48页。

文化认同较弱的表达实际上就是文化传统，以及未必形成传统的生活方式。这种形式的文化认同表达实际上依赖于教化，"立太学以教于国，设庠序以化于邑，渐民以仁，摩民以谊，节民以礼"，而这里教化人民的方式，实际上就是思想和价值的传播，文化共同体的建立。

崇化学会在《捐启》中曾介绍学会创立的宗旨，也阐明了其接续道统之意，"我国自三代以来，文化之盛虽经时局变迁而一线绵延，卒未中断，近今议论则以顺世界潮流为职志，聪明才力群注于科学之一途，恣忘既久，荒陋日多"。由此，崇化学会实则立基于这种认同的共识，成为儒家思想文化共相的传承者。然而，当时社会对于中西文化以及新旧道德的选择上多有扦格，在经历了"全盘西化"，否定"旧道德"之后，开始需求中西调和之间的文化之路。有人在当时提出，"凡欲前进，必先自立根基。旧者根基也。不有旧，绝不有新，不善于保旧，决不能迎新，不迎新之弊，止于不进化。不善保旧之弊，则几于自杀"。① 对此，崇化学会创始人回应道，"而东西国学人之来游中土者，转能窥见经史大旨，与夫政治民俗根柢所在，谓足以救物质文明之穷用，是研究东方文化之说一时云起，气机鼓励莫为而为。同人等以为他人我先已成事实，急早补救较易为功，悉心体察为富"。② 这实际上希望以建构传统文化的认同，来解决中国当时的问题。一些尊孔、妄图重建儒家文化认同的努力，实际上不仅是为了解决当时的问题，还是希望为中国的未来指明一条出路，即何为"体"，何为"用"的问题。

受这种思潮的影响，同时也是自身文化认同和文化诉求的表达，天津士绅创办崇化学会，然而重建在清末民初备受争议的儒家思想并行"尊孔"之事，绝不是一番口号，或创建一个学会就可以完成的。因此，他们制定了学会教育的具体办法。从宏观层面来看，即"以训诂学、义理学、掌故学三门实为发扬国学之途径"；从微观层面来看，

---

① 章行严（士钊）：《新时代之青年》，《东方杂志》1919 年第 16 卷第 11 号。

② 《捐启》，《社会教育星期报》1927 年第 608 号。

其教学内容非常有针对性和代表性。"六经茂典，百王仰则；四学崇教，千载垂范。是以西胶东序，春诵夏弦，说《礼》敦《诗》，本仁祖义，建邦立极，咸必由之。"① 基于这样的理念，天津崇化学会的教学科目，主要以四书五经为主。但有一点值得注意，当时保守的尊孔派多崇读经的教育，但是崇化学会还加入了对于时事的解读。例如1929 年，崇化学会讲习科课文题目有《风雨思君子说》，1930 年有《说近今国文之需要》，1931 年有《辛未津乱记》《说国耻》等结合现实的题目。崇化学会的教学基础是建立在共同的教材、文化共识之上，以期唤起的是共通的普遍价值。因此，崇化学会这种具有"庙学"性质的教育团体，对文化认同的建构大有裨益，自 1927 年创办以来，崇化学会持续了 24 年。

---

① 《唐会要》卷三。

结　语

　　民国天津文庙的研究不仅是为了回溯历史，将这段与文庙有关的史实梳理清晰，更为重要的是思考其中的原因和总结当时的经验，以助益当代文庙的定位以及祀孔仪式的选择。

　　早在民国时期，就有人在思考文庙和文庙祀孔典礼发展趋势以及仪式选择的问题，"在前清时代，每逢祭孔大典，文武百官，在孔庙的远处，就要下马步行，因为，在孔庙的外面，就有一个'文武百官，在此下马'的石碑，可是，现在是民国时代，这一切都没有了。在以前的祭孔，是依照阴历来计算，但是，现在却改用了阳历。以前祭孔，三牲，冷猪头和牛肉都是不可少的东西，但现在都没有了。以前祭孔，是用的大礼，要唱诗，要礼乐，而现在，既不用香蜡纸烛，而且还加上一项名人讲演。由祭孔的这种变动来看，可见，我们这个时代，是在一天天的更加进步，更加文明，照此下去，又不知千百年后的祭孔情形还能像现在这样否？"① 毫无疑问，民国时期，人们即使没参与过，至少也曾见过传统释奠礼的孔子祭祀。他们所面对的问题，只是仪式变迁造成的仪式符号的混乱和错位。

　　就天津文庙在民国时期的定位来看，在失去原本尊崇而神圣的地位之后，天津士绅企图将其转化为天津社会中的文化空间，在文庙中举办各种活动，如书画金石展、科学技术展，以及在庙会时才常见的各种文娱活动。这种文化空间的定位在一段时间内有助于将文庙重新代入人们的文化生活。如果只从保管文庙的角度来讲，无疑是有效果

---

① 《点滴！祭孔的今昔》，《大公报》1936 年 8 月 28 日。

的。例如，有些地方的文庙，更为学校或者图书馆后，在人们记忆中沦为教育场所，使人忘记了其文庙的旧貌。但这种处理方式会带来一个相互作用、相互纠葛的现象：文化空间的功能越是被凸显，其原本作为道统的神圣性符号就越会被削弱。文庙保留和被转化的都是儒家文化，但是对于不同的群体而言其价值却是迥异的。所以这本身就是文庙定位困难的一个主要原因，如果将其定位为儒家文化的神圣空间，当社会主流文化发生变迁之时，就会导致其无法定位；但如果将其定位于文化空间，就将无法将文庙与其他社会公共文化空间区分开来，这样实际上就消弭了其文化内涵的特殊象征性。如此，文庙的定位问题就转化为如何延续和建构文庙文化符号的问题。就如民国时期天津文庙，从开始作为文化空间向公众开放，到 20 世纪 20 年代将其管理起来，重新建构其神圣性，再到对外开放，在部分时间供人游览，希望扩大其影响和得到更多人的文化认同。但就其效果来看，并不理想，或言之，并未达到士绅们的诉求。反而，真正使士绅阶层的文化认同和信念延续下去的，是其自行兴办的崇化学会。

　　如前所述，天津除了崇化学会还有多个国学组织，只有崇化学会延续多年，培养了诸多对儒家文化有认同的学生。如果将崇化学会作为文庙在新的社会形态下的"庙学"，那么这就需要思考一个问题，什么样的国学组织可让文庙在新的社会制度和文化形态下建构自身的文化空间？据前分析，应该有以下两个特征。一是，明确的儒家文化定位，具体来说，即是几乎不掺杂其他因素，比如天津民国时期的其他民间教育团体，因为有科学、西学等内容的倡导和教学，使得其性质不够纯粹。二是，纯粹的兴办模式，崇化学会兴办模式较为特别的一点即是其延续了传统庙学的教学内容和方式方法，同时采取了和"庙学"相似的公益性质。简单来讲，"不收学费，通过考试，择优录取"。这样的模式更有助于建立学生的文化认同，同时也有助于形成民众对文庙文化符号的认同。"既然历史是认同的话语，谁'拥有'或占有过去的问题就是一个谁拥有能力在给定的时间和空间上识别他或她自己和他人的问题。"① 而这个话语权无法从建构文化空间开始，而需要有一个稳定的模式传递，而这个"识别"实际上就是建构文化空间时所划出的边界。

除了民间国学组织的兴办，民国时期更值得关注的是祀孔的兴废和仪式的变迁。就天津的祀孔仪式来看，整个仪式变迁有两个方面，一是对国家相关政策的应对，二是由士绅或者当地政府主导的自我文化调适。这种应对和调适的结果，使得孔子祭祀这种传统的国家礼制仪式在天津得以保存和延续。这种对应和调适之所以能够成功，必须根据一个稳定的原则，即仪式选择背后的文化选择。所以从某种意义上来讲，民国仪式的变迁实际上就是文化选择的不断尝试。如果没有国家和政府的"仪式预设"，那么社会实际上会根据自身的文化认同进行自我选择。比如，民国有些地方很早就采用了新式礼仪，而有些地方一直在坚持采用传统的释奠礼，甚至在新礼制规定之后，仍"阳奉阴违"，其中较为常见的方式即是同一时间、不同群体、同在文庙，举行不同的祀孔仪式。总之，"它们采取参照旧形势的方式来回应新形势，或是通过近乎强制性的重复来建立它们自己的过去。现代世界持续不断的变化、革新与将现代社会生活中的某些部分构建成为不变的、恒定的这一企图形成了对比"。②

---

① 〔美〕乔纳森·弗里德曼：《文化认同与全球性过程》，郭健如译，第 214 页。
② 〔英〕E. 霍布斯鲍姆、T. 兰格：《传统的发明》，顾杭、庞冠群译，译林出版社，2004，第 2 页。

参考文献

（一）古籍类

《钦定大清会典事例》，光绪二十五年重修本。

《太常续考》，文渊阁四库全书。

《全宋文》，上海辞书出版社、安徽教育出版社，2006。

《明实录》，上海书店出版社，2015。

刘昫撰《旧唐书》，中华书局，1975。

沈约撰《宋书》，中华书局，1974。

陈寿撰《三国志》，陈乃乾校点，中华书局，1959。

魏徵、令狐德棻撰《隋书》，中华书局，1973。

李百药撰《北齐书》，中华书局，1972。

萧子显撰《南齐书》，中华书局，1972。

欧阳修、宋祁撰《新唐书》，中华书局，1975。

宋濂等撰《元史》中华书局，1974。

脱脱等撰《金史》，中华书局，1975。

班固：《汉书》，中华书局，1962。

陈寿撰《三国志》，中华书局，1959。

范晔撰《后汉书》，中华书局，1965。

郦道元、陈桥驿：《水经注校证》，中华书局，2007。

刘锦藻撰《清朝续文献通考》，浙江古籍出版社，2000。

吕元善：《圣门志》，山东友谊书社，1990。

马端临：《文献通考》，中华书局，2006。

沈约撰《宋书》，中华书局，1974。

宋濂等撰《元史》，中华书局，1976。

朱寿朋编，张静庐等校点《光绪朝东华录》，中华书局，1958。

张廷玉等撰《明史》，中华书局，1974。

赵尔巽等撰《清史稿》，中华书局，1977。

（二）档案类

天津市档案馆馆藏资料

天津社会科学院图书馆馆藏资料

（三）方志类

陈镐纂《阙里志》，山东友谊出版社，1989。

来新夏、郭凤岐主编《天津通志》，南开大学出版社，1999。

民国《霸县新志》，成文出版社有限公司，1968。

民国《宝鸡县志》，成文出版社有限公司，1969。

民国《华亭县志》，成文出版社有限公司，1976。

民国《利津县续志》，成文出版社有限公司，1968。

民国《增修磁县县志》，成文出版社有限公司，1968。

《天津志略》，成文出版社有限公司印行，1969。

康熙《静海县志》

民国《都匀县志稿》

万历《河间府志》

（四）民国报刊

《大公报》《申报》《社会教育星期报》《广智馆星期报》《东方杂志》《教育部公报》《天津特别市教育局教育公报》《益世报》《进修》《内政公报》《市政公报》《中央周报》《广东省政府公报》《安徽教育行政周刊》《直隶教育杂志》

（五）资料汇编类

中国第二历史档案馆编《中华民国史档案资料汇编》，江苏古籍出版社，1991。

陈学恂主编《中国近代教育史教学参考资料（中册）》，人民教育出版社，1987。

陈云林主编《中华民国档案资料汇编》，九州出版社，2007。

韩达编《评孔纪年》，山东教育出版社，1985。

天津市档案馆编《天津商会档案资料汇编》，天津人民出版社，1992。

（六）专著类

〔美〕乔纳森·弗里德曼：《文化认同与全球性过程》，郭健如译，商务印书馆，2004。

〔英〕E. 霍布斯鲍姆、T. 兰格：《传统的发明》，顾杭、庞冠群译，译林出版社，2004。

〔英〕斯图尔特·霍尔：《表征——文化表征与意指实践》，徐亮、陆兴华译，商务印书馆，2013。

曾黎：《仪式的建构与表达滇南建水祭孔仪式的文化与记忆》，巴蜀书社，2012。

陈独秀：《独秀文存》，外文出版社，2013。

范小平：《中国孔庙》，四川文艺出版社，2004。

范玉秋：《清末民初孔教运动研究》，中国海洋大学出版社，2006。

高明士：《东亚教育圈形成史论》，上海古籍出版社，2003。

高明士：《中国中古的教育与礼学》，台湾大学出版中心，2005。

高平叔：《蔡元培教育论著选》，人民教育出版社，1991。

高梧：《文昌信仰习俗研究》，巴蜀书社，2008。

郭辉：《民国前期国家仪式研究（1921~1931）》，社会科学文献出版社，2013。

郭蕴静：《天津古代城市发展史》，天津古籍出版社，1989。

华世奎：《思闇诗集》，天津人民美术出版社，2004。

黄进兴：《皇帝、儒生与孔庙》，生活·读书·新知三联书店，2014。

黄进兴：《圣贤与圣徒》，北京大学出版社，2005。

黄进兴：《优入圣域——权力、信仰与正当性》，中华书局，2010。

景军：《神堂记忆》，福建教育出版社，2013。

〔美〕柯必德：《天堂与现代性之间：建设苏州（1895～1937）》，何方昱译，上海辞书出版社，2014。

李国钧、王炳照总主编《中国教育制度通史》，山东教育出版社，2000。

林存光：《历史上的孔子形象：政治与文化语境下的孔子和儒学》，齐鲁书社，2004。

林文光编《鲁迅文选》，四川文艺出版社，2009。

罗检秋：《近代中国社会文化变迁录》，浙江人民出版社，1998。

罗澍伟主编《近代天津城市史》，中国社会科学出版社，1993。

吕明灼：《儒学与近代以来中国政治》，齐鲁书社，2004。

吕思勉：《中国通史》，上海古籍出版社，2009。

瞿同祖：《清代地方政府》，范忠信等译，法律出版社，2003。

邵红：《风雨飘摇中的坚守——民国时期天津乡贤与文庙》，学苑出版社，2017。

沈旸：《东方儒光——中国古代城市孔庙研究》，东南大学出版社，2015。

天津社会科学院历史研究所《天津简史》编写组编著《天津简史》，天津人民出版社，1987。

严修自订、高凌雯补、严仁智增补《严修年谱》，齐鲁书社，1990。

张岱：《陶庵梦忆》，中华书局，2008。

赵世吉：《寄园寄所寄》，大达图书供应社，1935。

郑志明：《传统宗教的文化诠释》，文津出版社，2009。

中国第二历史档案馆编《中华民国史料档案资料汇编》，江苏古籍出版社，1994。

周俊旗主编《民国天津社会生活史》，天津社会科学院出版社，2004。

周愚文：《宋代的州县学》，国立编译馆，1999。

周振鹤主编《中国行政区划通史（中华民国卷）》，复旦大学出版社，2017。

朱有瓛：《中国近代学制史料》，华东师范大学出版社，1987。

（七）论文

陈静波：《民国时期云南文庙调查资料选辑》，《云南档案》2015年第11期。

陈彤：《天津文庙祭孔乐舞刍议》，《天津音乐学院学报（天籁）》2002年第1期。

陈悦、汪青梅：《近现代祭孔的困境及其衍变轨迹》，《湖南大学学报》（社会科学）2017年第4期。

董喜宁：《孔庙祭祀研究》，湖南大学博士学位论文，2011。

房伟：《文庙祀典及其社会功用——以从祀贤儒为中心的考察》，曲阜师范大学博士论文，2010。

费雅楠：《天津文庙府学大成殿"千秋带"考证》，《遗产与保护研究》2018年5月。

龚鹏：《民国时期陕南孔庙的变迁研究》，《池州学院学报》2016年第1期。

郭辉：《传统的发现：抗战时期孔子诞辰纪念日研究》，《学术研究》2014年第7期。

郭世佑、邱巍《辛亥革命后的社会环境与孔教运动》，《江苏社会科学》2002年第2期。

景军：《知识、组织与象征资本——中国北方两座孔庙文庙文庙之实地考察》，《社会学研究》1998年第1期。

孔祥林：《文庙释奠历史及现代释奠礼仪》，《国学论衡》（第五辑）2009 年 7 月。

李国：《清末民初祭孔活动考略》，《内江师范学院学报》2018 年第 7 期。

李鹏飞：《明清天津驻军研究（1368~1840）》，南开大学博士学位论文，2013。

李育红、杨永燕：《文化独特的外现形式——仪式》，《广西社会科学》2008 年第 5 期。

廖华生：《官府、士绅与庙学的修建——明清时期婺源庙学的个案考察》，《中国社会经济史究》2008 年第 2 期。

刘福森：《劝学所探析》，河北师范大学硕士学位论文，2008。

刘伟：《官治与自治之间：清末州县劝学所述评》，《近代史研究》2012 年第 4 期。

卢国龙：《唐代庙学与文化共相》，《世界宗教研究》2013 年第 3 期。

罗玉明：《20 世纪 30 年代湖南尊孔祀孔活动述评》，《湘潭大学学报》（哲学社会科学版）2008 年第 1 期。

庞毅：《晚清民初长沙官方祭祀初探（1840~1927）》，湖南师范大学硕士学位论文，2013。

沈松平：《城市近代化和晚清士绅的嬗变与重构——以江浙地域社会为例》，《浙江学刊》2001 年第 5 期。

石义彬、熊慧：《媒介仪式，空间与文化认同：符号权力的批判性观照与诠释》，《湖北社会科学》2008 年第 2 期。

唐仕春：《"尊崇圣道"与"修明市政"之争——以 1919 年广府学官事件为中心》，《中国社会科学院近代史研究所青年学术论坛（2002 年卷）》，2002。

天津图书馆、天津社会科学院历史研究所编《袁世凯奏议》，廖一中、罗真容整理，天津古籍出版社，1987。

王丹熳、张世光：《哈尔滨文庙，首次大修爆鲜知内闻》，《哈尔滨日报》2007 年 3 月。

王兆祥：《天津文庙与天津儒学》，《天津成人高等学校联合学报》2000 年第 4 期。

徐茂明、陈媛媛：《清末民初上海地方精英内部的权势转移——以上海拆城案为中心》，《史学月刊》2010 年第 5 期。

徐茂明：《科举之废与江南士绅之蜕变》，《社会研究》2014 年第 4 期。

〔德〕扬·阿斯曼：《有文字的和无文字的社会》，王霄兵译，《中国海洋大学学报》2004 年第 6 期。

尹开屏、赵光辉：《哈尔滨极乐寺、寺塔和文庙》，《黑龙江文物丛刊》1981 年第 1 期。

张国鹏：《政权与信仰变革下的民国文庙——以上海文庙为考察中心（1911~1934）》，南开大学硕士论文，2016。

赵娓妮、里赞：《清代四川（州）县对文庙的官方祭祀——兼及清末民初文庙的废祀》，《四川大学学报》（哲学社会科学）2018 年第 5 期。

朱文哲：《符号、仪式与认同：民国时期的孔子诞辰纪念》，《天府新论》2015 年第 4 期。

左玉河：《民国初年的信仰危机与尊孔思潮》，《郑州大学学报》（哲学社会科学）2012 年 1 月。

英文参考文献

R. H. Jackson and R. Henrie, "Perception of Sacred Space," Journal of Cultural Geography 3, 1983. Thomas Barrie, *Spiritual Path*, *Sacred Place*: *Myth*, *Ritual*, *and Meaning in Architecture*, Boston and London: Shambahala Publications, 1996.

Barrett, "Chinese Religion in English Guise," Modern Asian Studies-39, No. 3, 2005.

附录　分化与叠合现象中儒教
文化认同的建构[*]

——以印度尼西亚泗水文庙为例

一　神圣性的分化与文化符号的凸显

《说文解字》解"祭祀",为"祭,祭祀也,从示,以手持肉;祀,祭无巳也,从示巳声"。段玉裁注曰:"统言则祭、祀不别也。"[①]"大宗伯之职,掌建邦之天神,人鬼、地示之礼,以佐王建保邦国,以吉礼事邦国之鬼、神、示。"[②] 祭祀的对象大致可以分为三类:天神、地祇和人鬼。"鬼,人所归为鬼",[③] 简言之,祭祀的对象为天、地以及符合祭祀原则的人的灵魂。国家祭祀"人鬼"的原则:"夫圣王之制祭祀也:法施于民则祀之,以死勤事则祀之,以劳定国则祀之,能御大菑则祀之,能捍大患则祀之。"[④] 故此,可以被国家祭祀的"人鬼"应是有大功于百姓和社会的圣贤。由于祭祀对象对于国家社会的价值和意义不同,因此在祭祀等级上就分为大祀、中祀、小祀。虽然对象的界定在各朝各代划定不同,祭祀等级也在各朝代有异,但从宏观上可以按祭祀对象的类别对祭祀等级进行概况,天地、宗庙等属于大祀,日月星辰等属于中祀,司中、司命、风师、雨师等则属于小祀。

---

* 本文原载《儒道研究》2016 年第三辑,修订后收入本书附录。
① 许慎撰、段玉裁注《说文解字注》,上海古籍出版社,1988,第 3~4 页。
② 《周礼·春官》。
③ 许慎撰、段玉裁注《说文解字注》,第 3~434 页。
④ 《礼记·祭法》。

如前所述，孔子祭祀和文昌信仰都符合儒家文化所认可的祭祀规则，但文昌信仰和孔子祭祀却呈现出不同的境遇。与文昌信仰植根于小传统不同，孔子祭祀和文庙之所以远离小传统有两点原因。

首先，祭孔属于国家祀典。孔子的祭祀进入国家祭祀层面肇始于两汉。汉光武帝刘秀征讨董宪，"冬十月，还，幸鲁，使大司空祠孔子"。东汉章帝元和二年（85）春，帝东巡狩，还过鲁，幸阙里，以太牢祠孔子及七十二弟子。① 太牢是祭祀中最高的级别，即用猪、牛、羊各一来祭祀孔子。因此，东汉时祭祀孔子进入了国家祭祀的体系，其等级与社稷相同。

唐太宗贞观四年（630）诏"州县皆立孔子庙，四时祭祀"。唐代不仅将文庙发展到了全国，而且在国家祭祀制度中确立了祭孔的礼仪规制。

> 凡祭祀之名有四：一曰祀天神，二曰祭地祇，三曰享人鬼，四曰释奠于先圣先师。其差有三：若昊天上帝、皇地祇、神州、宗庙为大祀。日月星辰、社稷、先代帝王、岳镇海渎、帝社、先蚕、孔宣父、齐太公、诸太子庙为中祀。司中、司命、风师、雨师、众星、山林、川泽、五龙祠等，及州县社稷、释奠为小祀。②

宋真宗景德四年（1007），对于文庙释奠礼进行规定和补注，宋真宗天禧二年（1018）大修曲阜孔庙。"时太祖问侍臣曰，受命之君，当事天敬神。有大功德者，朕欲祀之，何先。皆以佛对。太祖曰，佛非中国教。倍曰，孔子大圣，万世所尊，宜先。太祖大悦，即建孔子庙，诏皇太子春秋释奠。"③ 元"代祠之礼，则始于武宗。牲用太牢，礼物别给白金一百五十两，彩币表里各十有三匹"。④ 明洪武元年二

---

① 《后汉书·卷七十九上·儒林列传·孔僖列传》。
② 《旧唐书·志第二十三·职官志二》。
③ 《辽史·卷七十二·列传第二·宗室》。
④ 《元史·志第二十七·祭祀五》。

月，诏以太牢祀孔子于国学，仍遣使诣曲阜致祭。① 清光绪年间，孔子祭祀被升格为国家大祀。

其次，对文庙祭祀人员的规定也使得其脱离了小传统。

> 国子监。祭酒一员，司业二员。祭酒、司业之职，掌邦国儒学训导之政令，有六学。凡春秋二分之月，上丁释奠于孔宣父，祭以太牢，乐用登歌轩悬。祭酒为初献，司业为亚献。②

明洪武四年制定了官员陪祀的条件，这一原则同样适用于祭孔仪式。"大祀文官五品以上，武官四品以上及六科都给事中皆陪，内有刑丧过犯体气之人不预"，"洪武八年置陪祭官员牙牌供事官员人等长牙牌各令县带无者不许入坛"。③

虽历代规制有所不同，但文庙祭祀仪式的主祭者通常是皇帝、官员或是被指定的乡绅。隋朝祭祀主祭者主要是各学学官。唐代开始将孔子释奠礼纳入国家政治和教化的范畴，文庙的孔子祭祀仪式规定由各级官员担任。国学释奠以皇帝谨遣为名，国子祭酒、司业、博士任献礼官；州学以刺史、上佐、博士为献官；县学则以县令、丞、主簿为献礼官。这种祭祀人员的规定，可以看出文庙的官方政治、文化地位远远超过其宗教属性。

文昌信仰的来源比较复杂，简言之包括两个源头，一是梓潼神，二是文昌星。梓潼信仰和文昌信仰的合并始于宋代。文昌成为具有儒家道德人格，能保佑读书人科举和仕途的神灵，士子们认为梓潼神可以决定考试的名次，大量保佑士子功名的神迹被附加在梓潼神身上，使其具有了文昌神的功能，最后在某些地区两个神名逐渐合二为一，

---

① 《明史·志第二十六·礼四》。
② 《旧唐书·志第二十四·职官志三》。
③ （明）林亮俞等纂修、俞汝楫等编撰《礼部志稿·卷二十五》，文渊阁四库全书第597册，第465页。

在全国范围内多称文昌神。①

文昌信仰逐渐流行起来，"缙绅士大夫多信礼之，而文昌之祠，遂遍群邑"。②《锦县志》："城内文昌宫举行乡祭，士绅毕集，为锦邑文会之一。"各地文人还在文昌庙举行文昌会，在科举之前祭拜文昌神，例如，"士人祭文昌神，谓之文昌会"；③"祀文昌，县镇村塾，各酿金宴会"；④"士子集文昌庙，举行祭典"；⑤"文昌帝君圣诞，庠士庆祝，师儒、官吏相聚饮福"。⑥

综上所述，孔子祭祀的主祭和陪祭人员，以及相关礼仪流程等均有严格规定，使得文庙和圣人孔子的祭祀成为国家主流意识形态儒家文化的象征，但是在小传统之中，文庙就门庭冷清，乏人问津。文昌庙在填补文庙于小传统中神圣性不足的同时，也凸显了文庙的儒教文化象征内涵。也正是因为文庙和文昌庙的神圣性可以分化、比附，儒教才得以在宗教文化认同中通过神圣性的流动进行建构。

二 神圣性叠合中的文化认同的建构

"加封辅元开化文昌司禄帝君，名其祠曰'佑文成化'，而其时始设科目取士，士大夫因谓科目之柄，实文昌司之，而天下学校多立文昌祠矣。"⑦ 自宋以后，文昌信仰也已经进入国家祭祀体系，但是与文庙的祭祀不同，文昌祭祀与民间相涉较多。明清之际，对于文昌神的祭祀甚为普遍，其地域分布遍及全国。

文昌祠所供奉的主神文昌帝君主文运、功名，加之天下学校多立文昌祠，因此成为文庙神圣性的分身，但是文庙和文昌祠之间神圣性

---

① 参见高梧《文昌信仰习俗研究》，巴蜀书社，2008，第 1~50 页。
② 钱大昕：《十驾斋养新录》卷十九，上海古籍出版社，1996。
③ 《宁陕厅志》。
④ 《南溪县志》。
⑤ 《基隆县志》。
⑥ 《彭山县志》。
⑦ 陆耀：《文昌祠说》，《清经世文编》，中华书局，1992，第 1721 页。

的转化在东南亚地区则呈现出另一番情景——例如印度尼西亚的泗水文昌祠改建为文庙，这其中包含了一个神圣性叠合的现象，而这种现象背后蕴含着海外移民文化认同的建构。

印度尼西亚东爪哇地区的泗水文庙，是印度尼西亚最早的文庙。虽然在印度尼西亚孔教是合法宗教，很多地方都祭祀孔子，但是真正意义上的文庙却只有泗水文庙。居住在印度尼西亚泗水的华人华侨其原居地多是中国的闽南地区。正是由于闽南人以及其他来自华南地区的中国人聚集，所以中国本土的民间信仰才在该地盛行。所以，东南亚地区建有很多属于华人民间信仰的祠庙，例如斗母宫、广泽尊王威镇庙、文昌祠等。

印度尼西亚的文昌祠（boe tjiang soe）始建于清光绪十年（1884），其建筑面积约为 500 平方米，由当地的华人官员郑文家（亦称玛腰）捐助，吴德利、罗敦雄等发起筹建。19 世纪末，在庆孔子诞辰、修建文庙的孔教建构浪潮中，印度尼西亚泗水文昌祠被改建为现在的文庙。

关于泗水文昌祠改建为文庙一事，1899 年 5 月 6 日的《天南新报》曾报道说：

> 驻泗采访使邮述云：前报泗水文昌祠各绅商会议改为文庙一事，经十五日再集众议，询谋佥同，已将文昌祠改为文庙，崇奉至圣先师孔子矣。其文昌原像，乃安置文庙内供奉。观此足见泗水绅商同心尊念我至圣先师，用能破除俗见，昌兴孔教，固不让横滨创建之专美，亦即南洋兴教之先声也。①

报道包含了四层意思：第一是文昌庙的管理；第二是文昌神和孔子的关系；第三是改建的目的；第四是对文昌祠改建事件的媒体评价。

① 《天南新报》第 297 号，1899 年 5 月 6 日。参见梁元生《宣尼浮海到南洲——儒家思想与早期新加坡华人社会史料汇编》，香港中文大学出版社，1995，第 137~138 页。

　　具体来讲，首先文献中提及"各绅商会议改为文庙一事，经十五日再集众议"，由此可以推断出，文昌祠存在着一个稳定的管理团体或者是信仰团体，而且领导是被称为"绅商"的群体，且此事商议存在一个时间过程。其次，"其文昌原像，乃安置文庙内供奉"，强调文昌神像移入了改建后的文庙，这说明在改建者的意识中并不是因为文昌神"主文运"与孔子神职相近，而将两者混同，换言之，当地人将文昌祠改建为文庙是有其明确的意识，并不是出自民间信仰中常见的功利拜神心态。最后，就文昌祠改建为文庙的目的来讲，上述文献说得极为清楚，"同心尊念我至圣先师，用能破除俗见，昌兴孔教"，但是其中有一点值得注意，"破除俗见，昌兴孔教"，这个俗见大概就是指孔教是否为宗教的看法，改建者的立场就是将儒家文化视作具有宗教性的孔教（儒教），并要将其发扬光大。

　　光绪三十二年（1906），当地绅商决定筹募资金扩建文庙，"并在庙内创办中和学堂（Tjong Hoo Hak Tong），为当地华侨子弟接受中国式教育的场所"。[1] 帝制时期，文庙的建立基本上都是由政府主导，泗水文庙虽然地处海外，亦不是私自修建的文庙。《粤督岑奏荷属华商请建文庙折》就讲明，在当地建造文庙是因为要隆祀典宏圣教，而且特别提及了当地庙宇的情况，"臣查南洋各埠于不在祀典之祠宇迷信尤甚，槟榔屿新建极乐寺费三四十万金，新加坡修粤海庙费十数万金"，而且星洲孔子学堂一直都没有头绪，所以，"今泗水张济安等独知以孔子庙堂示华侨信仰之则，崇正黜邪斯为本务"，在祀典方面"一面由视学员及总领事训习礼仪，率诸华学董学生，春秋致祭以隆祀典而宏圣教"。[2]

　　印度尼西亚泗水文庙建成之后，著有《重建泗水文庙记碑》，碑文对改建之事也有一番记录：

---

① 王爱平：《宗教仪式与文化传承——印度尼西亚孔教研究》，厦门大学博士学位论文，2007。

② 《新授滇督前署粤督岑奏荷属华商请建文庙折》，《北洋官报》1906 年第 1209 期。

夫孔圣古今无二致，华夷原是一家，山东有孔庙，中国圣君所设始也。泗水南洋有文明始自先君与诸绅商所仿祭也，观其庙貌甚合圣室，后世留传，教徒幸甚。窃谓此今文庙筑新，由旧浅隘，偏居僻巷，户家蔽前，违人目的。由此绅商会议改良，筹款重兴，文庙董事等员好善不倦，向余劝捐，增地扩张，余亦欣然季诺。而泗邑绅商见义勇为，同心协力，解囊捐助。集腋成裘，建成大宇，兼兴学校。重要教育，爱我华人，渐进文明，去邪归正，大良风气，使之将来后生进步，人才特色，如斯有望华族之幸福也。①

与上文报道不同，泗水文庙的碑记也有五个方面的意思值得注意。首先是"华夷原是一家"一句希望说明南洋与中国在文化上是一脉相承，这即是文化建构得以实现的前提。其次，"有文明始自先君与诸绅商所仿祭"，"仿祭"所指有两种可能，一是谦辞，二是说明当地可能没有人了解如何祭祀孔子或者是说祭祀者已经不是释奠礼中的国家规定的祭祀人员，但是从上下文的语气语境来看，"观其庙貌甚合圣室，后世留传"，从"甚合"以及"留传"等词来看，谦辞的可能性较小，其中可以读出建造者对于文庙的建制颇有信心，那么可以判断，虽然人员不同、仪式也无法还原，但是对于孔子的祭祀一直被延续。再次，改建文庙的目的为"去邪归正，大良风气"，说明了坚持中华文化，以正华人之风气，也就是建构文化认同的作用。复次，文庙的修建除了凸显作为昌兴孔教的神圣空间外，更要强调其育人的作用。这一点从上述碑文中的"兼兴"的"兼"字可以看出，其本质不是兴学，但兴学也是教化的组成部分，这点可以从被称为教徒的这一群体看出，其宗教性在其中的作用不言而喻。最后，不仅要改建，更要彰显文庙的地位，换言之即是要将地处偏僻的文昌祠改建为文庙，要考虑其地理位置，因为"地处偏僻"会"违人目的"。碑文中提及的

---

① 郑泰英撰《重修泗水文庙记碑》。

"目的"所指为何,结合碑文和报道目的应是彰显文庙所代表的儒教,以及对于自身传统的儒家文化的尊重和认同。

随后,光绪皇帝赐泗水文庙匾额,并封商当地绅商,以表彰他们修建文庙的功绩。①

综上所述,印度尼西亚的泗水文昌祠改建为文庙这一现象,其主要目的是进行以儒教为核心的文化认同的建构。首先,是南洋地区华人华侨中的商人群体以代表儒家文化的士绅阶层作为自己的身份认同。其次,是将原本属于小传统中民间信仰的文昌庙向代表中国儒家道统所在的文庙进行转化,明确自身的宗教文化符号,从而完成身处异乡异文化的,以儒教为核心的自我认同的建构。

三 分化与叠合现象中儒教文化认同的建构模式

(一)儒教文化身份符号的确认

在文昌信仰和文庙孔子祭祀的叠合与分化的现象中,有两个代表儒教的文化符号在当地华人华侨的文化认同过程中被确认。

首先,是文庙所代表的儒教宗教文化符号被确认。正如前文所分析的,文昌庙在神圣性上是文庙的"替身"这一现象之所以存在,是因为文昌祠补足了文庙在小传统中不能充分提供的宗教诉求。细言之,文昌庙填补了文庙在小传统中神圣性不足的问题,文昌祠的神圣性是文庙神圣性的分化,起到了祈福、祈求文运、个人求功名等作用,但是文昌庙不具有文庙道统象征的作用。反言之,文庙在小传统中的神圣性不足正好可以说明,文庙在大传统中政治、文化的象征符号作用。所以在印度尼西亚泗水文庙的改建中,就是以在中国象征文化道统的文庙取代在小传统中的神灵信仰,其目的正是明确儒教这个宗教文化符号。

其次,是东南亚华人华侨中商人这一群体的文化身份的确认。士绅阶层无疑是地方社会中连接中央政权和民众的重要环节,是文化和

---

① 参见《学部奏荷属华商捐建文庙请给匾额并酌给奖励折》,《政治官报》1908年第119期。

秩序的地方承担者，这里的文化指的就是儒家文化。也正是这一群体，使得文昌信仰和文庙孔子祭祀之间的神圣性和文化道统可以沟通和流转。例如，"缙绅士大夫多信礼之""城中绅士敛资以祀，或祝于学，或祝于宫"。① 因此，身处异乡异文化中的华人华侨想要实现自身的文化传承，士绅群体的重要性不言自明。商人是当地具有动员力和号召力的群体，但商人若要成为文化的承担者，就需要比附士绅阶层，而士绅阶层在中国本土是儒教文化在乡土社会的代言人，是儒教的文化符号，正如很多地方文庙都是由士绅阶层倡修。因此，要以儒家文化作为这些中国移民的文化身份认同，就需要明确自身的文化身份，同时也需要建构这种身份在当地的实际建构作用。

（二）儒教文化身份认同建构中的神圣性流转

中国移民对原生文化的认同是在异文化的互动中构建，并在原文化的基础上进行再生产的。在这种互动中循环着的，是一种经过共同的语言、共同的知识和共同的回忆编码形成的"文化意义"，即共同的价值、经验、期望和理解形成了一种积累，继而制造了一个社会的"象征意义体系"和"世界观"。② 东南亚华人华侨以儒家文化为互动循环中的共同语言、知识和回忆，并通过此建构一象征意义体系。在文昌祠和文庙的分化和叠合这一现象中，以儒家文化为其公共符号的象征意义体系是通过神圣性的流转从而实现建构的，这种流转的最大优势和得以实现的可能是文化认同建构过程中的非无破坏性建构。

"文昌祠在蜀之潼川，实司科举之事，宋南渡后有祠在吴山之巅，盖蜀士赴举者所创也。自经兵变，颓圮弗治，圣朝更化，首诏科举取士，乃者宾兴，而浙司得人为盛，此皆神明阴佑斯文所致。"③ 文昌帝君神职中的文运和在乡土社会中的宗教功能，与代表中国道统的孔子

---

① 《含山县志》。
② 〔德〕扬·阿斯曼：《文化记忆——早期高级文化中的文字、回忆和政治身份》，金寿福、黄晓晨译，北京大学出版社，2015，第 145 页。
③ 田汝成：《西湖游览志二十四卷》卷 12，嘉靖二十六年序刊万历十二年序江阴范鸣谦修本，第 18 页。

祭祀有着天然的联系，所以在泗水文庙的叠合现象是通过神圣性的流转将已然在当地享受香火 15 年的文昌祠的宗教性赋予了孔子，使得在中国本土宗教性单薄的孔子及文庙乃至于儒家文化在东南亚具有了宗教性，这也是前文关于泗水文昌祠改建文庙的报道中提到的"破除俗见"的方式之一。

总而言之，文庙和文昌祠在神圣性的叠合这一现象的本质是通过文昌祠，使儒家文化符号的文庙具有了神圣性，而这种叠合现象也说明在华人华侨身份认同这一问题上，存在一个变迁的过程，先是认同中华文化的主体意识形态，佛教的外来性和道教的宗教局限性，使得儒教在东南亚华人华侨的文化认同中成为不二之选。但是面对异文化，在认同主体文化的这一过程中会被神圣化，从而产生神圣性。当面对异宗教之时，这种主体文化的认同过程就必然会凸显其宗教性的建构，印度尼西亚孔教的制度化可以作为佐证。

（三）　分化与叠合中文化符号在身份认同中的象征作用

文庙和孔子祭祀在国家祭祀体系中占有重要地位，这其中蕴含了作为国家主体意识形态的儒教的文化象征意义。换言之，祭孔和庙学是中国道统和学统的象征。因此，在文昌祠和文庙神圣性分化的现象上是在文化的同一中进行宗教性的转换，即在同一个文化共同体中，个体的宗教体验和心理诉求补足儒教的宗教性缺失。通过文昌信仰使得高在庙堂之上的文庙和孔子祭祀在民间得以体现其文化和宗教价值，因此，在同一文化中宗教体验的诉求先于文化认同的诉求。以制度化宗教的定义标准来看，儒教的文化属性比宗教属性更为突出，在大传统和小传统中这种诉求的差异反而可以通过神圣性在不同象征符号中流转。

叠合现象是神圣性流转的另一种表现形式，在东南亚地区文昌祠的建立可能是民间信仰的体现。中国华南地区的移民到了东南亚与当地人的主要区别，就是注重教育和自身文化，正如荷兰著名学者威茨（P. C. Veth）在其著作《婆罗洲西部》所说："……他们与土著妇女通婚，却能让后代完全接受自己的风俗习惯。无论村庄大小，他们首先注意到建立学校。要在华人中寻找文盲，简直是白费心机。"宗教文化意义上，文昌祠与天后宫或者关帝庙并无本质区别，只是在其神灵职能上有别，例如帮会可能更多祭拜关帝，而福建会馆主要祭祀天后。也有学者认为这些民间信仰的神灵是地缘性认同的一种体现，除了宗教信仰的诉求，还是原居地认同的一种体现形式。在中国本土，这些神灵信仰可能带有地域性，或者群体性，但是身在异国他乡，这种来自同一文化的不同信仰的别异性就被淡化了，尤其是在面对异文化之时，这种宗教信仰的别异性被文化的同一性所取代，不仅如此，其各自代表的文化符号在文化认同中会被明确。由于中国宗教文化的特殊性使得象征符号在认同中的作用更为凸显。以西方一神教为主要模式的制度化宗教的国家中，宗教和文化往往具有统一性，各种宗教文化的象征符号都指向一种宗教文化；而中国传统文化和传统宗教往往在不同的社会阶层和地域中并不具有统一性，这使得国家—地方这种分层中的不同群体内部都存在区别，也就是不同阶层、不同地域的认同符号存在差异。在中国历史社会中居于主导地位的儒教并不是一个建制完备的宗教，其宗教仪式也是国家礼制的一部分，疏离于民众。正如，孔子祭祀和文庙更多象征着国家文化的层面，而文昌帝君和文昌祠多被认为属于道教和民间信仰。

综上所述，在海外华人华侨明确文化身份之时，代表不同意涵的象征符号被有意区分，代表主流的儒教文化的文庙就被凸显出来。相较而言，从神缘上讲文昌神的起源带有地域性；从神灵谱系上来讲，文昌神在宋朝时已经被列入道教的神仙谱系。文昌祠本身的文化象征内涵就相对模糊，观念中的含义也具有变动性。因此，在海外华人进行文化自我确认和建构认同的过程中，不同的象征符号就起到了不同作用，印度尼西亚泗水的文昌祠虽然建造较早，香火不断，但在这一过程中文昌祠并不足以代表中华文化，而在中国本土远离民众的文庙和孔子祭祀反而成了认同的主要文化象征符号，成为区别于当地异文化宗教的象征符号。由此可见，文化符号的明确有助于文化认同的建构。

附　图

附录图1　天津文庙祀孔演礼（《东方杂志》第11卷第4号）
（摄于1914年，拍摄者不详，图片由《东方杂志》
全文检索数据库提供）

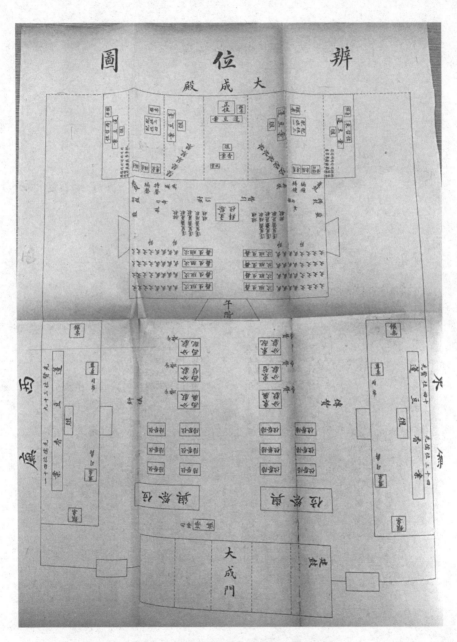

附录图 2 《春秋丁祭礼式》大成殿辨位图
（图片藏于天津社会科学院图书馆，笔者摄于 2019 年）

僖公於閔公為庶兄置僖公於閔公上失先後之義
故譏之傳曰後祖者僖公以臣繼閔公猶子繼父故
閔公於文公亦猶祖也此解正與成十五年仲嬰
齊卒傳為人後者為其子之義符合實公羊之
旨也惟何氏以為僖公以臣繼閔公猶子繼父故
閔公於文公亦猶祖也兩言猶者是尚不謂僖公
有後閔公之實而但猶之為後云爾故此傳舊
說亦曰以昭穆父子為喻是亦未敢即定以昭

僖公於閔公為
故譏之傳曰後者僖公以臣繼閔公猶子繼父故
閔公於文公亦猶祖也此解正與成十五年仲嬰
萃傳為人後者為其子之義符合實公羊之
旨也惟何氏以僖公以臣繼閔公猶子繼父故
閔公於文公亦猶祖也兩言猶者是尚不謂僖公
有後閔公之實而但猶之為後云爾故此傳舊
說亦曰以昭穆父子為喻是亦未敢即定以昭

先父食亦即為人後者為其子之義也更譏以公
羊則曰躋者何升也何言乎升僖公譏何譏逆
祀也其逆祀奈何先禰而後祖也何氏云文公緣

伯尊傳公且明見曰吾見新鬼大故鬼小先大後小
順也躋聖賢明也明順禮也君子以為失禮禮無
不順祀國之大事也而逆之可謂禮乎子雖齊聖
不先父食久矣故禹不先鯀湯不先契云云其言
新鬼大故鬼小是明指僖公閔公言之而又以子

附录图 3　石永茂《崇化学会讲习科札记》
（图片藏于天津社会科学院图书馆，笔者摄于 2019 年）

中華民國八年二月十六日發行

社會教育星期報

第壹百捌拾貳號

宗旨

培養善良道德……達知識諳體國民生計偏正不良風俗

體例

凡社會教育……以外之專載不登錄
白話與淺顯文言兼用……星期發行一次

編輯者　社會教育辦事處
總理人　社會教育熱葉林兆翰
發行所　天津西北城隅文昌宮內社會教育辦事處
代印處　天津公園內教育圖書局印書處

報價
本埠　零售每份銅圓一枚／半年銅圓二十二枚／全年銅圓四十枚
外埠　半年大洋三角／全年大洋五角四分

廣告費
每行每期　大洋一角
每行四期　大洋三角
每行半年　大洋一元八角
每行全年　大洋三元二角

在本報刊登告白者一律用四號鉛字以騎縫處為限按本報每頁應佔之行數論但與本報宗旨不合者概不登載

附录图4　《社会教育星期报》
（图片藏于天津社会科学院图书馆，笔者摄于2019年）

附录图 5　天津府县劝学所
（拍摄者和时间不详，资料来源
《天津旧影》，http：//www.sina.com.cn,
2003 年 05 月 28 日 1105《天津青年报》）

后 记

　　以往的文庙研究一直围绕孔子的祭祀典礼、从祀，甚至是文庙建筑保护等问题。随着当代公祭孔子活动的恢复，文庙重新进入人们的视野。正因如此，文庙的研究也将不再局限于上述礼制等问题，而是更加重视其在当代的功能及定位。

　　我博士学位论文研究的是当代文庙神圣性的重建，不同于以往历史学或其他学科的研究范式，我所关注的不是礼制、从祀等问题，而是如何在当下重建文庙的功能。研究的最初灵感来自黄进兴先生的《优入圣域——权力、信仰与正当性》。若想要思考文庙在当代如何重建，就必须回溯文庙在民国时期的情况。在写完博士学位论文之后，我一直希望有机会可以研究民国时期的文庙，但一直顾虑自己并非历史学专业，故迟迟未能着手。博士后出站之后，到天津社会科学院工作，虽知道天津有文庙，但是一直没有去过。后来，我参与了一个天津文庙的项目，才发现天津文庙在近代和现代都有值得研究之处。比如，天津文庙的祭孔活动在民国期间几乎没有中断。再如，坐落在天津文庙的崇化学会直到 20 世纪 50 年代才停止办学。这些都对当下文庙的定位和功能的重建具有十分重要的借鉴意义。作为天津社会科学院的一员，研究本地文化是必不可少的任务，庆幸的是可以在新的工作岗位上巧遇原本的议题，结合自己原本的研究兴趣，实属幸运。故我研究民国时期的天津文庙实为一种巧合。

　　目前为止，有关天津文庙的研究甚少，在天津文庙工作的邵红女士所著《风雨飘摇中的坚守——民国时期乡贤与天津文庙》一书为主要研究成果，正如该书作者在自序中所言，该书意在为研究天津文庙的后来人提供一些一手资料。为了研究天津文庙，我也收集了大量的档案资料，以及民国时期的报纸报道，这些都是本书重要的资料来源。

在研究民国时期的天津文庙的过程中，我的初衷是希望将天津文庙的"故事"讲清楚，回答延续自博士学位论文的问题，即在科举制废除之后，文庙到底是何种定位以及如何延续自己的社会功能。我并非史学专业出身，难免有不尽之处，但同时也安慰自己，本书只要把民国时期天津文庙的故事讲清楚就行了，而不是专门的近代史研究专著。

在这里还要感谢给予我帮助的人。首先，感谢天津文庙的陈彤馆长，以及尚未谋面的邵红女士，他们的前期工作奠定了我研究的基础。其次，感谢天津图书馆、天津档案馆的工作人员，他们周到和善的服务，让我的资料收集工作异常顺利。还有要感谢我的工作单位天津社会科学研究院，如果没有院课题的成功立项，也就没有出版经费，这本书也就只能停留在想象阶段。最后，我要感谢我的家人，他们总在提醒我，学术之外还有生活，感谢何其敏、郑筱筠、卢国龙诸师的教导，特别感谢我的硕士导师陈明愿意为本书撰写序言。

杨　莉
2019 年 6 月

图书在版编目（CIP）数据

民国时期天津文庙研究 / 杨莉著. -- 北京 : 社会
科学文献出版社，2019.7
ISBN 978-7-5201-5026-2

Ⅰ.①民…　Ⅱ.①杨…　Ⅲ.①孔庙-研究-天津-民
国　Ⅳ.①K928.75

中国版本图书馆 CIP 数据核字（2019）第 115548 号

民国时期天津文庙研究

著　　者／杨　莉

出 版 人／谢寿光
责任编辑／孙美子

出　　版／社会科学文献出版社·人文分社（010）59367215
　　　　　　地址：北京市北三环中路甲 29 号院华龙大厦　邮编：100029
　　　　　　网址：www. ssap. com. cn
发　　行／市场营销中心（010）59367081　59367083
印　　装／三河市龙林印务有限公司

规　　格／开 本：787mm×1092mm　1/16
　　　　　　印 张：14.5　字 数：210 千字
版　　次／2019 年 7 月第 1 版　2019 年 7 月第 1 次印刷
书　　号／ISBN 978-7-5201-5026-2
定　　价／98.00 元

本书如有印装质量问题，请与读者服务中心（010-59367028）联系